PATRICK LEMOINE

Patrick Lemoine est psychiatre, écrivain, docteur en neurosciences, directeur de recherches à l'université Claude-Bernard de Lyon et chargé de missions internationales pour la division psychiatrique d'un important groupe international de cliniques et de maisons de retraite. Il est aussi professeur associé à la faculté de médecine de Pékin. Spécialiste du sommeil, il a publié de nombreux ouvrages consacrés au sommeil et à ses troubles, à l'anxiété et au sevrage de médicaments, notamment *Dormir sans médicaments... ou presque*, publié en 2015 chez Robert Laffont (repris chez Pocket en 2017). Il est aussi l'auteur, en collaboration avec Linda Benattar, de *La Vie Alzheimer* publié en 2009 aux Éditions Armand Colin et repris chez Pocket en 2014.

ÉVOLUTION

Des livres pour vous faciliter la vie !

Nicole BORDELEAU
Revenir au monde

Danielle GRAF & Katja SEID
Cet enfant qui nous épuise (mais que nous aimons tant)

Nicole PRIEUR
L'Hypnose pour simplifier les relations familiales

Sevim RIEDINGER
Le Sacré et l'Enfant

Valérie ROUMANOFF
Et si on arrêtait de crier sur nos enfants ?

Julie POINTER ADAMS
Le Livre du wabi-sabi

Chris VOSS & Tahl RAZ
Ne coupez jamais la poire en deux
Un manuel redoutable pour négocier gagnant
par un négociateur du FBI

François BOURGOGNON
Ne laissez pas votre vie se terminer avant même de l'avoir commencée

Isabelle HUOT & Catherine SENÉCAL
Cessez de manger vos émotions
Brisez le cycle de la compulsion alimentaire

Patrick LEMOINE
Rêves, transes et autres états modifiés de conscience
Soigner son moi secret

Rêves, transes et autres états modifiés de conscience

DU MÊME AUTEUR
CHEZ POCKET

LA VIE ALZHEIMER
en collaboration avec
Linda Benattar

RÊVES, TRANSES ET AUTRES
ÉTATS MODIFIÉS DE CONSCIENCE

Dr Patrick Lemoine

Rêves, transes et autres états modifiés de conscience

Soigner son moi secret

Robert
Laffont

Cet ouvrage a précédemment paru sous le titre :
VINGT MILLE LIEUX SOUS LES RÊVES
Une approche inédite des états modifiés de conscience

MIXTE
Papier issu de sources responsables
FSC® C003309

Pocket, une marque d'Univers Poche, est un éditeur qui s'engage pour la préservation de l'environnement et qui utilise du papier fabriqué à partir de bois provenant de forêts gérées de manière responsable.

ISBN 978-2-266-30050-6
Dépôt légal : janvier 2020

À Corine Sombrun, avec toute mon amitié.
À mes guerrières, Angélique, Charlotte,
Dominique, Élina, Karine, Léa, Magali, Manon,
Nathalie, Christine, Noémie, Sarah,
et à mon guerrier, Christophe,
et à toutes leurs sœurs en souffrance et bientôt,
puisqu'il le faut, en résilience.
Avec ma reconnaissance pour leur aide
et mon admiration pour leur courage.
À Sylvie La Musce pour son aide indéfectible
et son inoxydable bonne humeur.
À Anne-Marie Siles,
pilier du groupe des Dissociées anonymes
et dont l'auréole scintille de plus
en plus au firmament de la psychologie.

« Nous sommes le rêve d'un dormeur qui dort si profondément qu'il ne sait pas qu'il nous rêve. »

Jean COCTEAU

Introduction

Paix avec Dieu et le prochain,
ainsi le veut le bon sommeil.
Et paix encore avec le diable du voisin.
Autrement il te hantera de nuit.

Friedrich NIETZSCHE,
Ainsi parlait Zarathoustra, 1883

J'étais en CM1 et mon maître d'école m'effrayait. Et, quand je dis qu'il m'effrayait, le mot est faible ; en réalité il m'épouvantait ! Me terrorisait. Un vrai cauchemar. Je n'étais d'ailleurs pas le seul car, dans la classe, il était unanimement considéré comme une personne horrible – ou une peau de vache, selon le point de vue. Les punitions pleuvaient sur nos têtes.

Un dimanche soir, je devais absolument savoir par cœur l'intégralité des tables de multiplication. Pour le lendemain matin ! Parti en voyage avec mes parents au cours de la semaine précédente, je n'avais rien révisé, rien appris et j'étais certain, en m'endormant, que le jour suivant serait funeste. J'étais tristement résigné… Angoissé, je me suis laissé glisser dans les bras pour une fois peu accueillants de Morphée. La nuit fut bizarre, peuplée de fantômes mathématiques, d'avatars arithmétiques et le lendemain, ô miracle, je savais l'intégralité de mes tables.

Je les sais toujours aujourd'hui, sans jamais hésiter ni faillir.

Que s'est-il passé au juste ?

La nuit porte conseil

Je n'ai pas été enregistré à l'époque et je ne sais donc pas avec certitude si j'ai beaucoup rêvé – ou, plutôt, si mon sommeil paradoxal a été important au cours de cette fameuse nuit. Néanmoins, il est plus que probable que je me sois souvenu de manière efficace et durable de lambeaux de tables. J'ai pu les ordonner, les classer et, surtout, les stocker. Sans m'en rendre compte, je venais de découvrir l'une des multiples fonctions du rêve : proposer une solution possible aux problèmes posés par la vie. Il est tout aussi probable que mon sommeil lent et profond se soit allongé pour bien consolider mes souvenirs réorganisés. Depuis, quand il m'arrive de faire des mots croisés et qu'à mon grand désespoir je sèche misérablement, je laisse la grille en plan, je dors et, le lendemain matin, presque à tous les coups, les solutions surgissent, comme par magie.

Il est donc clair qu'au cours de la nuit d'innombrables solutions défilent dans notre esprit et rendent possible, de manière quasi miraculeuse, ce qui était inaccessible la veille.

Le rêve d'Einstein

Albert Einstein était-il un rêveur lucide ? Nul ne le sait tant les récits apocryphes fourmillent à son sujet. Une nuit, il aurait rêvé d'un traîneau dévalant si rapidement une montagne abrupte que sa vitesse se serait approchée de celle de la lumière. À ce moment, le scientifique aurait vu les étoiles changer d'apparence. Au réveil, il aurait médité sur une idée étrange et originale qui allait changer le monde et devenir l'une des plus célèbres théories scientifiques de l'histoire de l'humanité. Louis Pasteur avait raison, « la chance ne favorise que les esprits préparés ». La chance, mais aussi le rêve.

Chaque nuit, nous rêvons au moins trois ou quatre fois, pendant des cycles d'environ vingt minutes. Une première question vient immédiatement à l'esprit : à quoi peut donc servir un phénomène aussi étrange ? Et une seconde : y aurait-il moyen de l'utiliser pour se soigner ou même, tout simplement, juste pour le plaisir ?

Les états modifiés de conscience

Au-delà du rêve classique, il existe d'autres rêves, des rêves que nous faisons quand nous sommes éveillés. Ce sont les états modifiés de conscience. Nous les expérimentons toutes les fois où nous sommes ailleurs, dans la lune, parmi les esprits, plongés dans notre inconscient, en train de nous balader dans nos circuits neuronaux affectifs. Rêves lucides, méditation, ivresse, orgasme et j'en passe. Nous passons un temps fou à rêvasser en dehors de toute logique apparente… et, pourtant, c'est peut-être là, dans ces rêveries, que nous explorons l'« ailleurs », que nous découvrons la plus grande *terra incognita* de l'univers, ce monde des poètes, des artistes et des scientifiques, cet espace infini de créativité.

Ce que rêver[1] nous fait

Pendant douze ans on a fait chambre commune
mais rêves à part.

Michel AUDIARD, *Le Sang à la tête*

Chaque nuit, nous sommes complètement fous, givrés, ravagés, cinglés. Mais nous ne sommes pas les seuls, c'est pareil pour les moineaux, les girafes et aussi pour votre chien, votre chat et votre hamster, sauf que, chez les animaux, les épisodes de rêve sont généralement beaucoup plus brefs.

Pourquoi « fou » ? C'est simple : si la folie est avant tout une production de délire, nourrie parfois d'hallucinations auxquelles nous croyons, il faut convenir que, lorsque nous rêvons, nous vivons des histoires étonnantes, tenons des raisonnements déraisonnables auxquels nous adhérons totalement, sans jamais douter. Or est délirant celui qui adhère complètement à sa version de l'histoire. Quand je rêve, je ne le sais pas et je crois à la réalité de mon rêve, même s'il est abracadabrantesque. Même si je vole, si je respire sous l'eau, si je suis confronté à un dragon, à un dinosaure, à une créature étrange, à mon voisin qui, à ce moment, porte des antennes vertes, même si je meurs et si je ressuscite, je ne remets jamais en question la réalité

1. À noter que « rêver » est un palindrome, ce qui suggère que l'action de « rêver » nous met sens dessus dessous, nous retourne.

de ce que je vis (sauf si je suis ce qu'on appelle un rêveur lucide, sujet sur lequel nous reviendrons dans les chapitres suivants).

En un mot, lorsque nous rêvons, nous sommes totalement, absolument et radicalement schizophrènes. N'importe quel psychiatre nous enverrait sur-le-champ dans un service spécialisé s'il pouvait nous examiner au moment précis où nous sommes plongés dans le sommeil paradoxal, ce qui heureusement n'est pas encore possible[1].

Mais pourquoi dame Nature, dans son infinie sagesse, a-t-elle prévu que tous les homéothermes (faussement appelés « animaux à sang chaud[2] ») – à l'exception des échidnés et probablement des ornithorynques – produisent un état de sommeil aussi particulier que le sommeil paradoxal (aussi appelé *REM* [*Rapid eye movement*] *sleep*) ? Pourquoi donc vivons-nous des vies parallèles aussi irrationnelles, ces vies qui ont fait et continuent à faire le bonheur des philosophes, des oniromanciens, des onirocrites, des religieux, des charlatans, des psychanalystes, des prophètes, des héros, des chercheurs et des poètes ? On sait aujourd'hui que, lorsqu'une fonction est inutile, les lois de l'évolution la suppriment rapidement. Pourtant, nous ne rêvons pas moins qu'avant. Le rêve

1. Cette affirmation est néanmoins peut-être en train de devenir fausse. Il semble en effet que l'imagerie médicale ait considérablement progressé au sujet du contenu des rêves. Lire l'étude de Horikawa T., Tamaki M., Miyawaki Y., Kamitani Y. « *Neural decoding of visual imagery during sleep* », in *Science*, 2013, vol. 340, p. 639-642.

2. Les animaux dits « à sang chaud », que l'on appelle « homéothermes », contrôlent la température interne de leurs corps. Pour cela, ils ont recours à des systèmes de régulation, comme les tremblements et la sueur notamment.

a-t-il une utilité ? Si oui, y aurait-il un moyen d'utiliser ses rêves pour se soigner, s'améliorer, grandir, s'épanouir, se transcender ? S'amuser, aussi ?

Rétablir la communication entre deux mondes grâce aux états modifiés de conscience

Ces états ne seraient-ils pas une manière extraordinairement intéressante – et enrichissante – de rétablir la communication entre ces deux mondes, le conscient et l'inconscient ? La vraie vie se trouve-t-elle dans le raisonnable, le cartésien, le conscient ou au contraire dans le fantasme, le rêve, la transe, la distraction ? Je ne suis pas le premier à me poser cette question et je crains que personne ne soit en mesure de donner la réponse…

Certes, il paraît difficile de contrôler nos fantasmes et tous ces moments où notre esprit divague. Et pourtant, je suis convaincu que le jeu en vaut la chandelle. Nous marchons sur deux jambes, l'une est rationnelle, l'autre est affective. Vouloir n'être que rationaliste ou scientiste est tout aussi réducteur que chercher à n'être qu'affectif et irrationnel.

L'idéal est de marcher sur ses deux jambes. Si l'une des deux jambes est trop faible, il faudra la renforcer, de manière à soulager l'autre. L'exploration des états modifiés de conscience est probablement la dernière recherche d'un immense continent inconnu. Une belle aventure ! L'ambition de cet ouvrage est donc de permettre à chacun de mieux comprendre tous ces états modifiés de conscience, afin de mieux se connaître.

I[1]

LE RÊVE

1. Je dédie cette première partie à Michel Jouvet, en témoignage d'admiration.

1

Qu'est-ce qu'un rêve ? ou ce que la science nous dit du mécanisme du rêve

Le rêve d'un homme
fait partie de la mémoire de tous.

JORGE LUIS BORGES,
L'Auteur et autres textes, 1965

Les conditions pour rêver

Pour rêver, il faut produire du sommeil paradoxal. Pour cela, il faut absolument appartenir au groupe des homéothermes, c'est-à-dire être un mammifère ou un oiseau ou… un dinosaure récent. Mais quelles sont les structures du cerveau qui permettent la fabrication de ce curieux et étonnant stade de sommeil ? Les chercheurs ont résolu cette énigme, de façon cruelle mais efficace, en détruisant successivement différentes parties du cerveau des animaux dont ils enregistraient le sommeil pour voir à quel moment le sommeil paradoxal disparaissait.

La conclusion est la suivante : on peut retirer le cortex cérébral, le cervelet, l'hypothalamus ou l'hypophyse, cela ne change rien. En réalité, il suffit de laisser deux petites structures dites exécutives pour voir apparaître le sommeil paradoxal : le pont et le bulbe. Au niveau de ces structures, on trouve des systèmes responsables du sommeil paradoxal, qui se caractérise par des mouvements latéraux des yeux et des variations cardiorespiratoires[1].

Concrètement, tout commence par une activité électrique démarrant au niveau d'une zone portant le nom de PGO (ponto-géniculo-occipital). L'influx nerveux part du pont pour rejoindre l'occiput, une zone visuelle particulièrement stimulée pendant le rêve. Ces ondes PGO se déplacent partout et stimulent tout le cerveau, ce qui explique que le rêve peut suivre toutes les formes possibles et imaginables de scénarios. C'est aussi la raison pour laquelle les rêves peuvent faire appel à la mémoire et qu'ils peuvent s'accompagner d'hallucinations visuelles, olfactives, gustatives, auditives et tactiles. Cela explique enfin pourquoi l'on peut rêver en couleurs.

Rêver en couleurs

Une nuit, l'un de mes proches, Frédéric, a rêvé de la mer, d'un bleu magnifique. Du jamais-vu ! Il me raconte que des centaines de baleines nageaient. Le spectacle en Technicolor était somptueux. Pourtant, il s'est réveillé perplexe car ce

1. Inspiré de la conférence de Michel Jouvet « L'histoire naturelle du rêve », disponible sur le site http://sommeil.univ-lyon1.fr/articles/jouvet/histoire_naturelle/sommaire.php de l'université Claude-Bernard Lyon-I.

jeune designer daltonien est loin d'être un navigateur ou un spécialiste de l'océanographie.
Selon moi, en tant que daltonien, Frédéric est probablement frustré de ne pas percevoir autant de couleurs que le commun des mortels. Il compense ainsi la nuit, grâce à des rêves particulièrement colorés. Quant aux baleines, pourquoi elles ? Il m'explique en riant que la raclette de dégivrage de sa voiture a une forme de queue de baleine ! Sans le savoir, Frédéric a confirmé le fait que c'est dans les petits événements quotidiens que nous trouvons la matière principale de nos rêves.

Seuls les yeux bougent

Ces ondes électriques, décidément très baladeuses, auraient aussi tendance à descendre dans la moelle épinière pour « titiller » les neurones moteurs. Ce phénomène pourrait entraîner des « mises en action » des rêves, à travers des gestes et des actions (et potentiellement s'avérer fâcheux si l'on rêve, par exemple, que l'on est un boxeur et que la voisine ou le voisin de lit est un adversaire !). C'est pourquoi, dans sa grande sagesse, la nature a prévu un deuxième mécanisme pour bloquer cette activité, en paralysant le rêveur. Tous les mouvements sont ainsi impossibles – sauf au niveau des yeux, des mimiques du visage et des doigts – grâce à l'intervention du *locus cœruleus*. Normalement, pendant l'éveil, ce petit noyau est muet, mais, dès que démarre un épisode de sommeil paradoxal, il se réveille, et l'activité électrique de ses neurones, qui était nulle jusque-là, s'accroît brusquement. À travers de multiples relais, il envoie alors des messages dans la moelle épinière qui provoquent le blocage des neurones agissant sur les muscles.

Il peut pourtant arriver que des influx particulièrement puissants parviennent à franchir cette barrière neuronale et provoquent certains mouvements (comme les mouvements des doigts ou des moustaches chez les chats ou le « pédalage » des pattes des chiens quand ils reviennent de la chasse)[1].

Quand le cœur ralentit pendant un rêve

Une jeune fille de vingt-sept ans est venue un jour à ma consultation avec une demande plutôt inhabituelle : « Docteur, s'il vous plaît, empêchez-moi de dormir ! » Voyant ma stupéfaction, elle m'explique : « Toutes les nuits, je fais un cauchemar épouvantable : je me baigne dans l'étang qui est près de chez moi, quelque chose venu des profondeurs, une sorte de tentacule, m'attrape par la cheville et m'entraîne vers le fond, je me débats, je hurle et, au moment où je vais boire la grande tasse, je me réveille en sursaut. » Je lui demande si elle est en nage à ce moment et elle me répond que non, ce qui confirme que quelque chose se passe lorsqu'elle est en sommeil paradoxal puisque c'est un stade de sommeil où n'existe aucune régulation thermique. En effet, en état de sommeil paradoxal, nous sommes comme les poïkilothermes, des animaux à sang froid (comme les poissons, les grenouilles ou les lézards qui, c'est bien connu, ne transpirent pas, et ne rêvent pas non plus[2]). Je lui propose de l'enregistrer, ce qu'elle accepte tant sa situation l'inquiète.

---

1. Inspiré de la conférence de Michel Jouvet « L'histoire naturelle du rêve », *op. cit.*

2. C'est d'ailleurs en partant de cette simple constatation que l'on peut distinguer les cauchemars des terreurs nocturnes chez les

À notre grande surprise, nous constatons que son cœur se ralentit de manière incroyable chaque fois qu'elle se trouve en sommeil paradoxal. Elle passe de 75 à moins de 40 battements par minute. Elle passe même à un moment à 25 pulsations par minute, ce qui est vraiment très peu, et ce sans signe de bloc auriculo-ventriculaire (je précise cela au cas où un confrère cardiologue lirait ces lignes…). Comme quoi Cocteau avait raison lorsqu'il disait que « le sommeil n'est pas un lieu sûr ».
L'hypothèse formulée est que cette bradycardie (rythme cardiaque lent) extrême se produisant au moment où elle rêve provoque une impression d'arrêt cardiaque et donc de mort imminente qu'elle transforme immédiatement en noyade. Elle avait en effet l'habitude de se baigner dans un étang et, comme chez beaucoup d'entre nous, nager dans une eau dont on ne peut pas voir le fond réveille la hantise de monstres venus des profondeurs (c'est pourquoi tant de personnes qui aiment l'eau ne peuvent pas nager en pleine mer ou au milieu d'un lac alors qu'elles n'ont aucun problème à se jeter à l'eau depuis la rive).
Ce ralentissement majeur du cœur au moment des rêves, que je n'ai observé que deux fois dans ma carrière, pourrait être dû à un excès d'activité au niveau du système cholinergique – un réseau de neurones qui modifient (entre autres) la fréquence cardiaque – lors du sommeil paradoxal. Cela se passe comme si son système cholinergique parasympathique – également appelé vagal – était trop activé à ce

---

enfants. Les terreurs nocturnes se produisent plutôt en début de nuit, au cours du sommeil lent profond, quand notre thermostat fonctionne comme à l'éveil (nous sommes alors des homéothermes). Elles s'accompagnent de sueurs. Au contraire, les cauchemars ont plutôt lieu dans la deuxième partie de la nuit et n'entraînent pas de transpiration puisqu'il n'y a pas de régulation thermique (la transpiration étant en effet un moyen que nous utilisons pour régler notre température).

moment spécifique et ralentissait trop son cœur. Je lui ai donc prescrit un médicament anticholinergique et, dès la première nuit, les infirmiers l'ont vue sortir toute souriante de sa chambre d'enregistrement polysomnographique. Pour la première fois depuis des mois, elle avait dormi d'une traite, sans rêves ni cauchemars. L'analyse de l'enregistrement a confirmé que son cœur ne s'était pas anormalement ralenti. Elle a gardé son traitement pendant plusieurs mois, puis a commencé à l'oublier (ce qui est toujours bon signe) et tout est rentré dans l'ordre. J'ai ensuite perdu sa trace, ce qui, pour un psychiatre, est la meilleure preuve de guérison. Je n'ai revu ce genre de phénomène physiologique qu'une fois par la suite et il s'agissait encore une fois d'une jeune fille d'une vingtaine d'années, ce qui m'a troublé. Les jeunes filles auraient-elles le cœur lent quand elles rêvent ?

....

Les premières découvertes scientifiques sur le sommeil paradoxal

L'œuvre d'Henri Piéron (1881-1964) revêt une certaine importance dans les découvertes scientifiques liées aux rêves. Ce chercheur français a décrit le sommeil de manière purement comportementale grâce à cinq critères : le sommeil se produit dans un endroit spécifique, une posture précise, dans un état de quiescence (repos) physique, avec un seuil de réveil plus ou moins élevé selon le moment et un passage rapide du sommeil à l'éveil, ce que chacun de nous peut observer chaque fois qu'il se réveille.

Il a également eu des idées originales en matière d'expérimentation animale. Il a d'abord empêché un chien de dormir pendant un bon nombre de nuits.

Il a ensuite prélevé du liquide extrait du sang de ce chien pour l'injecter dans un autre chien, soit par voie veineuse soit directement dans le cerveau (ventricule). Ce transfert a induit très rapidement du sommeil profond chez le second. En 1913, il a donc émis l'hypothèse que le besoin de dormir était dû à des « hypnotoxines ». Cette théorie, pourtant confirmée par la suite, fut à l'époque très critiquée, en particulier par Édouard Claparède, qui pensait que le sommeil était un instinct... et rien d'autre. Devant cette levée de boucliers, les travaux de Piéron, pourtant fondés sur l'expérimentation, sombrèrent vite dans l'oubli, jusqu'aux travaux de Michel Jouvet sur la sérotonine et surtout depuis qu'on a découvert l'existence de certains peptides facilitant le sommeil et sécrétés tout au long de la journée. Cette hypothèse d'un ou de plusieurs facteurs chimiques responsables du sommeil, et donc du rêve, et qui s'accumuleraient la veille, fait actuellement l'objet de nombreux travaux[1].

C'est surtout après 1930 que les découvertes sur l'activité onirique se sont succédé. Tout d'abord, en 1937, alors qu'il enregistre des chats, le scientifique allemand Richard Klaue découvre des périodes de *tiefen Schlaf* (sommeil profond) caractérisées par une activité corticale rapide très différente de l'activité corticale lente du sommeil... Pourtant, son travail est rapidement oublié. En 1944, un autre Allemand, Paul Ohlmeyer, décrit, dans un journal de physiologie, des cycles d'érection au cours du sommeil chez l'homme.

---

1. Inspiré de la conférence de Michel Jouvet « L'histoire naturelle du rêve », *op. cit.*

Le premier cycle débute 90 minutes après l'endormissement. Les phases d'érection durent en moyenne 25 minutes et ont lieu toutes les 85 à 90 minutes (même si cette périodicité est très variable d'un individu à l'autre et parfois même au cours de la même nuit chez un individu). Ces découvertes mettent en évidence les caractéristiques exactes des périodes de sommeil paradoxal : comme tous les animaux, chaque nuit, nous passons les trois quarts de notre temps en sommeil lent et un quart en sommeil paradoxal[1]. Pourtant, à l'époque, l'érection n'est pas reliée au rêve et ce n'est que beaucoup plus tard qu'a été constaté le même phénomène chez la femme, mais de manière moins spectaculaire puisque le clitoris est un organe moins volumineux que le pénis (sauf chez la hyène… mais c'est une trop longue histoire pour développer ici ce point[2]).

Par la suite, d'autres découvertes sont faites sur le sommeil paradoxal, comme l'abolition de l'activité musculaire au cours de la narcolepsie.

Les signes spécifiques du sommeil paradoxal ont tous été progressivement découverts, mais personne alors n'eut l'idée de les relier entre eux. Il faut attendre 1950 pour que ces éléments soient rassemblés afin de former un tout cohérent[3].

1. *Ibid.*

2. Patrick Lemoine, *La Fontaine, les animaux et nous*, Paris, Armand Colin, 2011.

3. Inspiré de la conférence de Michel Jouvet « L'histoire naturelle du rêve », *op. cit.*

Avènement de la neurophysiologie

En 1953, le scientifique Nathaniel Kleitman prend la peine d'observer soigneusement des enfants au cours de leur sieste et constate que leurs yeux bougent de manière désordonnée à certains moments. Fort de cette observation, il place des électrodes sur le crâne des enfants et s'aperçoit que, lorsque leurs yeux bougent, apparaît une activité cérébrale intense, ressemblant beaucoup à l'activité électrique d'un sujet éveillé… Pourtant, le corps du dormeur est totalement immobile, comme paralysé. Il existe donc un paradoxe apparent de la discordance entre une activité électrique cérébrale intense « comme de l'éveil » et la paralysie corporelle quasi complète. Mon maître de Stanford, William Dement, et son camarade d'études, Eugene Aserinsky, ont emboîté le pas à Kleitman et ont validé cette thèse. Le lien entre le rêve et le sommeil profond, la paralysie musculaire, l'érection et l'activité électrique rapide au niveau du cortex a enfin été établi. C'est Michel Jouvet qui pointera le côté paradoxal de la chose et baptisera ce sommeil du doux nom de « sommeil paradoxal ».

À partir de ce moment, les choses s'accélèrent et, six ans plus tard, en 1959, Michel Jouvet propose l'hypothèse selon laquelle c'est au cours de cette période que les rêves pourraient se produire. Comme les ondes cérébrales observées durant le sommeil paradoxal ressemblent à celles d'un sujet éveillé, il se dit qu'il se pourrait bien qu'il soit en train de « penser » comme on pense quand on est réveillé. De plus, si l'on réveille le dormeur lors de cette phase, celui-ci raconte très souvent un rêve. Pour corroborer cette hypothèse, le professeur a imaginé une expérience géniale (âmes sensibles et amis des chats ont le droit de s'abstenir de lire ce qui suit, mais ce serait dommage).

Avant de raconter cette expérience, il faut rappeler que, lorsque nous sommes plongés en plein sommeil paradoxal, nous sommes presque totalement paralysés. À l'exception des doigts et du visage, tous nos muscles sont entièrement flasques (sauf le pénis et le clitoris, qui sont durs car en érection, comme on vient de le voir[1]). Cette paralysie est liée à l'activité du petit noyau cérébral appelé le *locus cœruleus*.

Maintenant, voici l'expérience :

– sélectionnez un chat en pleine forme ;

– opérez-le sous anesthésie générale de manière à détruire son fameux *locus cœruleus* (en réalité il faut bien viser car, si on abîme de manière extensive le noyau sublatérodorsal, on induit une disparition du sommeil paradoxal alors que, si on l'abîme de manière plus restreinte, on induit un état dissocié où l'animal présente tous les signes du sommeil paradoxal excepté l'atonie musculaire) ;

– placez-lui des électrodes d'enregistrement polygraphique en les fixant sur la peau de son crâne ;

– reliez-les à un appareil d'électro-encéphalographie et filmez-le en continu.

Au fil de l'expérience de Michel Jouvet, le chat de laboratoire mange, dort, joue, chasse, cherche des

1. Néanmoins, l'érection peut se produire seulement lorsque les muscles de cette région se relâchent pour laisser affluer le sang. L'érection est donc une forme surprenante de paralysie, ce qui permet de comprendre que l'impuissance psychologique affecte ceux qui ont tellement peur de ne pas être à la hauteur, n'arrivent pas à se relâcher et à relâcher les bons muscles.

souris. Puis, au bout d'un certain temps, parce qu'il a sommeil, il se couche, se met en boule et finit par s'endormir. Le félin passe alors par les différentes phases de sommeil, chacune avec sa position caractéristique plus ou moins relâchée jusqu'au moment précis où il entre en sommeil paradoxal. Cette expérience a été répétée et vérifiée un grand nombre de fois.

À la suite de cette expérience, Michel Jouvet, mon maître lyonnais, a formalisé le concept de « comportement onirique ». Le sommeil « orthodoxal[1] » à ondes lentes est parfaitement normal sur le plan tant du comportement (couché en rond, yeux fermés) que de sa structure électrique. C'est au moment où apparaissent les premières pointes PGO qui annoncent le sommeil paradoxal que le chat, jusque-là dans une position « normale » de sommeil, ouvre les yeux, lève la tête, regarde en haut, à droite et à gauche. Cette séquence d'exploration visuelle (alors que l'animal ne réagit en aucun cas aux stimuli visuels) est pour le moins étonnante : lorsque le chat tourne la tête à droite, il regarde à gauche et inversement. Une série de comportements variés mais complètement imprévisibles a ensuite lieu : l'animal se lève brusquement et se met à marcher, semble courir après une proie imaginaire, s'arrête pour jouer avec elle avec le geste caractéristique du chat qui a attrapé un poisson, un lézard ou une souris. Brusquement il peut présenter des comportements de peur (avec les oreilles en arrière), de rage (avec ouverture de la gueule), ou d'attaque (avec des mouvements brusques des pattes avant). Les mouvements de léchage sont nettement plus rares et, curieusement, ils ne sont

1. Par opposition à paradoxal.

pas dirigés vers un but précis. Parfois le félin lèche sa fourrure, mais, plus souvent, le plancher de la cage. Si, au cours de l'éveil, on fixe un morceau de sparadrap sur sa fourrure, le chat la léchera consciencieusement alors que, pendant son comportement onirique, le léchage ne sera pas dirigé vers cet endroit particulier et il léchera n'importe où.

Aveugle et sourd temporairement (puisqu'il ne réagit pas aux stimulations visuelles ou auditives), le chat est entièrement dirigé par un système interne qui a pris possession de son cerveau. Nous n'avons réussi à observer qu'une seule fois un miaulement pendant ces séquences (sur plus de mille étudiées) et nous n'avons jamais pu constater de comportement sexuel ou de simulacres d'accouplement. Cette absence est curieuse et n'a pas encore reçu d'explication convaincante à ce jour[1]. Je dois dire que je trouve étrange cette absence de rêves érotiques chez les chats domestiques, alors que ce genre de thème est si fréquent chez nous. Ou alors il faudrait considérer – ce qu'à la suite de Freud, mais pour d'autres raisons que lui, je pense profondément – que le rêve est l'un des seuls moyens dont nous disposons d'aller quérir de l'information afin de résoudre des problèmes insolubles à l'éveil. Dès lors, on peut penser que les chats n'ont pas de problème avec le sexe, alors que nous n'en manquons pas, avec le carcan de codes et d'interdits que nous portons presque depuis la naissance[2].

---

1. Inspiré de la conférence de Michel Jouvet « L'histoire naturelle du rêve », *op. cit.*

2. Il faut comprendre que la pratique du sexe chez nous est liée à un drôle de paradoxe. Nous sommes en effet construits comme des polygames puisque mâle et femelle sont très dissemblables et se

De très nombreux contrôles ont vérifié l'hypothèse selon laquelle les moments de comportement onirique correspondent effectivement à des périodes de sommeil paradoxal. Selon Michel Jouvet, « la durée moyenne de ces périodes de comportement onirique est de cinq minutes[1] ». Ces périodes s'achèvent par le retour au sommeil lent ou par l'éveil. L'absence de réaction aux stimuli visuels et auditifs peut facilement se comprendre : elle est le reflet et la preuve « du blocage complet ou incomplet des afférences visuelles et auditives mis en évidence au cours du sommeil paradoxal[2] ». Quand nous rêvons, nous sommes tous paralysés, sourds et aveugles. Il est donc logique que ces comportements que nous observons chez les chats soient sans objet réel.

---

reconnaissent au premier coup d'œil, exactement comme les lions, les cerfs, les dindons et les gorilles, alors que, culturellement, nous nous comportons comme des monogames dans l'immense majorité des ethnies, les rares polygames officiels étant les très riches et les gouvernants comme les rois et les présidents. L'adultère est une autre histoire et concerne plutôt les oiseaux monogames comme le canari ou le pape lazuli mais pas les primates monogames comme les gibbons ou les oiseaux comme les manchots ou les sternes. On peut donc assez bien admettre que la problématique du sexe est particulièrement compliquée et que nous n'avons pas trop de cent minutes par nuit pour tenter de la résoudre !

1. Michel Jouvet, « L'histoire naturelle du rêve », *op. cit.*
2. *Ibid.*

REM [rapid eyes movements sleep], ou « sommeil avec mouvements oculaires rapides »

Cette appellation a été imposée par les Anglo-Saxons, qui n'aimaient pas le terme de « sommeil paradoxal » décidément trop français à leurs yeux. Ils ont donc choisi l'une des caractéristiques spécifiques de ce stade de sommeil, à savoir des mouvements désordonnés, rapides et amples des globes oculaires, pour désigner ce phénomène. L'acronyme a eu beaucoup de succès tant il est facile à mémoriser et rapide à prononcer. Il a même servi de pseudonyme à un groupe de rock américain formé en 1980 à Athens (Géorgie) par Michael Stipe.
L'appellation REM pose néanmoins problème : en effet, certaines personnes naissent sans yeux et pourtant ils produisent du sommeil paradoxal et rêvent, sans mouvements oculaires rapides.

À quoi ressemble le sommeil paradoxal ?

Le schéma ci-dessous permet de voir à quoi ressemble le sommeil paradoxal et de mieux comprendre ses conséquences sur les mouvements oculaires.

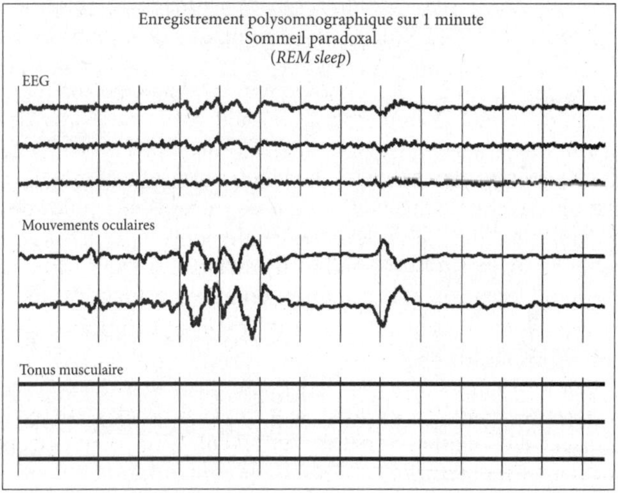

Dans le détail :

— les trois premières lignes (l'électroencéphalographie) mettent en évidence des rythmes rapides de l'activité électrique du cerveau comparables aux rythmes de l'éveil, appelés rythmes alpha ;

– les lignes 4 et 5 permettent de visualiser les mouvements oculaires rapides ;

– les trois lignes suivantes montrent qu'il n'existe aucun tonus musculaire (paralysie flasque).

Au cours du sommeil paradoxal, il existe une activation plus importante du cerveau droit (prédominance affective) et une sorte de coup de bistouri fonctionnel au niveau du corps calleux, lequel en temps normal permet aux deux hémisphères de communiquer.

Une séparation se met donc en place entre le cerveau droit et le cerveau gauche. On peut dès lors imaginer que cette indépendance entre fantasmes et raison pourrait être à l'origine du caractère à la fois étrange et très émotionnel de nos rêves.

Combien de temps dure un rêve ?

Depuis longtemps, les penseurs et les philosophes se posent la question de la durée des rêves mais se demandent aussi si ce phénomène est permanent, épisodique, ou instantané. Certains ont d'abord pensé que le rêve pouvait être extrêmement bref, voire fulgurant. C'est le cas du professeur Alfred Maury, qui raconte un épisode marquant de rêve, dans un ouvrage de 1861 :

> *J'étais un peu indisposé, et me trouvais couché dans ma chambre, ayant ma mère à mon chevet. Je rêve de la Terreur ; j'assiste à des scènes de massacre, je comparais devant le tribunal révolutionnaire, je vois Robespierre, Marat, Fouquier-Tinville, toutes les plus vilaines figures de cette époque terrible ; je discute avec eux ; enfin, après bien des événements que je ne me rappelle qu'imparfaitement, je suis jugé, condamné à mort, conduit en charrette, au milieu d'un concours immense, sur la place de la Révolution ; je monte sur l'échafaud ; l'exécuteur me lie sur la planche fatale, il la fait basculer, le couperet tombe ; je sens ma tête se séparer de mon tronc ; je m'éveille en proie à la plus vive angoisse, et je sens sur mon cou la flèche de mon lit qui s'était subitement détachée, et était tombée sur mes vertèbres cervicales, à la façon du couteau d'une guillotine.*

Cela avait eu lieu à l'instant, ainsi que ma mère me le confirma, et cependant c'était cette sensation externe que j'avais prise, comme dans le cas cité plus haut, pour point de départ d'un rêve où tant de faits s'étaient succédé[1].

À l'époque, la conclusion est la suivante : le stimulus « choc sur la nuque » aurait instantanément été converti en cauchemar de sombre actualité, ce qui indiquerait que le scénario d'un songe pourrait se dérouler à la vitesse de l'éclair. Cette hypothèse fut néanmoins abandonnée… avant qu'un chercheur de premier plan, Jean-Pol Tassin, directeur à l'Institut national de la santé et de la recherche médicale (Inserm), ne la remette récemment au goût du jour (si à première vue j'ai été tenté de penser qu'il avait, en grande partie, voire en totalité, raison, je crois aujourd'hui comme la quasi-totalité des chercheurs qu'il se trompe). D'autres chercheurs pensent au contraire que l'activité onirique est permanente, et qu'elle dure toute la nuit, de l'endormissement au réveil… Mais, là encore, il est difficile de leur donner raison puisque *a priori* nos rêves sont épisodiques et ne concernent qu'un quart de nos nuits. Enfin, certaines recherches en laboratoire de sommeil semblent indiquer qu'il existe bien une certaine proportionnalité entre la durée subjective du rêve évoqué et la durée de l'épisode de sommeil paradoxal préalable au réveil expérimental.

1. Alfred Maury, *Le Sommeil et les Rêves*, 1861.

Le réveil selon Jean-Pol Tassin, ou l'instantanéité de la formation du scénario onirique

Le neurobiologiste Jean-Pol Tassin, manifestement inspiré par le rêve de la guillotine, pense que le rêve ne se produit que pendant le petit laps de temps qui suit l'événement qui a provoqué le réveil. Selon lui, durant le sommeil, la conscience de soi et du monde disparaissent. En effet, les neurones à sérotonine et à noradrénaline cessent de fonctionner, ce qui fait que l'information nerveuse ne peut être maintenue dans le cerveau plus de quelques millisecondes – ce qui pourrait expliquer la rapidité avec laquelle nos rêves géniaux s'évaporent dès le lendemain matin…

Comme nos neurones noradrénergiques et sérotoninergiques ne s'activent pas, les images et les émotions associées sont tellement éphémères qu'elles ne peuvent parvenir à la conscience et donc se fixer[1]. Ce ne sont en fait que des images subliminales, une sorte de kaléidoscope, de catalogue sensoriel faisant défiler les visions, les sons, les goûts, les odeurs, les touchers vécus dans la journée. Lorsque nous dormons, chacun de nous fait ainsi défiler une interminable imagerie… Pour qu'il y ait un rêve, il faut donc qu'il existe une prise de conscience.

Mais, après tout, qui a dit qu'il fallait une prise de conscience pour que notre imagerie nocturne mérite le nom de « rêve » ? Si, à l'inverse, nous rejetons cette

1. Fabrice Pastor, « Nouvelle théorie sur le rêve », article publié sur psychoweb.fr, le 15 avril 2008.

théorie, cette succession de sensations peut mériter le nom de « rêve », et c'est alors Michel Jouvet qui a raison. En d'autres termes, s'il faut un scénario, un raisonnement et finalement un accès à la conscience pour parler de « rêve », c'est Jean-Pol Tassin qui a raison, sinon c'est Michel Jouvet… question de sémantique !

Pour poursuivre le raisonnement de Jean-Pol Tassin, lorsque le téléphone sonne suffisamment fort et longtemps, un réveil va se produire. Les neurones nécessaires au retour à la conscience s'activent instantanément et l'incorporation du bruit du téléphone à ladite conscience va se faire en un éclair. Le scénario du rêve est bâti et la mémoire pourra alors l'incruster dans nos neurones.

Il me vient une anecdote qui pourrait confirmer l'instantanéité de la formation du scénario onirique. Un jour, une bande de jeunes gens vient me voir en consultation. Je les reçois et l'un d'entre eux m'explique : « Nous sommes des alpinistes. Alors que nous étions en train de dormir en refuge, nous avons tous été réveillés en sursaut par le même rêve : notre refuge était emporté par une avalanche cataclysmique. C'est alors que nous avons réalisé que le bruit de l'avalanche, c'était en fait le bruit que produisait Guillaume lorsqu'il reprenait son souffle. » Ledit Guillaume, vingt ans, musclé comme un alpiniste, était en effet un grand ronfleur. Ses reprises d'air à la suite de ses pauses/apnées faisaient trembler les murs de la bâtisse tant elles étaient sonores. Des extrasystoles plutôt inquiétantes étaient ainsi visibles au cours des apnées. À la suite de cette histoire, nous avons découvert deux énormes polypes, qui ont permis de comprendre l'origine de son trouble.

Ce qui m'intéresse ici, c'est que le même bruit infligé au même moment à une bande de jeunes de même culture et dans la même situation a été interprété de la même manière du fait du contexte (sans doute avaient-ils plaisanté au sujet des avalanches avant de s'endormir). En d'autres termes, le scénario s'est instantanément mis en place, ce qui apporte de l'eau au moulin de la théorie de Jean-Pol Tassin.

Pourtant, même si elle séduisante, cette théorie n'est probablement pas exacte et la quasi-unanimité des chercheurs la réfute, ne serait-ce qu'au nom du bon sens et de l'observation quotidienne. Il est en effet banal, pour chacun de nous, certaines nuits, de vivre des rêves interminables émaillés de brefs réveils, indiquant la construction progressive et non instantanée du scénario.

Peut-on influencer le contenu des rêves ? Les découvertes d'Alfred Maury

Les chasseurs de rêves ont existé dans toutes les cultures mais, sans conteste, c'est Alfred Maury qu'il convient de citer parmi les premiers chercheurs (vraiment scientifiques) de rêves. Historien, érudit, ethnologue et professeur au Collège de France, il est connu grâce à ses recherches sur le sommeil, qui dessinent les prémices de l'étude neurobiologique du rêve. Dans *Le Sommeil et les Rêves* (1861), il expose les résultats de toute une série d'études expérimentales remarquables.

L'exposé minutieux de sa méthode montre la rigueur de son approche, comme dans cet extrait : « Je m'observe tantôt dans mon lit, tantôt dans mon fauteuil, au moment où le sommeil me gagne ; je note exactement dans quelles dispositions je me trouvais avant de m'endormir, et je prie la personne qui est près de moi de m'éveiller à des instants plus ou moins éloignés du moment où je me suis assoupi. Quand je suis réveillé en sursaut, la mémoire du rêve auquel on m'a soudainement arraché est encore présente à mon esprit, dans la fraîcheur même de l'impression. Il m'est alors facile de rapprocher les détails de ce rêve des circonstances où je m'étais placé pour m'endormir. Je consigne dans un cahier ces observations, comme le fait un médecin dans son journal pour les cas qu'il observe. Et, en relisant le répertoire que je me suis ainsi dressé, j'ai saisi, entre des rêves qui s'étaient produits à diverses époques de ma vie, des coïncidences, des analogies dont la similitude des circonstances qui les avaient pour ainsi dire provoqués m'ont bien souvent donné la clef[1]. »

Alfred Maury a également exposé d'autres dormeurs à des stimuli externes pour observer si ceux-ci influencent le contenu onirique et a constaté que c'était bien le cas. En effet, qui d'entre nous n'a pas été réveillé par une sonnerie de téléphone alors qu'il était en train de rêver que le téléphone sonnait ? C'est justement cette intrusion d'une stimulation auditive, tactile ou olfactive au beau milieu du déroulé d'un rêve et son interprétation narrative qui ont créé l'ambiguïté quant à la durée du rêve.

Par ailleurs, Maury a découvert une réalité toujours d'actualité sur le contenu des rêves : l'immense majorité des rêves ne fait que répéter avec une affligeante banalité ce que nous avons vécu au cours de la journée (ou mois ou année) qui a précédé. C'est ainsi que

1. Alfred Maury, *Le Sommeil et les Rêves*, *op. cit.*

« le rappel des images et des sensations perçues durant la veille fournit le plus ordinairement ses éléments au songe. Nous rêvons de ce que nous avons vu, dit, désiré ou fait[1] ». Cette énumération permet en réalité de faire le tri entre ce qu'il convient de conserver ou non dans sa mémoire.

Maury était convaincu de la nature physiologique du rêve et pensait que le matériau des songes était extrait d'une sorte de banque de données constituée à partir de souvenirs enfouis et remis à l'ordre du jour par des événements de la journée précédente. Cette hypothèse, reprise par la psychanalyse aussi bien que par la neurobiologie, paraît toujours aussi pertinente aujourd'hui. Selon Maury, les rêves ne sont pas aussi incohérents qu'ils le paraissent. Comme les histoires ou les idées, ils sont présentés sous forme d'images, et la liaison entre elles s'opère de manière analogique : ces liens deviennent en général incompréhensibles au réveil, surtout s'ils sont pris au premier degré. Décidément, ce chercheur était incroyablement fécond puisque cette hypothèse, très en avance sur son temps, annonce celle que reprendra Jean-Pol Tassin un siècle plus tard : les rêves, ne seraient-ils… rien que des images ? Et, par conséquent, les scénarios oniriques ne se produiraient-ils pas uniquement et instantanément au moment du réveil ?

Enfin, alors que personne n'avait encore envisagé l'existence des différents stades de sommeil, Maury nota que « plus l'engourdissement domine, plus le rêve est vague[2] ». On peut penser que cette simple observa-

---

1. *Ibid.*
2. *Ibid.*

tion correspond aux expériences de réveils au cours des différents stades de sommeil : le rêve est effectivement vécu de manière très présente (sommeil paradoxal) ou au contraire de manière très floue (sommeil lent) selon l'état du dormeur.

En réveillant des sujets à intervalles réguliers, Maury a remarqué que les souvenirs d'activité onirique ne sont pas si fréquents qu'on l'imaginait à l'époque. Il a ainsi définitivement envoyé aux oubliettes l'idée alors répandue que le rêve pourrait se produire de façon permanente pendant le sommeil. Selon lui, le rêve se manifeste à différents moments :

– à l'endormissement. On sait néanmoins aujourd'hui que c'est faux : les rêves du tout début de la nuit, au cours desquels certains parlent, ont des visions hallucinatoires et peuvent même dialoguer avec leur voisin[1] ne sont pas de « vrais » rêves car le sujet ne dort pas encore « vraiment ». Il est soit encore un peu éveillé, soit en stade I, un stade intermédiaire entre éveil et sommeil ;

– juste avant le réveil. Cette fois-ci, cette assertion est vraie : le sommeil paradoxal est de plus en plus présent vers la fin de la nuit, ce qui explique que, très fréquemment au réveil, les hommes ont une érection ;

– sous l'influence de stimuli externes ou internes. C'est là que le fameux rêve de la guillotine prend tout

1. La somniloquie désigne le fait de parler tout en dormant. Ce n'est pas une manifestation pathologique et elle est relativement fréquente. Elle se produit le plus souvent chez l'enfant et l'adulte jeune et peut se cantonner à quelques mots. Elle peut aussi aller jusqu'à des phrases, voire des dialogues (éventuellement indiscrets) avec le voisin de lit.

son sel. Quand nous rêvons et qu'un événement, un bruit, une douleur ou un étouffement sont perçus, le « travail du rêve » va s'accomplir et intégrer le stimulus au scénario de l'histoire en cours. Par exemple, ayant rencontré de nombreuses personnes souffrant de syndromes d'apnée du sommeil pendant ma vie de médecin du sommeil, j'ai remarqué que beaucoup d'entre elles rêvaient d'étouffement, que ce soit par noyade, pendaison, assassinat, strangulation ou autre. Les apnées les plus graves se produisent en effet pendant le sommeil paradoxal, donc au cours des rêves. Le sommeil paradoxal fait alors son travail de distorsion en intégrant le stimulus au rêve en cours : je m'étouffe (apnée)… et j'en rêve, mais de manière plus ou moins codée.

Hallucinations hypnagogiques ou hypnopompiques

Selon Maurice Ohayon, professeur à Stanford, une personne sur deux a, de temps en temps et surtout en cas de manque de sommeil, des sortes d'illusions visuelles ou sonores au moment où il a sommeil. Ces illusions peuvent être des ombres menaçantes, un clic sonore, des couleurs changeantes… Pour ma part, je me souviens d'un épisode marquant. Alors qu'avec ma femme nous revenions très tardivement dans la nuit d'un mariage et qu'elle somnolait pendant que je conduisais, je l'ai réveillée en sursaut avec un grand coup de frein car j'avais vu l'ombre d'un petit enfant traverser la route… Pourtant, un enfant de deux ou trois ans se promenant tout seul dans la campagne charolaise à trois heures du matin n'est *a priori* pas une situation très fréquente ni très plausible. À la suite de quelques remontrances de mon épouse, j'ai fait ce que j'aurais dû faire depuis un moment : je me suis garé et j'ai dormi un temps indéterminé, puis nous sommes rentrés sains et saufs. Ce genre de phénomène n'est certainement pas un rêve mais l'irruption d'images en forme d'illusions dans un esprit ensommeillé et au bord de l'endormissement et du rêve. Il s'agissait ici d'une hallucination hypnagogique (qui a lieu avant de s'endormir).

L'hallucination hypnopompique est le même phénomène, mais cette fois-ci au réveil. Dans ce cas elle est spécifique d'une maladie rare : la narcolepsie-cataplexie (voir page 179).

....

Se souvenir de ses rêves

Sur ce point, l'histoire des rêves d'Alfred Hitchcock permet de nous éclairer. Très souvent, le maître du suspense, comme beaucoup d'entre nous, se réveillait en cours de nuit, à la fin d'un rêve, émerveillé par la richesse du contenu. Il se disait alors : « Cette idée est géniale ! Il faut absolument que demain matin je m'en souvienne ; elle fera un magnifique début de scénario. » Mais le lendemain, comme c'est habituel, il était incapable de s'en souvenir. Le rêve s'était évaporé comme rosée au soleil. Après un certain nombre de déconvenues, pour ne pas dire de déceptions, il décida de préparer un papier et un crayon à côté de sa table de nuit. Il nota consciencieusement son rêve dans le noir et se rendormit, enchanté du devoir accompli. Le lendemain, il se saisit fébrilement de son texte et fut fort déçu en lisant : « Un homme, une femme… »

L'exemple du rêve d'Hitchcock permet de mettre en avant une question que nous nous posons souvent : pourquoi, alors que nous avons l'impression d'avoir rêvé pendant la nuit, sommes-nous incapables de nous souvenir du contenu du rêve tout en sachant que c'était un « bon rêve » ou un rêve désagréable ? C'est Freud qui a peut-être le mieux rendu compte de ce phénomène : selon lui, c'est l'affect qui se fixe le mieux (en réalité grâce à l'amygdale, petite structure qui régit les émotions), alors que les représentations s'évaporent parfois assez vite (rôle de l'hippocampe, petit noyau cérébral en forme d'hippocampe qui joue un rôle prépondérant dans la fixation des souvenirs). Les sentiments attachés à un événement (l'affect) persistent alors que le contenu se dissout.

Parfois, si l'un des nombreux microéveils que nous avons chaque nuit dure plus de trois minutes, le scénario du rêve a eu le temps de se mettre en place et la mémoire de s'activer. Par conséquent, au cours de la nuit ou le matin au lever, il y a un souvenir de rêve. Mais le plus souvent, si l'on ne prend pas la peine de le noter, celui-ci va vite s'estomper et disparaître définitivement, sauf si, dans la journée, un événement, une image, une pensée le ramène – souvent de manière fugace – à la conscience.

····· Le rêve à messages d'August Kekulé ·····

Alors qu'il somnolait au coin du feu, August Kekulé (1829-1896), le fondateur de la chimie organique, vit dans son rêve une chaîne d'atomes de carbone se refermer sur elle-même, « comme un serpent se mordant la queue ». Dès son réveil, il en déduisit ainsi que la structure de la molécule de benzène était faite de six atomes de carbone, disposés en cercle[1] !

....

Un autre exemple mérite d'être cité. Il s'agit ici d'un rêve de scientifique que m'a raconté mon ami le professeur Gérard Ostermann. Nous sommes en 1921 et une bataille scientifique fait rage à propos de la transmission de l'influx nerveux entre les neurones, opposant d'un côté les tenants d'un mécanisme électrique et, de l'autre, les partisans d'une transmission chimique. Otto Loewi, un scientifique germano-américain, était, comme tous les neuroscientifiques de l'époque, obsédé par cette énigme. Dans la nuit de Pâques 1921, il fit un rêve qui le réveilla en sursaut. Dans celui-ci, il venait de concevoir une expérience qui permettrait de trouver la réponse (et la gloire). Il griffonna à la hâte quelques notes pour bien s'en souvenir et se rendormit aussitôt. Le lendemain, à son réveil, il avait non seulement tout oublié mais en plus, ses notes étaient absolument illisibles. Pis que pour Hitchcock. Il était effondré : jamais il ne saurait si son rêve était génial… ou non.

Pourtant, il faut croire que la question le préoccupait vraiment car, la nuit suivante, il rêva et se réveilla à

1. Michel Le Van Quyen, *Améliorer son cerveau*, Flammarion, 2017.

nouveau après avoir fait le même rêve. Il prit alors tout son temps pour décrire bien lisiblement cet incroyable songe. Le lendemain, il se rua dans son laboratoire, réalisa l'expérience. Quinze ans plus tard, en 1936, il décrocha le prix Nobel.

Mais à quoi ressemblait donc son expérience pour étudier la communication entre neurones ? Pragmatique, il avait choisi un très gros nerf (le nerf vague ou le nerf pneumogastrique), capable de ralentir le rythme cardiaque, puis prépara deux bacs remplis d'une solution saline. Dans le premier baignait un cœur de grenouille encore battant et connecté à ce nerf vague. Dans le second se trouvait un cœur de grenouille également battant mais isolé, donc non relié au nerf vague. Il stimula électriquement le nerf vague du premier bac, ce qui ralentit immédiatement le cœur de grenouille auquel il était attaché. Il préleva alors le liquide où baignait ce cœur et le versa dans le second bac et, au bout de quelques instants, le cœur de la seconde grenouille ralentit lui aussi… Conclusion : la substance chimique présente dans la solution versée et qui avait été libérée par le nerf vague stimulé ralentissait le cœur. Vive la chimie et à bas l'électricité !

Les collectionneurs de rêves

Michel Jouvet – dont on peut penser qu'il se situait dans la filiation d'Alfred Maury, comme le montre le titre d'un de ses livres, *Le Sommeil et le Rêve*[1], hommage à l'ouvrage publié par Maury plus d'un siècle aupara-

1. Michel Jouvet, *Le Sommeil et le Rêve*, Odile Jacob, 1992.

vant – est l'un des plus grands collectionneurs de rêves du XXe siècle. Son « onirothèque » contient 1 755 récits. Pourtant, 1 755 est un faible score si on le compare à celui de Pierre Étévenon, qui a collectionné 3 200 rêves, et surtout à la psychologue Patricia Garfield, qui, depuis l'âge de quinze ans, note ses rêves et en a répertorié aux alentours de 25 000 !

Peut-on rêver en dehors du sommeil paradoxal ?

De nouvelles études démontrent que, si l'on réveille un dormeur alors qu'il n'est pas en phase de sommeil paradoxal, il va quand même raconter un rêve, quel que soit le stade de sommeil où il se trouve. Rêverait-on donc toute la nuit ?

Cette idée parait dénuée de sens. Personne ou presque n'a jamais raconté avoir eu l'impression de rêver durant des heures, mais seulement quelques dizaines de minutes. De plus, si vous êtes réveillé par un bruit dans la rue ou par une lumière, cet événement devient en général la chute de votre rêve. Mais, alors, comment cet élément qui nous réveille pourrait-il être intégré dans notre rêve, si ce même rêve est censé durer toute la nuit ?

En d'autres termes, la question est : rêve-t-on exclusivement quand on est en sommeil paradoxal *(REM sleep)* ou bien est-ce possible au cours des autres stades de sommeil ?

Le principal moyen de répondre à cette question est de recruter des volontaires sains, de les équiper d'électrodes et de les réveiller au cours de chaque stade de sommeil en leur demandant :

— Êtes-vous en train de rêver ?

— Racontez-moi votre rêve.

C'est ce qui fut fait dans de nombreuses études. En règle générale, lorsqu'on réveille un dormeur en :

– stade I (c'est-à-dire en sommeil très léger) : il raconte peu de choses car il a le sentiment de ne pas dormir (alors que parfois il ronfle déjà comme un sonneur). Il dira plutôt : « J'étais en train de penser à… » ;

– stade II (en sommeil léger) : le sujet mentionne des résidus d'images hypnagogiques (images produites lors de l'endormissement) et les scènes se rapportent toujours à la vie éveillée, surtout s'il a l'impression de se réveiller juste après leur fin ;

– stades III et IV (aujourd'hui regroupés sous le nom de sommeil lent profond *[delta sleep]*) : le dormeur ne raconte que très rarement quelque chose, des sortes de rêves lointains, peu présents. On peut alors se poser la question suivante : quand on se trouve dans ces stades III et IV, est-on capable de rêver ou bien ces vagues rêves ne sont-ils que le souvenir de rêves qui se sont produits précédemment dans la nuit, au cours des autres stades de sommeil ou même au cours de la nuit précédente ?

– stade V (sommeil paradoxal ou *REM sleep*) : là, c'est le feu d'artifice ! Le dormeur en sommeil paradoxal raconte à peu près à tous les coups des rêves en Technicolor ! Le sommeil paradoxal serait donc bien le principal support du rêve. C'est le moment où nos songes sont les plus présents, les plus forts.

Quand le sommeil paradoxal est en désordre

En 1880, le docteur Jean-Baptiste Gélineau, ancien médecin de la marine, découvre une maladie rare et originale : la narcolepsie (ou maladie de Gélineau), un désordre spécifique du sommeil paradoxal inconnu à l'époque. Sans le savoir, il découvre l'une des caractéristiques primordiales du rêve : l'absence totale de tonus musculaire[1].
La maladie se caractérise par une irruption brutale et invincible du sommeil, au cours de l'éveil. Pendant ces épisodes, même brefs, les malades rêvent et perdent contact avec la réalité[2]. Il n'existe parfois aucune transition entre éveil et rêve, ce qui n'existe dans aucune autre condition chez l'homme. Par conséquent, ces malheureux patients qui ont des « hallucinations », parfois terrifiantes, passent pour des psychotiques et se retrouvent à l'hôpital psychiatrique, ce qui n'est certainement pas leur place. Mais cette maladie est tellement importante que je vais m'y attarder plus tard (voir page 179).

Ainsi, si l'on peut rêver au cours d'autres stades de sommeil que le sommeil paradoxal (quoique très peu en sommeil lent profond), les rêves sont beaucoup moins présents. On ne sait d'ailleurs pas très bien interpréter ce que racontent les dormeurs que l'on réveille au cours des stades III et IV. Est-ce un rêve en train de se dérouler ou bien le souvenir d'un rêve produit au cours d'un épisode précédent de sommeil paradoxal ? En bref, lorsque l'on réveille quelqu'un en

1. Inspiré de la conférence de Michel Jouvet « L'histoire naturelle du rêve », *op. cit.*

2. *Ibid.*

plein sommeil paradoxal, il raconte presque toujours un rêve très prégnant, très actuel, alors que le récit de rêves recueillis lorsque l'on réveille le dormeur au cours d'un autre stade est beaucoup plus lointain, beaucoup moins intéressant aussi.

Michel Jouvet donne à cet égard un exemple très parlant (même si en bon psychiatre je ne peux m'empêcher de penser qu'il est quelque peu projectif à propos de sa conception de la montée d'escalier). Il raconte ainsi que, s'il rêve pendant un épisode de stade II de sommeil, il verrait de manière neutre et peut-être floue une personne de sexe féminin gravir les marches devant lui. S'il rêve de la même chose alors qu'il est en sommeil paradoxal, il contemplerait devant lui un corps de femme et… la décence interdit de raconter la suite.

Si l'on accepte que le sommeil paradoxal serve à forger les rêves, on peut penser que les rêves édulcorés qui se produisent au cours des autres stades ne servent qu'à adoucir les vrais, ceux du REM.

2

L'homme est-il le seul être vivant à rêver ? Le rêve et les animaux

Du nénuphar à l'*Homo* (soi-disant) *sapiens*

Depuis quand, du point de vue de l'évolution, rêvons-nous ? Sacrée question, même s'il existe aujourd'hui un bon nombre d'éléments de réponse. Mais, avant cela, nous devons nous poser une question : depuis quand dormons-nous ? Car, jusqu'à preuve du contraire, pour rêver, il faut dormir.

Par définition, pour être qualifié de « vivant », un organisme doit alterner des périodes de repos et d'activité, que l'on soit une bactérie ou un jeune cadre dynamique, plus ou moins motivé. Les plantes par exemple, tout comme les insectes et les virus, connaissent, de manière cyclique, des phases plus actives que d'autres. Si vous ne me croyez pas, observez un nénuphar ou une belle-de-nuit : vous les verrez fermer ou ouvrir leurs corolles lorsque la nuit tombe. On peut donc considérer que les plantes aussi dorment !

Par ailleurs, on considère généralement que les poissons se « reposent » alors que, pour les reptiles, on peut parler de « sommeil » au sens physiologique du terme[1]. Quant à savoir qui « rêve » véritablement, il faut d'abord voir à quoi le rêve animal ressemble d'un point de vue scientifique.

Le mécanisme du rêve compris grâce aux animaux

C'est en 1959, grâce à la recherche sur les animaux, que l'on a découvert que le rêve prenait forme au sein du cycle veille-sommeil. Depuis l'Antiquité, à l'époque d'Aristote pour être précis, les chasseurs avaient déjà remarqué qu'au retour de leurs sorties les chiens présentaient parfois des mouvements particuliers quand, épuisés, ils s'endormaient. Plus tard, les chercheurs ont décidé d'étudier les félins. Chez les chats, l'étude polygraphique du cycle éveil-sommeil (c'est-à-dire réalisée par des électrodes chroniquement implantées dans les principales structures cérébrales et dans différents groupes musculaires) a permis de déceler deux états bien différents au cours du sommeil. Le premier est un sommeil à ondes lentes et de grande amplitude et au cours duquel le tonus musculaire est conservé. Le second est un sommeil profond *paradoxalement* caractérisé par :

1. Pour aller plus loin sur ce sujet, se reporter à Patrick Lemoine, *Dormir sans médicaments... ou presque*, Paris, Robert Laffont, 2015.

– une activité électrique cérébrale ressemblant à l'éveil (alors que le sujet dort profondément) ;
– des mouvements oculaires rapides ;
– une irrégularité des battements du cœur et de la respiration ;
– une disparition totale du tonus musculaire.

Ces périodes de sommeil paradoxal ont chez le chat une durée moyenne de 6 minutes et surviennent toutes les 25 minutes au cours du sommeil. Le mécanisme est exactement le même que chez l'homme, sauf que, pour nous, les cycles sont nettement plus longs (ils durent environ 90 minutes), tout comme les épisodes de sommeil paradoxal (20 minutes)[1].

La recherche a rapidement mis en évidence le fait que le cerveau pouvait se trouver dans trois états radicalement différents : l'éveil, le sommeil lent et le sommeil paradoxal[2]. À partir du moment où il devenait clair que le chat et l'homme produisaient du sommeil paradoxal, les chercheurs de rêves se sont déchaînés et ont tout enregistré avec des électrodes pour essayer de répondre à la question suivante : à quel moment de l'évolution le rêve est-il apparu ?

1. Inspiré de la conférence de Michel Jouvet « L'histoire naturelle du rêve », *op. cit.*

2. Il faut souligner ici au passage que les Upanishad, ces textes philosophiques qui forment la base théorique de la religion hindoue, affirment depuis plusieurs milliers d'années que le cerveau passe par trois états : l'éveil, puis le sommeil sans rêve et enfin le sommeil avec rêves.

Quel est le plus ancien animal à produire du sommeil paradoxal ?

La question n'est pas facile, non seulement en ce qui concerne les animaux très petits mais aussi pour ceux qui sont anatomiquement très différents de nous autres, les mammifères. En effet, comment et où installer des électrodes sur un poulpe (et ses neuf cerveaux !), une moule ou un éphémère pour vérifier l'existence de sommeil paradoxal ? Nous pourrions *a priori* penser qu'il n'existe pas de sommeil paradoxal (donc pas de rêve au sens où nous l'entendons habituellement) chez les invertébrés, les poissons, les amphibiens et les reptiles (à l'exception possible des crocodiles, qui régulent plus ou moins leur température). Nous pourrions néanmoins nous poser la question pour les grands requins blancs, qui, eux aussi, arrivent assez bien à réguler leur température (encore faudrait-il qu'un chercheur ait le courage – ou la folie – d'aller poser des électrodes sur eux). Quant aux plus récents dinosaures, le *Tyrannosaurus rex* ou le vélociraptor, nous pouvons supposer qu'ils produisaient du sommeil paradoxal, donc qu'ils rêvaient, étant donné qu'ils étaient des animaux à sang chaud. Mais à quoi pouvaient-ils rêver ? C'est une autre question.

Tous les oiseaux et tous les mammifères fabriquent donc du sommeil paradoxal… à l'exception notable et supposée (vu la grande rareté des études) des échidnés, ces drôles de monotrèmes qui, comme les ornithorynques, ont un cloaque, pondent des œufs et allaitent leurs petits. On peut considérer ces animaux comme se situant à un stade intermédiaire entre les reptiles, les oiseaux et les mammifères.

En conclusion, il paraît clair que les animaux dits « à sang froid » (poïkilothermes) n'ont pas jugé utile de rêver, à la différence de nous, les homéothermes.

L'élégance de l'échidné

Ces drôles d'animaux régulent très mal leur température et ne parviennent pas à la hisser au-dessus de 33 °C. Pourtant, en regardant les choses de plus près, il semblerait que l'on trouve quelques indices de sommeil paradoxal : mouvements oculaires rapides d'une part, et périodes d'absence de tonus musculaire, d'autre part. Les autres critères manquent néanmoins[1].

Tout se passe donc comme si l'apparition de l'échidné correspondait au moment de l'évolution où le sommeil paradoxal connut ses premiers balbutiements. Le sommeil de l'échidné pourrait être la forme primitive à partir de laquelle les deux formes de sommeil ont évolué, chez les mammifères et les oiseaux.

Pour approfondir cette conclusion, il faudrait enregistrer le sommeil des bébés échidnés car, de manière générale, nous savons que les nouveau nés rêvent beaucoup plus que les adultes (en moyenne cinq fois plus). Il est donc probable que les très jeunes échidnés produisent un peu, voire beaucoup de sommeil paradoxal à la naissance et que celui-ci disparaît au fur et à mesure qu'ils grandissent. Mais réaliser cette expérience chez cette espèce ultraprotégée semble difficile…

1. Mehdi Tafti, « Animales rêveries », *Science et Avenir*, hors-série « Le Rêve », 1996.

Durée du sommeil paradoxal

Le tableau ci-contre[1] montre que la quantité de sommeil paradoxal varie selon les espèces : la vache ne rêve que 25 minutes chaque nuit, comme la girafe, alors que le macaque rêve 90 minutes, et le tatou géant 360 minutes. Quant au chat domestique, il est capable de produire 200 minutes de sommeil paradoxal : soit preque deux fois plus que nous !

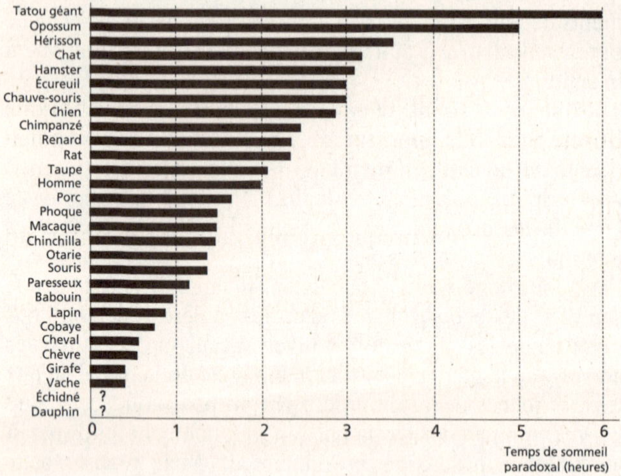

Pendant longtemps, l'*Homo neuroscientificus*, dans sa grande vanité, pensait que plus un animal était intelligent, plus il produisait de sommeil paradoxal… Et pourtant, malgré nos fantasmes, force est

1. Le schéma est inspiré de celui réalisé par Mehdi Tafti dans son article « Animales rêveries », *op. cit.*

de constater que nous nous situons dans une honnête moyenne (juste entre le porc et la taupe…).

Un autre cas intéressant est celui du chat, très bien placé. S'il est certes intelligent, son QI se trouve normalement loin derrière celui de nombreux autres animaux, comme les chimpanzés, les dauphins et les éléphants. Un autre critère semble ainsi mieux rendre compte de ce phénomène de « surclassement », celui de l'index de sécurité. Quand nous nous trouvons dans un état de sommeil paradoxal, nous sommes particulièrement vulnérables car sourds, aveugles et paralysés. On peut donc comprendre que plus un animal est capable de dormir dans des conditions de bonne sécurité, plus il produira du sommeil paradoxal. Mais comment faire pour se sentir en sécurité ? Il faut :

– soit être un prédateur très puissant, comme un lion, un éléphant ou un ours blanc ;

– soit pouvoir dormir dans un lieu parfaitement sécurisé, comme les chats ;

– soit être suffisamment intelligent pour développer des stratégies de défense collective et/ou des dortoirs inexpugnables. C'est le cas des humains, des chimpanzés et des gorilles.

De nombreux faits contredisent néanmoins ces théories. D'une part, étant donné que les tatous géants et les opossums (famille des marsupiaux), des mammifères très primitifs (donc plutôt « stupides »), produisent les plus grosses quantités de sommeil paradoxal, ils devraient beaucoup rêver… et pourtant, ce n'est pas si simple. En effet, l'un des plus gros dormeurs parmi les mammifères, le paresseux, qui dort 17 heures sur 24 heures, ne rêve que très peu (72 minutes)[1].

D'autre part, l'éléphant, qui est quasi invulnérable, ne dort pas beaucoup… et ne rêve que très peu.

Le luxe de l'éléphant

Le sommeil paradoxal est un luxe que seuls les animaux quasi invulnérables peuvent s'offrir. Il faut être puissant comme un éléphant, un gorille ou un lion, ou bien intelligent comme un chimpanzé, un bonobo ou un humain, ou encore stupide et cuirassé, indifférent au monde extérieur comme un tatou géant, pour oser rêver plus de quelques minutes.

En liberté, l'éléphant (qui est sans doute l'un des animaux les plus intelligents de l'histoire de l'évolution[2]) ne dort jamais plus de deux heures. En captivité, pas plus de quatre, et de manière fragmentée. En réalité, l'éléphant ne dort jamais plus de quelques minutes d'affilée. Il ne s'allonge presque jamais par terre (maximum une nuit sur trois). Étant donné que l'on considère que c'est quand l'éléphant est allongé sur le sol qu'il produit du sommeil paradoxal, on peut calculer que cet animal ne rêve pas plus de quarante minutes en moyenne par nuit. C'est à n'y rien comprendre puisque l'éléphant, animal à la fois quasi invulnérable et brillantissime, serait le mammifère qui dort et rêve le moins… Vraiment une histoire à dormir debout !

1. *Ibid.*

2. En effet, l'éléphant est capable de rites funéraires, d'assistance, voire de compassion envers les handicapés et les vieilles matriarches en fin de vie.

Force est donc de reconnaître que l'on ne sait toujours pas très bien à quoi se rapporte le temps de sommeil paradoxal chez les vivants.

Rêves de dauphins ou la malédiction d'Ondine[1]

Comme leurs lointains cousins les lamantins, les dauphins, ces gentils mammifères marins, doivent résoudre un gros dilemme : comment dormir sans se noyer, puisqu'ils doivent régulièrement remonter à la surface pour respirer ? S'ils s'endorment complètement, ils risquent de mourir d'asphyxie (comme Hans). Il est d'ailleurs impossible d'anesthésier un dauphin sans le tuer puisque, dès qu'on l'endort complètement, il étouffe.
La nature, comme d'habitude, a su résoudre cette question de manière particulièrement élégante : le dauphin – et probablement l'ensemble des mammifères marins – ne dormirait qu'à moitié. Autrement dit, un hémisphère cérébral dort pendant que l'autre veille et contrôle la respiration, et cela de manière alternative.

1. L'expression « malédiction d'Ondine » est tirée d'un conte germanique de Friedrich de La Motte-Fouqué, paru en 1811. Hans, qui vient de se fiancer, tombe amoureux d'Ondine, une jeune fille merveilleusement belle. Le coup de foudre est réciproque. Hans se sépare alors de sa promise. Ondine, acculée, doit par la suite lui révéler sa véritable nature : elle n'est pas la fille des pêcheurs chez qui elle vit, mais une nymphe. Une créature des eaux, des fontaines et des rivières. Elle doit s'unir à un homme pour acquérir une âme. Mais Hans est infidèle et trompe la pauvre Ondine avec Bertalda. Il ne sait alors pas que son beau-père, le prince des Eaux, a lancé une malédiction : si quelqu'un fait du mal à Ondine, il mourra. Pour le punir de son infidélité, Ondine condamna Hans à rester éveillé pour pouvoir respirer. Il finit par s'endormir et mourut. L'infidélité est un sport dangereux dans la mythologie.

Le professeur Lev Mukhametov[1], de Moscou, a consacré une partie de sa vie à explorer ce drôle de phénomène. Première énigme : il ne semble pas avoir réussi à enregistrer des périodes de sommeil paradoxal au cours du sommeil du dauphin. Mais comme disait le neurobiologiste Michel Jouvet, « une absence de preuve n'est pas preuve d'une absence ». Tant que cette énigme ne sera pas résolue, toutes les théories sur les fonctions du rêve resteront fragiles, pour ne pas dire discutables. On peut néanmoins se demander si l'étude ne contient pas une erreur quant au stade de sommeil. En effet, pour détecter le sommeil paradoxal, il faut mettre des électrodes sur la nuque de l'animal (or les dauphins n'ont pas de nuque), des capteurs autour des yeux pour enregistrer les mouvements rapides (or les dauphins n'ont pas de mouvements oculaires) et des électrodes sur le crâne pour avoir l'EEG.

Deuxième énigme : la question de la respiration. On peut penser que celle-ci passe en mode automatique, l'animal remontant à la surface de manière à reprendre son souffle. Mais, le mystère reste entier…

....

1. Lev M. Mukhametov *et al.*, « Interhemispheric asymmetry of the electroencephalographic sleep patterns in dolphins », in *Brain Research*, 1977, 134, p. 581-584.

3

Le rêve à travers les âges, les religions et les civilisations

Dieu est-il le rêve de l'humanité ?
Ce serait trop beau.
L'humanité est-elle le rêve de Dieu ?
Ce serait abominable.

Arthur Schnitzler

Depuis la nuit des temps, l'homme attribue au rêve une origine divine. En effet, on essayait déjà de comprendre les rêves à Sumer (vers 3000 avant J.-C.) ainsi que dans l'Égypte antique (2500 avant J.-C.). Les Égyptiens croyaient qu'un rêve pouvait révéler l'avenir et utilisaient des clés des songes. Chez les Grecs, le rêve pouvait aussi être un message divin. On peut ainsi citer le rêve délibérément mensonger envoyé par Zeus à Agamemnon – sous les traits de Nestor – pour le conduire à sa perte, dans un assaut absurde contre Troie[1].

1. Homère, l'*Iliade*, chant II.

Le rêve, vaguemestre des dieux

Le rêve peut être une manière d'exploiter sans vergogne la crédulité du peuple. On voit de nombreux exemples de ce phénomène dans la Bible. Qu'il s'agisse de Yahvé chez les Hébreux, des dieux chez les Grecs puis les Romains, de Dieu chez les chrétiens, chaque fois les rêves sont utilisés pour faire passer des messages aux mortels.

Dans les Évangiles par exemple, Dieu s'adresse à ses disciples par les rêves et accorde à ceux-ci une valeur prophétique. Joseph accepte ainsi d'épouser Marie après avoir été informé en rêve que c'était avec l'Esprit saint (et non pas avec le voisin) que celle-ci avait « fauté ». Par la suite, il s'enfuit en Égypte avec Jésus, après avoir appris en rêve que le roi Hérode était en train de préparer un massacre.

Le rêve dans la mythologie

Dans l'Égypte antique, c'est le génie Bès, sous l'apparence d'un nain difforme, qui devait veiller sur le sommeil et les rêves. Par ailleurs, lorsqu'un rêve était trop négatif, Isis, déesse magicienne, intervenait pour écarter la menace. Toujours pragmatiques, les habitants du bord du Nil avaient donc trouvé un bon moyen pour traiter les cauchemars, une sorte de contrepoison divin.

Dans l'Antiquité grecque, c'est Morphée qui est le gardien du rêve prophétique. Il est l'un des mille enfants d'Hypnos (dieu du sommeil) et de Nyx (déesse de la nuit). Il enveloppait le dormeur de ses fameux bras et était représenté sous la forme d'un beau jeune homme tenant d'une main un miroir (le rêve n'est-il pas autocentré ?) et, de l'autre, un bouquet de pavots. Les Grecs savaient très bien utiliser le rêve de manière thérapeutique. Peut-on penser qu'ils ont été les premiers utilisateurs de psychotropes ? En effet, le pavot est le seul remède, présent dans le Code d'Hammourabi (1750 avant J.-C.), à avoir subsisté jusqu'à aujourd'hui. Quant au mot « Morphée », il signifie « forme » (la morphologie est en effet la science des formes), ce qui est pertinent puisqu'on peut considérer qu'un rêve est une forme, la forme de ce qui nous entoure. Une forme, pas la réalité. Quant au médicament dérivé du pavot, il s'agit de… la morphine. Tout se tient… jusqu'à la pop culture, avec le personnage de Morpheus dans la trilogie *Matrix*, qui libère Néo de son sommeil.

Le rêve prophétique d'Alcyone… devenu le cauchemar d'un laboratoire pharmaceutique

Dans la mythologie grecque, Alcyone, fille du dieu du vent Éole, est mariée avec Céyx, roi de Thessalie, dont elle est fort amoureuse. Un jour, le beau mari part pour deux mois en mer afin d'aller consulter l'oracle de Claros. Une nuit, dans son rêve, Alcyone voit Céyx se noyer pendant un naufrage et, au moment d'expirer, crier le nom de son épouse. Alcyone se réveille en sursaut et accourt aussitôt sur le rivage en hurlant à son tour le nom de son mari… Las ! La dépouille de Céyx est ramenée par les courants et vient s'échouer sur le rivage, juste aux pieds de sa femme. Celle-ci est au désespoir. Pris de compassion, les dieux la métamorphosent en martin-pêcheur. Elle s'envole alors jusqu'au lieu du naufrage pour retrouver Céyx, lui aussi changé en oiseau.

Cette histoire a eu des répercussions dans ma vie de psychiatre. En effet, en 1983, j'ai moi-même été capable de prophétiser un événement, au moment où un hypnotique nouveau, le triazolam, était commercialisé en France sous le nom d'Halcion. Rencontrant certains responsables des laboratoires Upjohn, je leur dis qu'ils devaient s'attendre à avoir des ennuis avec ce médicament inducteur de sommeil. Il fallait en effet se souvenir que son nom – Halcion – évoquait une histoire de parasomnie, de cauchemar, de terreur nocturne et de comportement anormal pendant le sommeil paradoxal et, surtout, que cette fable mythologique se concluait par deux morts. Ils n'avaient alors pas pris au sérieux mon discours. Pas de chance : ce somnifère a provoqué de nombreux scandales tant il fut prisé des toxicomanes et utilisé par les voyous, qui l'administraient à leur insu à de pauvres victimes pour les violer ou les voler. L'Halcion a pour ainsi dire suivi les traces de l'histoire d'Alcyone. Il a été retiré du marché français en 2005, après avoir coûté une fortune en procès au laboratoire…

....

Enfin, l'Antiquité perse a une approche intéressante des rêves, notamment par l'histoire de ce rêve, en forme d'oracle, qui prédit le sort des armes. Atossa, impératrice douairière[1], veuve de Darius le Grand, pousse son fils Xerxès à conquérir la Grèce. Celui-ci s'engage dans l'armée. Atossa, restée à Persépolis, fait un rêve funeste qui semble lui annoncer la défaite. La tragédie d'Eschyle, *Les Perses*, s'ouvre sur ce rêve. Atossa rêve de deux femmes richement vêtues, l'une

---

1. Le terme de « douairière » désigne une femme bénéficiant d'un douaire, un ensemble de biens laissés en usufruit par son mari.

avec une tunique dorienne, l'autre portant une robe persane. Sœurs ennemies, elles semblent se quereller et être prêtes à se battre. Elle raconte alors la suite de son rêve : « Mon fils, voyant cela, s'efforçait de les apaiser. Il les attela toutes deux à son char, et il ploya leurs cous sous les mêmes courroies. L'une redressait orgueilleusement sa tête, fière du harnais comme d'une parure, et sa bouche se prêtait au frein. L'autre se cabrait, indignée ; elle rompait les brides de ses mains, et ses bonds fracassaient le char. Elle cassa le joug par le milieu, arracha les rênes ; le char roula sous ses secousses, et mon fils tomba. Et son père Darius était là, qui s'apitoyait sur sa chute, et, dès que Xerxès le vit, il déchira ses vêtements[1]. » Effrayée, Atossa se réveille et part se réfugier au sanctuaire d'Ormuzd pour y réaliser un sacrifice. Tandis qu'elle dispose en offrande un gâteau de farine, un aigle s'abat sur l'autel et un épervier se rue sur lui, et lui déchire la tête de ses serres. L'aigle se laisse faire, terrorisé[2]. Le présage est redoutable : l'aigle représente la puissance perse. Atossa tente alors de se rassurer en se souvenant que son fils Xerxès est à la tête de la plus grande armée du monde. Elle s'exclame alors : « Certes, sachez-le, mon fils, s'il réussit, sera le plus glorieux des héros ; vaincu, il n'aura nuls comptes à rendre. Et, s'il survit, il régnera comme auparavant sur cette terre. »

Malheureusement, l'interprétation de son rêve est fausse. Un messager arrive à cet instant et lui annonce

---

1. « Le songe d'Atossa », *in* Eschyle, *Les Perses*.

2. Paul de Saint-Victor, *Les Deux Masques*, I. *Les antiques*, Paris, Calmann Lévy, 1880.

le désastre de Salamine, l'une des plus grandes batailles navales de tous les temps et la défaite perse.

Rêve biblique : Jacob, un professionnel du vrai « faux rêve »

> *Il* [Jacob] *eut un songe. Et voici, une échelle était appuyée sur la terre et son sommet touchait au ciel. Et voici, les anges de Dieu montaient et descendaient par cette échelle. Et voici, l'Éternel se tenait au-dessus d'elle ; et il dit : « Je suis le Seigneur, le Dieu d'Abraham ton père, le Dieu d'Isaac. La terre sur laquelle tu es couché, je la donnerai à toi et à ta postérité. Ta postérité sera comme la poussière de la terre* [...] *». Jacob s'éveilla de son sommeil et il dit : « Certainement, l'Éternel est en ce lieu et, moi, je ne le savais pas*[1] *! »*

Ce rêve, tiré de la Genèse, apparaît clairement comme l'expression d'un désir de légitimation : l'échelle est avant tout un ascenseur social. Pour mieux comprendre la scène, il faut rappeler le contexte : à cette époque, le droit d'aînesse prévaut. Or Jacob est le second de jumeaux. Il veut néanmoins la succession de son père Isaac et, pour cela, met en place des ruses répétées et de gros mensonges. Il aurait même entamé sa stratégie dès la naissance puisque le texte précise qu'il tentait de retenir son frère Ésaü en s'agrippant à son talon ! Pour parvenir à ses fins, il « commandite » ainsi un rêve qui met en scène la lignée d'Abraham à Jacob. Par la suite, Jacob rachète son droit d'aînesse à son frère Ésaü en

1. Cet épisode est dans Genèse 28.

le troquant contre un plat de lentilles et, avec la complicité de sa mère, il obtient la bénédiction de son père Isaac en profitant lâchement – et sournoisement – de sa cécité. Il se fait en effet passer pour Ésaü (connu pour être velu) en demandant à son père de toucher une peau de bête. Quand le père s'aperçoit plus tard de la supercherie, le mal a déjà été fait : Jacob, aussi malin – et fourbe – qu'Ulysse, a été irréversiblement adoubé et est devenu le chef de famille. Le songe de l'échelle des anges vient donc à point nommé pour démontrer à ceux qui pourraient en douter que tout ce qui arrive à Jacob est la volonté de Dieu. Manipulation politicienne ou simple naïveté ? Nous ne le saurons probablement jamais. Il n'en reste pas moins que ce type de rêve qui, à l'époque, était considéré comme le message de Dieu, a parfaitement fonctionné : Jacob a bel et bien réussi à succéder à son père en bousculant l'ordre dynastique ! D'un point de vue scientifique, on peut douter du fait que ce fût véritablement un rêve. Le texte est très (trop ?) beau et pour être crédible.

La suite de l'histoire de Jacob est tout aussi intéressante. Demeuré seul, Jacob doit se battre avec un homme, jusqu'à l'aurore. Il se démet à cette occasion l'articulation de la hanche. Son adversaire était-il un ange qui le punissait d'avoir osé parler au nom de Dieu ?

Si l'on est psychiatre, on peut se demander si ce n'est pas la culpabilité d'avoir truqué ses rêves qui a agité Jacob au cours de son sommeil. Est-ce que cette fameuse lutte ne serait pas cette fois-ci un vrai rêve ? Au cours du rêve, il se serait agité et aurait pu se luxer la hanche. Si Jacob était venu me voir, j'aurais probablement posé un diagnostic sur un éventuel comportement anormal au cours du sommeil paradoxal. Malheureusement, personne à l'époque n'a eu l'idée d'envoyer Jacob dans mon laboratoire de sommeil…

L'utilisation politique, donc manipulatoire, des rêves semble héréditaire… comme le montre cette histoire du fils de Jacob, Joseph, qui semble avoir bien retenu la leçon…

Rêve biblique : les rêves de Joseph

Joseph est un super-héros de la Bible. Huitième fils de Jacob[1] et arrière-petit-fils d'Abraham, il est aussi un grand rêveur. On peut d'ailleurs se demander s'il n'a pas souffert d'un trouble de stress post-traumatique. En effet, à dix-sept ans, il subit une série de sévices et préjudices sévères : ses frères veulent se débarrasser de lui et le jettent dans une citerne. Certains de ses frères veulent le tuer et d'autres proposent de le vendre comme esclave à des voyageurs (ce qu'ils finissent par décider pour vingt pièces d'argent). Les acheteurs, des Ismaélites, l'emmènent en Égypte où ils le revendent à Putiphar, un haut fonctionnaire et chef de la garde royale de Pharaon.

Mais pourquoi tant de haine ? Joseph, selon la Bible, était le préféré de son père. On peut néanmoins se demander si ce n'est pas Joseph qui a fait croire à cette préférence, arguant que le père lui aurait offert une tunique absolument splendide. On peut facilement l'imaginer paradant devant ses frères, morts de jalousie.

---

1. Qui a eu, en tout, douze enfants, à l'origine des douze tribus d'Israël.

Joseph est un adolescent à la fois beau et fort doué mais, il faut bien le dire, assez peu sympathique : enfant déjà, il passe son temps à rapporter à son père les propos de ses belles-mères[1] Biha et Zilpa. C'est pour cette raison qu'elles ne le portent pas dans leur cœur et qu'elles transmettent cette aversion à leurs enfants, les onze frères de Joseph. Histoire de renforcer encore un peu plus son orgueil, Joseph, adolescent, prétend avoir fait un rêve, qu'il raconte sans vergogne à ses frères : « Écoutez, je vous prie, ce songe que j'ai eu. Nous étions en train de lier des gerbes dans les champs. Soudain, ma gerbe s'est dressée et s'est tenue debout ; les vôtres se sont placées autour d'elle et se sont prosternées devant elle[2]. » Agacés, ses frères lui demandent : « Prétendrais-tu devenir notre roi et nous gouverner[3] ? » Et les frères le détestent de plus belle à cause de ses songes, de ses propos… et de son orgueil.

Puis Joseph a un autre rêve, qu'il raconte à nouveau à ses frères : « Voici, leur dit-il, j'ai encore fait un rêve. J'ai vu le soleil, la lune et onze étoiles se prosterner devant moi. » Il raconte aussi ce songe à son père, qui le réprimande et lui répond : « Qu'as-tu rêvé là ? T'imagines-tu que moi, ta mère et tes frères, nous allons nous prosterner en terre devant toi[4] ? » Ce qui frappe dans ces questionnements est le fait que les parents et les frères l'apostrophent comme si Joseph

1. Jacob était polygame.

2. L'épisode de la vie de Joseph qui suit ainsi que les citations viennent de Genèse 37.

3. *Ibid.*

4. *Ibid.*

était un rêveur lucide[1] capable de diriger ses rêves. En aucun cas ils n'agissent comme si c'était un message de Yahvé. De là à penser qu'ils le soupçonnaient d'inventer ses rêves…

Dans cette histoire pourtant antique, les personnages se comportent donc comme s'ils avaient lu Freud et qu'ils savaient que le rêve pouvait être la manifestation d'un désir inconscient. Les deux songes sont en effet reprochés à son auteur comme s'ils étaient volontaires. Quant à la réaction du père, on peut constater qu'il condamne le caractère vaniteux de son fils (ce qui amène à douter de sa prétendue préférence). En attisant la jalousie de ses frères, Joseph a bien cherché les ennuis qu'il a connus. Quand on est beau et intelligent, il est difficile de garder des relations pacifiques avec ses frères, surtout quand ceux-ci sont médiocres et vindicatifs. C'est l'histoire du vilain petit canard, sauf que, contrairement à lui, Joseph jouit d'une excellente estime de soi.

Plus tard, pour faire croire à leur père que Joseph est mort, ses frères le dépouillent de sa « splendide tunique » et la maculent du sang tiré d'un bouc, égorgé pour la circonstance. Ils la rapportent à Jacob en racontant que Joseph a été tué par une bête sauvage. Jacob est effondré.

Pendant ce temps, Joseph arrive chez Putiphar en Égypte, une terre inconnue pour ce jeune pasteur qui n'est jamais sorti de son champ. Très vite, il s'adapte et sait se rendre indispensable à la maisonnée qui, sous sa houlette, se met à prospérer. Putiphar le nomme intendant et lui confie la gérance de tous ses biens.

1. Pour les rêves lucides, voir p. 289.

Madame Putiphar ne tarde pas à découvrir la beauté de Joseph (et elle le fait savoir en joignant le geste à la parole). Du moins c'est ce que prétend le narrateur mais on peut aisément imaginer que c'est Joseph qui séduit la femme de son patron… Cette histoire parvient aux oreilles du mari et Joseph se retrouve en prison… où il réussit à se faire apprécier du chef de la prison.

Un beau matin, ses deux compagnons de cellule lui racontent un rêve qu'ils ont eu au cours de la nuit et qui les inquiète. (On peut supposer qu'auparavant Joseph se serait vanté d'être un oniromancien pour que ces deux prisonniers lui fassent une demande d'analyse.) Joseph leur répond alors : « N'appartient-il pas à Dieu de donner l'interprétation des rêves ? Racontez-les-moi donc, je vous prie[1]. » En d'autres termes, il leur annonce qu'il est Dieu (mais, après tout, ce n'est pas la première fois qu'il usurpe la place et la parole de l'Éternel !).

Le premier raconte alors : « Dans mon rêve, lui dit-il, j'avais devant moi un cep de vigne portant trois sarments. Il se mit à bourgeonner, à fleurir, puis ses grappes donnèrent des raisins mûrs. Je tenais en main la coupe du pharaon, je cueillis les raisins, j'en pressai le jus dans la coupe du pharaon et je la présentai à mon maître. » Joseph lui répond alors : « Voici ce que signifie ce rêve : les trois sarments représentent trois jours. Dans trois jours, le pharaon te permettra de relever la tête et te rétablira dans tes fonctions. Tu lui présenteras sa coupe comme le veut la charge que tu occupais auparavant en qualité d'échanson. »

1. L'épisode de la vie de Joseph qui suit ainsi que les citations viennent de Genèse 40.

Joseph tente ici un coup de poker en prédisant un heureux destin au plus puissant de ses deux codétenus. Roublard, il ajoute : « Mais, s'il te plaît, pense à moi quand tout ira de nouveau bien pour toi et aie la bonté de parler en ma faveur au pharaon pour me faire sortir de cette prison. En effet, j'ai été amené de force du pays des Hébreux, et ici même je n'ai rien fait qui mérite le cachot. »

Par la suite, le second prisonnier prend également la parole : « Moi aussi, j'ai fait un rêve : je portais trois corbeilles de pain blanc sur la tête. Dans celle du dessus, il y avait de la nourriture préparée par un panetier et destinée au pharaon ; mais les oiseaux venaient les picorer [...]. » Joseph lui répond : « Voici ce que signifie ce rêve : les trois corbeilles représentent trois jours. Dans trois jours, le pharaon élèvera ta tête au-dessus de toi, il te pendra à un arbre et les oiseaux viendront se repaître de ta chair. »

Effectivement, trois jours plus tard, à l'occasion de son anniversaire, Pharaon offrit un grand festin. Le souverain « éleva la tête » du premier prisonnier, le chef des échansons, mais aussi du second, le chef des panetiers. Il faut ici relever le jeu de mots en forme de zeugma[1] autour de l'expression « élever la tête » qui, dans le texte, signifie aussi bien promouvoir que pendre.

Pour mieux comprendre, revenons à leurs rêves. Il est important de noter que le premier prisonnier semble être un meilleur courtisan que le second puisqu'il offre une coupe de vin à Pharaon en la lui présentant alors

1. Selon le Larousse, « coordination de deux ou de plusieurs éléments qui ne sont pas sur le même plan syntaxique ou sémantique ».

que le second, plus fruste, se contente de préparer du pain. De plus, le psychiatre que je suis ne peut s'empêcher de penser que les deux rêves étaient cousus de fil blanc. Le premier prisonnier est un échanson, et il rêve de quoi ? De vin. Quant au second, il est panetier et il rêve de pain, tout cela paraît un peu trop facile.

Le coup de poker de Joseph fonctionne, et le chef des échansons sort de prison. Malheureusement, ce dernier « oublie » Joseph, son malheureux compagnon de cellule, qui doit rester en prison deux années supplémentaires.

Par la suite, Pharaon fait lui aussi un rêve mystérieux. La Genèse raconte ainsi cet épisode : « Il [Pharaon] se tenait au bord du Nil et vit sortir du fleuve sept vaches belles et bien grasses, qui se mirent à paître près de la rive. Puis, après elles, sept autres vaches sortirent du fleuve, elles étaient laides et décharnées. Elles vinrent se placer à côté des premières vaches, au bord du fleuve. Et voilà que les sept vaches laides et décharnées dévorèrent les sept vaches belles et grasses[1]. » Le pharaon se réveille alors, puis se rendort et fait un second rêve : « Sept épis poussaient sur une seule tige, des épis pleins et beaux. Puis sept épis maigres et desséchés par le vent d'Orient poussèrent après eux. Les épis maigres engloutirent les sept épis pleins et beaux. »

Au matin, inquiet, il convoque les magiciens et les sages d'Égypte et leur raconte ses deux rêves, mais aucun d'eux ne peut les interpréter. Le chef des échansons prend la parole : « Je vais évoquer aujourd'hui le souvenir de ma faute. Le pharaon s'était emporté contre ses serviteurs et m'avait fait mettre aux arrêts

1. Cet épisode est dans Genèse 41.

avec le chef des panetiers dans la maison du commandant des gardes. Une nuit, nous avons fait tous deux un rêve ayant sa signification propre. Or, il y avait là avec nous un jeune homme hébreu, un esclave du commandant des gardes ; nous lui avons raconté nos deux rêves et il a donné l'interprétation de chacun d'eux. Par la suite, les choses se sont passées conformément à l'interprétation qu'il nous avait donnée : moi j'ai été rétabli dans mes fonctions et le panetier a été pendu. »

Joseph est alors convoqué chez Pharaon, qui lui raconte son rêve. Joseph répond ainsi : « Ce que le pharaon a rêvé constitue un seul et même rêve. Dieu a révélé au pharaon ce qu'il va faire. Les sept belles vaches représentent sept années, tout comme les sept beaux épis ; c'est un seul et même songe. [...] Dieu a révélé au pharaon ce qu'il va faire. Il y aura d'abord sept années de grande abondance dans toute l'Égypte. Elles seront suivies de sept années de famine qui feront oublier toute cette abondance [...]. Si le rêve du pharaon s'est répété, c'est que Dieu a irrévocablement décidé la chose et qu'il va l'exécuter sans délai. »

Jusqu'alors, Joseph accomplissait un travail d'interprétation des rêves à la manière de n'importe quel psychanalyste. Mais, là où il est très fort, c'est qu'il sait sortir de son rôle et s'introduire dans le scénario du rêve. Il poursuit et prodigue ses conseils à Pharaon : « Maintenant donc, que le pharaon choisisse sans tarder un homme avisé et sage et qu'il le mette à la tête du pays. Que le pharaon agisse ainsi : qu'il nomme dans tout le pays des commissaires qui prélèveront le cinquième de toutes les récoltes d'Égypte durant les sept années d'abondance. Ils collecteront les vivres que produiront les bonnes années qui viennent, ils emmagasineront le blé dans les villes sous l'autorité du pharaon, et le garderont comme réserve de vivres. Ces provisions serviront de réserve pour le pays, en prévision des sept années de famine [...]. Ainsi les habitants du pays ne mourront pas de faim. »

Sans plus tarder, Joseph est nommé Premier ministre (à seulement trente ans et alors qu'il vient juste de sortir de prison). Rancunier, Joseph humilie ses frères venus lui demander du blé du fait de la famine et les fait jeter en prison. Il parvient enfin à réaliser son rêve : ses frères, et même ses parents, se prosternent devant lui. Une fois de plus, la Bible se montre parfaitement immorale puisque le vainqueur, Joseph, est un personnage objectivement mégalomane, extrêmement manipulateur et qui parvient à ses fins en utilisant le mensonge, la dissimulation et l'orgueil.

À la suite de ces événements, Jacob, le père de Joseph, fait un dernier rêve, retranscrit ainsi dans la Bible : « Et Dieu s'adressa à lui [Jacob] dans une vision nocturne. Il l'appela : "Jacob ! Jacob ! – Oui, répondit-il, j'écoute. – Je suis Dieu, le Dieu de ton père. N'aie pas peur de te rendre en Égypte, j'y ferai de toi un grand peuple. Moi-même je t'accompagnerai en Égypte, et moi-même aussi, je te l'assure, je t'en ferai revenir ; et c'est Joseph qui te fermera les yeux[1]." » Ce rêve n'appelle pas d'interprétation tant il paraît clair aux yeux de Jacob, qui prépare à l'instant ses bagages. Selon moi, ce rêve est beaucoup trop clair, beaucoup trop opportun (pour ne pas dire opportuniste), pour être

1. Genèse 46.

vrai. Jacob a dû avoir eu connaissance de la promotion de son fils Joseph et utilise le rêve pour justifier le déménagement aux yeux de toute sa famille.

Pendant ce temps, Joseph profite de la famine et vend – à des prix apparemment très élevés – les réserves qu'il avait constituées (ou plutôt que le peuple avait constituées). Il ruine ainsi l'ensemble des Égyptiens qui, pour survivre, lui cèdent leurs terres et leurs troupeaux et « acceptent » d'être réduits en esclavage pour ne pas mourir de faim.

Puis, comme les Hébreux devenaient trop nombreux, Pharaon – probablement sur le conseil de Joseph son Premier ministre, qui pourtant était lui-même hébreu – ordonne que tous les garçons nouveau-nés soient exécutés. Parmi eux se trouve un certain Moïse, « sauvé des eaux », dont l'histoire apparaît dans le Coran – y est conté le songe prémonitoire de la mère de Moïse qui lui ordonne d'abandonner son fils dans le fleuve pour le sauver des agents de Pharaon : « Mets-le dans le coffret, puis jette celui-ci dans les flots pour qu'ensuite le fleuve le lance sur la rive » (Coran 20, 38-39).

Une série de simples rêves peut ainsi avoir des conséquences incalculables pour des millénaires… à condition d'être convenablement interprétés et/ou utilisés, bien sûr.

Les rêves prémonitoires depuis la Bible

Qui d'entre nous n'a jamais entendu une voisine ou un ami raconter que son père ou sa mère était très malade dans son rêve, ou qu'au cours d'un cauchemar untel était victime d'un attentat et que, le lendemain, ces événements ont malheureusement réellement existé ?

Ce type de phénomène est signalé depuis l'Antiquité, et il se manifeste à propos de Joseph et du massacre des Innocents. Cet épisode est relaté au chapitre 3 de l'Évangile de Matthieu. Un ange du Seigneur apparaît en rêve à Joseph et lui dit : « Lève-toi, prends le petit enfant et sa mère, fuis en Égypte, et reste-y jusqu'à ce que je te parle car Hérode cherchera le petit enfant pour le faire périr. » Aussitôt, il se réfugie en Égypte, sauvant ainsi la vie de son fils.

Selon moi il existe en réalité deux types de rêves prémonitoires : les songes faussement prémonitoires et les songes « vraiment » prémonitoires.

Pour illustrer les rêves faussement prémonitoires, voici un témoignage intéressant d'une de mes patientes, infirmière en Haute-Savoie. Elle me raconte qu'elle a eu un soir une longue conversation avec sa mère, qui vit en Bretagne. Au cours de la nuit suivante, la fille est réveillée en sursaut par un « affreux rêve ». Elle voit une ambulance noire se garer, toutes sirènes hurlantes, devant la maison de sa maman pour l'emmener aux urgences, où elle est immédiatement recouverte de toiles d'araignées qui lui entrent dans la gorge et entourent ses bras. La fille est pleine d'angoisse et le lendemain, dès l'aurore, elle tente en vain d'appeler chez sa mère. Elle téléphone aux urgences de l'hôpital le plus proche et apprend que sa mère a été hospitalisée pour un accident vasculaire cérébral.

Explication (selon moi) : au cours de la conversation téléphonique, sa mère avait buté sur plusieurs mots, ce qui n'était pas son habitude. De manière non consciente, la fille infirmière s'était posé la question d'un début d'aphasie, signe caractéristique de l'accident vasculaire cérébral. Au cours de son sommeil, le travail de transcription du rêve a mis en images toutes les représentations qu'en tant qu'infirmière elle pouvait avoir de cette situation : l'intubation, les perfusions et les capteurs (qui sont devenus des toiles d'araignée). En conclusion, cette fille aimante avait fait, sans le savoir, le bon diagnostic et avait « vu » le travail du Samu. Ce n'est donc pas une « vraie » prémonition. Beaucoup de prétendus rêves prémonitoires, en particulier ceux qui annoncent une maladie ou la mort, ont une explication logique.

Quant aux rêves « vraiment » prémonitoires, voici un autre témoignage rapporté par l'un de mes confrères psychiatres : « Une mère rêve que sa fille meurt dans un immense bain de sang. Elle se réveille, épouvantée. Le lendemain, elle apprend que cette jeune fille de vingt-trois ans était malheureusement au Bataclan et qu'elle fait partie des victimes. »

Interprétation : dans ce cas on ne peut pas penser qu'un signe clinique avait été perçu puisque la fille n'était pas malade. Il s'agit de ce que l'on appelle un « biais de sélection ». Si la fille n'avait pas été au Bataclan et n'avait donc pas eu de problème, la mère aurait rapidement oublié – ou classé – son cauchemar au rayon des peurs irrationnelles que ressent toute mère. Comme la prédiction onirique s'est réalisée, elle l'a forcément retenue et en a fait part à son psychiatre.

Conclusion : on ne mémorise – et on ne raconte – que les rêves prémonitoires qui se réalisent (et qui représentent un minuscule pourcentage de tous les rêves) et on oublie les autres ou l'on n'en parle pas. Par conséquent, tout le monde est frappé par ce qui n'est au fond qu'une simple erreur statistique (oui, je suis un affreux matérialiste et mes explications sont souvent assez peu romantiques).

Le rêve de Nabuchodonosor

Dans la Bible toujours, un autre épisode mérite notre attention, celui des rêves du roi Nabuchodonosor[1]. Daniel, l'un de ses proches conseillers, en est l'interprète et lui dit ceci : « Devant toi se dressait une grande, très grande statue, d'une splendeur éblouissante et d'un aspect terrifiant. La tête de la statue était en or pur, sa poitrine et ses bras en argent, son ventre et ses cuisses en bronze, ses jambes en fer, et ses pieds moitié en fer et moitié en terre cuite. Tu as contemplé cette statue jusqu'au moment où une pierre s'est détachée de la montagne sans intervention humaine ; elle est venue frapper les pieds en fer et en terre cuite de la statue, et les a fracassés. Alors, d'un seul coup, le fer et la terre cuite, ainsi que le bronze, l'argent et l'or, furent réduits en poussière que le vent emporta, comme des brins de paille lorsqu'on vanne les céréales en été. Aucune trace n'en subsista. Quant à la pierre qui avait frappé la statue, elle devint une grande montagne remplissant toute la terre. » Encore une fois, il s'agit ici d'un rêve politique que le narrateur, le prophète Daniel, ne se prive pas d'interpréter comme l'annonce de la ruine de l'empire de Babylone… et de tous ceux qui lui succéderont.

1. Daniel 2, 31-35.

Rêver chez les chrétiens

Grégoire le Grand, élu pape en 590, distinguait trois grands types de rêves :

– les rêves physiologiques, dus à la nourriture et à la faim ;

– les rêves envoyés par les démons ;

– les rêves d'origine divine.

Seuls les rêves d'origine divine sont tolérés et, à cette époque, l'oniromancie devient une pratique interdite.

Au XIIe siècle, un moine cistercien, Alcher de Clairvaux, rédige *De l'esprit et de l'âme*. En suivant la doctrine de Macrobe (voir encadré suivant), il définit quant à lui cinq types de rêves :

– l'*oraculum*, qui est un rêve que Dieu envoie à ses émissaires. On pense au rêve qu'un ange a soufflé à l'oreille de Joseph pour l'avertir du futur massacre des Innocents ;

– la *visio*, un rêve prophétique clair, à l'image de celui qu'a expérimenté Jacob ;

– le *somnium*, un rêve nécessitant une interprétation. C'est le cas du rêve de Pharaon et des sept vaches ;

– l'*insomnium*, un rêve commun et sans intérêt… celui que nous avons fait cette nuit ;

– le *phantasma*, qui est une apparition fantomatique, pendant les premières phases du sommeil. Le cauchemar (ou l'*ephialtes*) en fait partie.

Le rêve de Scipion

Au IVe siècle, Flavius Ambrosius Macrobius Theodosius, en français Macrobe, rédige un *Commentaire au Songe de Scipion*, pour donner son interprétation d'un extrait du

livre VI de *De la République* de Cicéron relatif au songe que fit Scipion Émilien en 149 av. J.-C.
L'histoire de Scipion est la suivante : jeune commandant de légion, il se rend en Afrique dans le cadre de la troisième guerre punique. Il passe une soirée en compagnie du roi Massinissa à écouter les souvenirs de ce dernier concernant Scipion l'Africain, son grand-père adoptif et héros éminent à qui tous les légionnaires vouent une admiration infinie, et Paul Émile, son père. Plus tard, endormi, il rêve qu'il s'élève vers les cieux, où il est accueilli par ses deux aïeux. Ils lui expliquent la mécanique du cosmos ainsi que le principe de l'immortalité de l'âme, et lui annoncent que l'âme des hommes politiques « justes » (un oxymore !) s'élève au ciel après leur mort, où ils jouissent d'une béatitude éternelle.
Dans son commentaire, Macrobe explique comment le rêve met en avant la réalisation d'un désir. Ce pseudo-rêve est selon lui une *fabula*, c'est-à-dire une fiction édifiante destinée à forger le caractère vertueux des enfants, et notamment son fils, à qui il dédie cet ouvrage. Cet exemple doit lui apprendre comment devenir juste. Pour l'auteur qui, comme saint Augustin, a vécu à la charnière entre l'Antiquité et le Moyen Âge, il s'agit d'élever son fils selon les valeurs de la République et de le préparer à intégrer celles du christianisme.

....

Pour les chrétiens, les seuls rêves dignes d'intérêt sont donc d'essence divine. Cela paraît néanmoins contradictoire s'il l'on pense aux visions qu'a Jésus lorsqu'il est dans le désert, manigancées par Satan pendant quarante jours. Ou à celles d'Antoine d'Égypte, qui subit les tentations du diable mais ne se laisse jamais détourner par ces visions enchanteresses.

De nombreux hommes d'Église ont eu des visions lors d'un rêve. Citons-en deux.

D'abord, en 1210, le pape Innocent III fit le rêve que François d'Assise soutenait la basilique Saint-Jean de Latran, cathédrale de Rome, en ruine. Impressionné à son réveil, il accepta les règles rédigées par François d'Assise et participa à la fraternité naissante. L'ordre franciscain vit ainsi le jour !

Ensuite, le 30 mai 1862, le prêtre don Bosco, futur saint, eut un rêve prophétique. Des vaisseaux remplis d'armes attaquent un grand bateau représentant l'Église. Soudain, deux colonnes apparaissent en pleine mer : l'une, la plus grande, soutient une grande hostie (symbole de l'Eucharistie) ; l'autre est surmontée d'une statue de la Vierge immaculée. Les agresseurs semblent avoir l'avantage. Le pape, habillé en blanc, se tient à la proue du grand vaisseau et convoque les capitaines des vaisseaux auxiliaires pour prendre des décisions. Le pape est finalement frappé à mort mais son successeur obtient la victoire en amarrant définitivement le grand vaisseau aux deux colonnes. Malgré tout le respect que je porte à don Bosco, il paraît évident que, comme pour Joseph, le contenu du rêve a été transformé. La précision théologique de chaque détail et la totale adéquation du songe au message politique du Vatican (Marie et l'Eucharistie sont les deux moyens pour sauver les chrétiens) ne laissent aucun doute : don Bosco voulait-il obtenir les galons de la canonisation ? Ce songe opportun lui a néanmoins permis de faire une belle carrière…

Le rêve dans la religion juive

En terre judaïsante, selon Maïmonide[1], toutes les prophéties révélées aux prophètes l'ont été par des rêves ou des visions. Elles ont été apportées le plus souvent, mais pas obligatoirement, par un ange, même quand cet intermédiaire n'est pas mentionné. Selon ce philosophe reconnu, le propre du prophète est cette capacité à saisir la signification du rêve dès son réveil. C'est par ce don que l'on sait que les prophètes sont les interlocuteurs privilégiés de Dieu, qu'ils ont été choisis par Lui. Selon Maïmonide, le sommeil s'accompagne d'une inhibition des stimulations sensorielles, ce qui permet d'accueillir l'émanation de Dieu. Tout se passe comme si la suppression du bruit de fond permettait la réception du signal (qui reste normalement brouillé pendant la journée).

La prophétie, c'est en d'autres termes un état de perfection acquis sur le terreau d'une imagination très développée. Seul Moïse fit exception à la règle de la communication divine par l'intermédiaire des rêves : « Il n'en est pas ainsi de mon serviteur Moïse, toute ma maison lui est confiée. Je lui parle face à face dans l'évidence, non par énigmes, et il voit la forme de Yahvé[2]. »

Les rêves ordinaires sont des vanités, ils sont trompeurs et impurs. La loi biblique proscrit la divination par les songes, réservée aux vrais prophètes : « Vous ne pratiquerez ni divination ni incantation[3]. »

---

1. Moshe ben Maïmon est un philosophe sépharade ayant vécu à Cordoue au XIIe siècle sous la domination arabo-andalouse.
2. Nombres 12, 7-8.
3. Lévitique 19, 26.

Le Deutéronome, le cinquième livre de la Bible hébraïque, ordonne ainsi de se méfier des faux prophètes : « Si quelque prophète ou faiseur de songes surgit [...] tu n'écouteras pas les paroles de ce prophète ni les songes de ce songeur[1]. » Le prophète Jérémie a exactement la même opinion : « Car ainsi parle l'Éternel des armées, le Dieu d'Israël : "Ne vous laissez pas tromper par vos prophètes qui sont au milieu de vous, et par vos devins, n'écoutez pas vos songeurs dont vous provoquez les songes. C'est faussement qu'ils vous prophétisent en mon nom ; je ne les ai pas envoyés[2]." » On ne saurait être plus clair en matière de mise en garde.

Le rêve musulman

Dans le Coran, sur le plan étymologique, le rêve est désigné par trois termes principaux : *ro'yâ*, issu de la racine trilitère *ra'a* qui évoque la vision ; *holom*, qui désigne le rêve ou, éventuellement, une chimère ; et enfin *hadith*, qui signifie la narration (le rêve est ici perçu comme une histoire que l'on entend et que l'on imagine). L'expression *ra'a fil-manâm*s, qui signifie littéralement « voir pendant le sommeil », peut également être utilisée. Pour Ibn Khaldoun[3], il existait deux types de songes dans les écritures saintes : le « songe véridique », qui est une révélation évidente de

1. Deutéronome 13, 2 et Dt 13, 4.
2. Jérémie 29, 8 et 9.
3. Ibn Khaldoun est un historien et philosophe ayant vécu au XIVe siècle. Il a été l'un des premiers théoriciens de l'histoire des civilisations.

la présence divine, et le « songe ordinaire », qui, lui, nécessite d'être remémoré puis interprété. Le premier viendrait nécessairement de Dieu alors que le second viendrait des anges.

Pour les musulmans, le rêve est considéré comme une manière d'accéder à la connaissance d'une réalité passée, présente ou à venir. Cette connaissance peut concerner le monde dit réel ou des « sphères supérieures de la réalité[1] ». Il peut aussi être utilisé comme un avertissement de Dieu : les songes sont ainsi des ponts qui permettent une relation directe entre chaque être humain et le Créateur. Les rêves donnent la possibilité à chacun de s'ouvrir, d'être réceptif à des messages et à des révélations.

Sur ce point, les musulmans rejoignent les chrétiens. Dans ces deux religions, le rêve n'a pratiquement jamais de valeur thérapeutique, à l'opposé des rêves chamaniques dont c'est la fonction principale.

Un rêve fait néanmoins exception, celui vécu par Mahomet à la veille d'une bataille à venir : « En songe, Dieu te les avait montrés peu nombreux ! Car s'Il te les avait montrés nombreux, vous auriez certainement fléchi, et vous vous seriez certainement disputés à propos de l'affaire. Mais Dieu vous en a préservés. Il connaît le contenu des cœurs » (Coran 8, 43). Dans ce rêve, Allah transforme dans son message la réalité de manière à rassurer son prophète : il veut fortifier son cœur en minimisant le danger. Il s'agit en quelque sorte d'une certaine forme de « psychothérapie divine » !

---

1. Pour cette partie, je me suis appuyé sur un article d'Amélie Neuve-Église, « Le rêve dans le Coran », in *La Revue de Téhéran*, n° 71, octobre 2011.

Quant au mécanisme du rêve, le Coran est en revanche assez proche de la conception chamanique : le rêve résulte d'une séparation partielle de l'âme vis-à-vis du corps pendant le sommeil. L'âme est captée par Dieu et peut ainsi accéder à des sphères supérieures. C'est ce que dit ici le Coran : « Et la nuit, c'est Lui qui prend vos âmes, et Il sait ce que vous avez acquis durant le jour. Puis Il vous ressuscite le jour afin que s'accomplisse le terme fixé » (6, 60) ou encore : « Dieu reçoit les âmes au moment de leur mort ainsi que celles qui ne meurent pas au cours de leur sommeil. Il retient celles à qui Il a décrété la mort, tandis qu'Il renvoie les autres jusqu'à un terme fixé » (39, 42). Comme en Occident, le sommeil des musulmans est donc assimilé à une « petite mort » : au cours de ce moment d'inconscience, les âmes n'ont plus de lien avec les sensations extérieures du corps et se trouvent, par conséquent, dans un état comparable à la mort (exactement comme chez les Corses ou chez les Aborigènes, nous le verrons dans la deuxième partie). Dans cette conception, les âmes mortes et les âmes qui voyagent en rêve se retrouvent dans le même lieu. Le sommeil et la mort sont à cet instant de même nature.

Le Coran insiste également sur l'existence de « rêves véridiques » *(ro'yâ sâdeq)* qui permettent de dévoiler des vérités. Ces songes mettent en avant un événement dont la personne ignore tout (comme le fait de rêver qu'un trésor est enterré à tel endroit et découvrir que c'est vrai, ou encore de rêver du fait que l'on va voir telle personne et la croiser effectivement le lendemain). On est proche ici du rêve prémonitoire, si cher à tant de religions.

Pour obtenir une réponse à un problème donné ou faire le bon choix, les musulmans récitent l'*istikhàra*, la prière spécifique aux rêves avant de se coucher. Au Sénégal, il existe également une tradition des « chasseurs de rêves ». Dans ce pays, nissan, le mois d'avril, est considéré comme favorable au déclenchement des songes. Durant ce mois, il faut procéder à une purification corporelle (des ablutions répétées), puis répéter sept fois la *fatiha*, la première des sourates du Coran, la plus sacrée. Ensuite, il convient de chuchoter ses désirs en cachant sa bouche de la main droite. Enfin, le sujet doit s'allonger sur le côté droit, la main droite sous l'oreiller et dormir sans changer de position.

Dans la pensée musulmane, les significations des rêves véridiques passent parfois par des formes symboliques qu'il faut déchiffrer. Un futur mariage peut par exemple être directement perçu sous la forme d'un mariage, mais aussi, de façon indirecte, grâce à des symboles comme un vêtement que l'on porte (dans le Coran, la femme et l'homme sont qualifiés de « vêtement » l'un pour l'autre). Chaque sentiment peut être représenté par un objet : la fierté par une couronne, la connaissance par une lumière, les passions de l'âme par un serpent, notamment[1]. Toutefois un même symbole peut avoir différentes significations selon les personnes, comme en psychanalyse. L'interprétation doit prendre en compte la personnalité du rêveur.

1. *Ibid.*

Le rêve dans d'autres civilisations

L'homme a sans cesse et partout inventé des techniques dérivées du rêve pour lutter contre l'angoisse de la mort annoncée mais dont la date reste inconnue. Cette source permanente d'incertitude est probablement à l'origine de la recherche pathétique d'information que les humains, de toutes les cultures, mettent en œuvre depuis la nuit des temps. Que l'on soit homme de Cro-Magnon, homme de Néandertal, aborigène, corse, mongol, derviche tourneur, vieux-croyant, c'est toujours la même quête qui nous guide : nous cherchons inlassablement et par tous les moyens, dans les moindres replis du monde ou de notre cerveau, la clé de cet impossible secret : l'heure de notre mort.

Certaines croyances divinatoires, voire métaphysiques, à propos du rêve persistent de nos jours en Égypte. Au moment où ils doivent se coucher, les fellahs[1] du delta du Nil s'enveloppent la tête avec un turban pour empêcher leur âme de quitter leur crâne au cours du sommeil. Par conséquent, je me demande si, autrefois, le port du bonnet de nuit ne remplissait pas la même fonction… De la même manière, chez les Massaï du Kenya, comme chez les Corses ou les Aborigènes d'Australie, il est hautement déconseillé de réveiller brusquement un dormeur de peur que son esprit, qui est en train de vagabonder, n'ait pas le temps de réintégrer son corps. J'ai ainsi connu une grand-mère à Bonifacio qui, pour rien au monde, n'aurait refermé la fenêtre de la chambre quand son petit-fils dormait : son âme aurait pu ne pas revenir et ne pas

1. Un fellah est un paysan en Afrique du Nord.

réintégrer le petit corps adoré de l'enfant, qui en serait mort ou devenu fou.

En Sibérie, chez les Xant-Mansis, on dessine un tétras[1] sur les berceaux pour protéger les nourrissons, afin que leurs âmes ne s'en aillent pas vagabonder trop loin. Si, d'aventure, les âmes se font prendre par les esprits, la mort est inéluctable pour l'enfant, à moins que le chamane n'intervienne.

En Australie, c'est exactement la même chose : le rêve est le moment périlleux où le *pirlirrpa* (« esprit » dans la langue warlpiri, une langue aborigène parlée dans le Territoire du Nord en Australie) sort du corps et voyage à travers le monde. Il faut faire attention au rêve étranger qui peut s'introduire dans une âme et la posséder. Il ne faut pas non plus réveiller brutalement un rêveur car si le *pirlirrpa* n'a pas le temps de regagner son propriétaire, ce dernier peut mourir.

Chez les Zaparas, un peuple indigène d'Amazonie présent en Équateur et au Pérou, le rêve permet de dépasser les frontières du temps et de l'espace. Piatsaw, selon le nom que donnent les Zaparas au démiurge du monde, a prédit, dès l'origine de ce peuple, sa disparition. Pour lutter contre cette disparition annoncée, il entretient avec tous les Zaparas une communication par le biais du rêve. Les Zaparas utilisent ainsi les visions oniriques pour penser le monde, chercher des réponses aux questions de l'existence, mais aussi pour anticiper l'avenir[2].

---

1. Oiseau des montagnes du type coq de bruyère.

2. Anne-Gaël Bilhaut, *Des nuits et des rêves. Construire le monde zapara en Amazonie*, Nanterre, Publications de la Société d'ethnologie, 2011.

De même, le rêve a un sens particulier en Papouasie-Nouvelle-Guinée. Dans les années 1960, l'anthropologue François Lupu a étudié le peuple des Tin Damas. À l'époque, les hommes de cette tribu isolée vivaient dans la hantise de voir exploser – ou imploser – leurs corps en proie à la guerre des organes. En effet, selon leur conception de la physiologie, le foie détestait le cœur, qui haïssait l'estomac, lequel abominait la rate… Lorsque les hommes dormaient ensemble, chaque fois que l'un d'entre eux faisait un rêve, il se réveillait et réveillait tous les autres pour raconter comment il avait vu sa tante « morte du foie » ou son grand-père « mort du cœur » et comment elle ou il lui avait expliqué ce qu'il lui aurait fallu faire pour éviter une aussi triste mésaventure. Toute la tribu discutait alors de la signification qu'il convenait de donner à ce rêve. Elle faisait finalement appel aux anciens, qui en donnaient l'interprétation, et tout le monde se rendormait. Mais comme ils étaient une vingtaine et que tout le monde (ou presque) rêvait chaque nuit, les réveils étaient incessants. Personne ne dormait plus de quatre-vingt-dix minutes d'affilée, d'où une dette de sommeil considérable, qu'ils remboursaient en dormant littéralement debout, à toute heure du jour, appuyés contre un tronc de palmier sagoutier, accroupis dans leur champ ou assoupis dans leur pirogue. En revanche, les femmes vivaient individuellement, chacune possédant sa case ; elles dormaient donc « normalement », du moins à nos yeux d'Occidentaux[1].

---

1. Patrick Lemoine, *Dormir sans médicaments… ou presque*, Paris, Robert Laffont, 2015.

Enfin, pour les Aborigènes en Australie, l'univers du rêve est aussi réel, et même plus vrai que l'univers sensible. Mais, dans cette conception, le rêve se produit à l'éveil et est en réalité une transe (ce que nous verrons dans la deuxième partie). Le chasseur, par exemple, va s'incarner en rêve dans sa proie, le kangourou, courir, bondir avec elle, et, par conséquent, il sera en mesure de la localiser et de l'abattre pour s'en nourrir. Les itinéraires du rêve permettent aux Aborigènes de reconstruire leur généalogie mythique et de parcourir leur famille totémique (constituée de perruches vertes, de kangourous, de lézards, entre autres). Ils s'inscrivent ainsi dans l'univers cosmique.

Les sociétés traditionnelles et le besoin de vaincre la mort

Pourquoi a-t-on besoin de s'évader par le rêve ? Parce que dans les sociétés traditionnelles l'angoisse de la mort hante l'*Homo sapiens* depuis qu'il a acquis la conscience de soi et de sa propre disparition. Comme l'a si bien dit saint Augustin : « Dans votre destinée, tout est incertain, le bonheur comme le malheur. Seule la mort est certaine. » Quant à Ambroise Paré, il a trouvé la clé de l'énigme et la réponse à nos rêves (ou plutôt à nos cauchemars) existentiels : « Rien n'est plus sûr que la mort, rien n'est moins sûr que son heure. »[1] La conscience de notre propre mort est étroitement liée

1. Comme souvent, ce sont les histoires drôles et les blagues qui permettent le mieux d'exorciser la peur. Comme l'a dit Woody Allen, « la vie est une maladie sexuellement transmissible qui se termine par la mort du patient ».

à notre capacité à anticiper ; l'incertitude du moment de notre mort, qui peut survenir à tout moment, est très douloureuse.

Voilà la base des ingrédients qui font de l'homme un animal anxieux, une proie désignée de toutes les drogues, tous les alcools, toutes les conduites à risque, tous les sports extrêmes. En d'autres termes, l'homme essaie par tous les moyens (normaux ou pathologiques) d'oublier sa condition ou de penser à autre chose.

Au contraire, rares sont les animaux capables de conceptualiser la mort. Les éléphants probablement, les chimpanzés sans doute aussi, mais anticipent-ils la mort de leurs proches, ou la leur ? La conscience du futur existe chez l'animal mais il est fort probable que la conscience de sa propre disparition soit le véritable propre de l'homme. De ce fait je propose de rebaptiser l'*Homo sapiens* en *Homo anxius*.

Après une telle énumération, j'espère avoir démontré que, depuis l'Antiquité jusqu'à la période contemporaine, quelle que soit la culture, le rêve a toujours été considéré comme une information venue d'ailleurs. Le prisme de lecture peut être religieux – Dieu m'envoie un message en direct, ou par l'intermédiaire d'un messager, ange ou démon – ou scientifique – comme pour Hippocrate, qui tient compte de ses rêves dans ses prescriptions.

Ces différentes approches du rêve ont donné naissance à l'onirocritie (ou l'étude des rêves). Cette discipline a été très à la mode jusqu'au Moyen Âge, avant d'être réactivée par la psychanalyse, moderne avatar de l'onirocritie. Il faut néanmoins mentionner une exception notable avec la période de l'Inquisition (XIIIe siècle), qui condamna totalement l'onirocritie, l'assimilant à la sorcellerie (les rêves peuvent dès lors s'interpréter comme des messages envoyés par les démons et de mauvais anges).

4

Le rêve et la médecine, des premiers traitements à la psychanalyse

La concentration de la pensée sur un sujet,
l'écart de toute cause de distraction,
ne feront que favoriser, pendant le sommeil,
ces opérations de l'intelligence.

Alfred Maury, *Le Sommeil et les Rêves*

Hippocrate et le rêve comme composante essentielle de la santé

Hippocrate, père de tous les médecins, faisait du rêve une composante déterminante de la santé (au même titre que les exercices physiques, les aliments échauffants, la chaleur, notamment). Dans son *Traité d'hygiène ou l'Art de prévoir les maladies du corps humain par l'état du sommeil*, il considère que l'état du soleil, de la lune ou des astres vus en rêve peut déterminer si le sujet est malade ou en bonne forme. Les rêves sont donc des signes précurseurs concernant la santé.

Tout le traité décrit ainsi les rapports entre les diverses maladies et les contenus des rêves. Par exemple, voir du rouge témoigne d'une surabondance de sang et rêver d'une mer agitée peut annoncer une affection du ventre.

J'ai également utilisé cette méthode en tant que psychiatre. Il m'est ainsi moi-même arrivé de diagnostiquer un syndrome d'apnées du sommeil à partir de rêves d'étouffement.

… Anatomie du rêve : un article de foi(e) ! …

Depuis l'Antiquité, chercher les stigmates physiques du rêve est une préoccupation majeure. Si, comme on le pensait à l'époque, les rêves étaient des messages envoyés par les dieux, le fait de trouver leurs traces permettait d'une certaine manière d'objectiver l'image de la divinité. Dans cet esprit, Platon, à travers une démarche neuroscientifique inédite, décrivait par exemple les rêves comme des apparitions visibles sur la surface du foie.

De même, lorsque à Olympie, les haruspices[1] ou les devins s'efforçaient d'interpréter les messages des dieux, ils sacrifiaient rituellement des animaux et cherchaient dans leurs entrailles la réponse divine aux questionnements des hommes. C'est en particulier sur la surface très brillante du foie, rappelant un miroir, qu'ils espéraient trouver la clé des *phantasmata* considérés à l'époque comme les reflets de la figure divine[2]. On parle alors d'hépatoscopie pour désigner

1. Un haruspice est une personne qui sait lire dans les entrailles d'un animal sacrifié.

2. Paul Vicaire, « Platon et la divination », in *Revue des Études grecques*, 1970.

cette pratique divinatoire. Comme quoi, faute de pouvoir enregistrer le sommeil des animaux et des humains, on se livrait à l'« anatom-onirologie » !

....

Aristote et la conception non thérapeutique du rêve

Dans son *Traité des rêves*[1], Aristote s'interroge en bon scientifique sur la fonction et la localisation des rêves. Personne avant lui ne s'était posé les questions qu'il se pose : « À quelle partie de l'âme s'adressent les apparences que les songes nous donnent ? Est-ce à l'entendement, est-ce à la sensibilité, les deux seules parties de notre être qui nous fassent connaître les choses ? » Pour Aristote, une chose semble parfaitement claire : le rêve n'est que l'activité de l'esprit au cours du sommeil et, en bon positiviste, il n'y voit aucune communication avec les dieux[2]. Il analyse le rêve comme une communication entre les deux parties qui nous constituent (je trouve cette position étonnante de modernisme puisque, après tout, l'objet de ce livre est bien de montrer que le rêve est le pont entre le conscient et le non-conscient, l'affectif et le rationnel, l'acceptable et le censuré).

Quand, le matin, nous tentons de nous rappeler nos rêves, nous découvrons qu'« il existe autre chose encore que le rêve lui-même, et que la pensée agit indépendamment et au-delà de ce qui lui est alors

---

1. Aristote, *Traité des rêves*, traduction de Jules Barthélémy Saint-Hilaire, Paris, Ladrange, 1866.

2. Michel Jouvet, *Le Sommeil et le Rêve*, *op. cit.*

présenté. On voit, on entend, on sent quelque chose à ce moment-là ; mais ce quelque chose n'est pas tout à fait comme ce que nous vivons au cours de l'éveil. Les sentiments que l'on éprouve ne s'adressent ni tout à fait à l'intelligence, ni tout à fait à la simple opinion, ni tout à fait à la sensibilité[1]. » Puis Aristote continue son analyse sur la sensibilité en assurant que c'est elle « qui est la plus atteinte, puisque le sommeil lui-même est une certaine modification de la sensibilité[2] ». Il poursuit en définissant le rêve, qui est, selon lui, « une sorte d'image et relève par conséquent aussi de l'imagination, faculté si voisine de la sensibilité ».

Ainsi, Aristote, bien avant Alfred Maury, s'était posé la question de l'intégration des stimuli au contenu des rêves. Il assure ainsi que le rêve « provient des résidus des sensations laissés dans les organes ». Il ne faut néanmoins pas confondre le rêve et « ces demi-sensations que l'on éprouve, même durant le sommeil, par l'action de certains faits extérieurs[3] ». Il donne ensuite un exemple pour illustrer ce propos : parfois, nous pensons entendre un faible cri pendant notre sommeil et, au réveil, nous comprenons qu'il s'agissait du cri du coq.

Enfin, Aristote est surtout précurseur en pressentant le rôle que pourrait jouer le rêve dans le traitement de certaines maladies. Selon lui, il est possible de faire une comparaison entre ce qui se passe dans certaines

1. Aristote, *Traité des rêves*, *op. cit.*
2. *Ibid.*
3. *Ibid.*

maladies et ce qui se passe dans un rêve. En effet, la maladie pousse parfois certains individus à mal percevoir un objet et à être induits en erreur[1]. C'est pourquoi Aristote écrit que « la cause qui fait que dans certaines maladies nous nous trompons même tout éveillés est celle aussi qui, dans le sommeil, produit sur nous l'impression du rêve[2] ». En d'autres termes, plus de deux mille ans avant les découvertes de la neurophysiologie, il avait compris que dans le sommeil on ne voit rien, on n'entend rien, on ne sent rien.

Aristote contre Artémidore : deux conceptions opposées du rêve

Pour Artémidore[3], l'auteur de *La Clef des songes*, Aristote a tout faux ! À l'inverse du grand philosophe stagirite[4], qui pense que les rêves ne sauraient venir des dieux, Artémidore est un adepte de la divination. Il devient même la référence du savoir antique sur l'oniromancie. On peut considérer qu'Artémidore appartient plutôt au courant dominant : dans la mythologie, les songes sont systématiquement des messages envoyés par les divinités. Même Freud se réfère aux textes d'Artémidore pour rédiger son propre traité du rêve : si l'on remplace le mot « dieu » par le mot « inconscient », on retrouve d'étranges similitudes. Une différence majeure existe cependant entre Artémidore et Freud : le premier considérait que le rêve

1. Bruno Pierre, *Qu'est-ce que rêver ?*, Toulouse, Érès, 2017, « Un rêve profane : Aristote », p. 55-61.

2. Aristote, *Traité des rêves*, *op. cit.*

3. Artémidore d'Éphèse ou Artémidore de Daldis est un écrivain et philosophe du IIe siècle.

4. Aristote est parfois appelé « le philosophe de Stagire » car il est né dans cette ville de Thrace.

prédisait l'avenir alors que, pour le second, il renvoie au passé.

Cette conception divine des rêves existe au moins depuis le VIIIe siècle avant Jésus-Christ, du temps d'Homère, où existaient des onirocrites, le plus souvent d'humbles paysans, dont le rôle social était l'interprétation de ces messages de l'au-delà. Pour une modeste somme d'argent, ils traduisaient de manière mécanique les songes de leurs clients. D'autres onirocrites étaient plus ambitieux, comme Aristandre de Telmessos dont Alexandre le Grand s'était attaché les services. Artémidore développait une approche scientifique et rigoureuse fondée sur les connaissances de son époque, il n'était certainement pas un charlatan (pas plus que les psychanalystes d'aujourd'hui, qui pratiquent leur art selon les canons freudiens actuels et qui seront peut-être dans quelques dizaines d'années traités d'illuminés, ce qui prouve qu'il faut toujours se replacer dans le contexte de l'époque avant de juger).

Il a établi une classification des rêves en distinguant les rêves théorématiques et les rêves allégoriques[1]. Les premiers ne nécessitent pas d'interprétation : « Je songe que mon bateau va faire naufrage et, le lendemain, il coule ! » Plus compliqués sont les rêves allégoriques : l'âme laisse entendre de manière détournée et imagée qu'un événement va se passer. Parmi les rêves allégoriques, cinq catégories existent en fonction du « public » visé. Il y a les rêves « personnels » (seul le rêveur est concerné), les rêves « non personnels » (c'est à une autre personne, proche du rêveur, que le rêve est destiné), les rêves « communs » (c'est pour une personne de connaissance pas forcément proche), les rêves « politiques » (ils concernent des liens avec la vie de la cité) et les « rêves cosmiques » (ils prédisent des phénomènes cosmiques).

---

1. Artémidore d'Éphèse, *La Clef des songes* (Onirocriticon), traduit et annoté par André-Jean Festugière, membre de l'Institut, ouvrage publié avec le concours du Centre national de la recherche scientifique, Paris, Vrin, 1975.

Chacune de ces catégories se subdivisait en sous-catégories, lesquelles à leur tout se subdivisaient encore…
Enfin, pour bien interpréter les rêves il faut savoir que six thématiques sont susceptibles d'apparaître dans tous les rêves : la loi, le métier, la nature, la coutume, les noms et le temps. Tout un programme !

L'incubation, un traitement antique

La technique de l'incubation pourrait être apparue à l'ère du pléistocène, c'est-à-dire durant la période s'étalant entre 2 000 000 et 10 000 ans avant Jésus-Christ et qui correspond à l'apparition de l'*Homo erectus*. Cette technique s'est en tout cas par la suite développée en Assyrie-Babylonie[1].

Dans les religions antiques, l'incubation devient un rite divinatoire qui consiste à dormir à l'intérieur (ou à proximité) d'un sanctuaire pour obtenir, sous la forme d'un rêve, les prescriptions d'un dieu guérisseur (Asclépios pour les Grecs et Esculape pour les Romains). Parfois, au lieu d'un temple, il peut s'agir d'un lieu sacré, d'une grotte, d'une source ou d'un puits. Ce rite thérapeutique a fait de nombreux adeptes dans la Rome antique : à l'époque, près de quatre cents temples disséminés autour de la Méditerranée permettaient de pratiquer cette technique particulière[2].

1. André Taffin, « Comment on rêvait dans les temples d'Esculape », in *Bulletin de l'association Guillaume Budé*, vol. I, n° 3, 1960, p. 325-366.
2. Article intitulé « L'incubation ou la guérison par les rêves », 23 janvier 2016, sur le blog De grands rêves à partager.

On retrouve des traces de l'incubation aux débuts de l'hellénisme chez Homère : elle était alors le moyen de consulter des forces chtoniennes. Grâce à un séjour dans l'obscurité d'une grotte souterraine, il était possible de se connecter avec le royaume de l'ombre, c'est-à-dire celui du sommeil.

Aujourd'hui, le rite maçonnique du cabinet de réflexion – dans lequel le profane doit séjourner avant d'accéder à la lumière fraternelle – en est un vestige.

Le sanctuaire d'Épidaure

À partir du Ve siècle avant Jésus-Christ, le sanctuaire d'Épidaure[1] devient un haut lieu d'incubation. Des foules de malades venaient y bénéficier de ce rite de guérison entièrement fondé sur le rêve. Quarante-trois observations cliniques de guérison ont été retrouvées, gravées sur des stèles.

Ce sanctuaire portait en grec le nom d'*abaton* (άβατος), ce qui veut dire « lieu pur », « lieu inaccessible » ou « lieu interdit ». *Abaton* est un lieu où s'incarnent les pouvoirs thérapeutiques d'Asclépios, ce héros grec devenu dieu de la médecine. Concrètement, il s'agit d'une sorte de dortoir réservé aux pèlerins, un drôle d'hôpital où il est formellement interdit de naître et de mourir (voilà de quoi faire rêver bien des médecins et bien des infirmières modernes !).

Le rite commence par une purification, grâce au jeûne et à l'abstinence sexuelle. Le vin, la viande,

1. Épidaure est une ville située sur la côte nord-est du Péloponnèse.

certains poissons et les fèves sont proscrits car réputés défavorables à l'apparition des rêves (à cause des flatulences ?). Après les purifications rituelles, il faut procéder à des ablutions à l'eau froide (mer, rivière, fontaine) puis à des massages. Ensuite le pèlerin passe la nuit enfermé, entouré de la peau d'un animal sacrifié, généralement une chèvre ou un mouton. Au cours de son sommeil, le dieu lui apparaît en rêve. Dès lors, la guérison peut intervenir très vite, voire instantanément. Dans le cas contraire, le pèlerin malade peut demander aux prêtres d'interpréter son rêve et de lui prescrire un traitement. Selon moi, cette technique de l'incubation se rapproche du chamanisme et traduit l'importance des liens entre le monde hellénique et le monde asiatique[1].

Les oniropoles (les songeurs qui interprètent leurs propres songes, différents des « oniromantes » qui expliquent les rêves qu'on leur raconte[2]) interprètent les rêves en fonction du moment de leur apparition. Si le rêve se produit en début de nuit et que le dormeur a bu, le rêve est embué par le vin et n'a aucun sens. Si la vision intervient le matin, c'est que le vin était digéré et que le rêve peut enfin devenir sérieux ! C'est pourquoi, pour arriver à un meilleur résultat, trois jours sans vin et un jour sans nourriture étaient requis pour l'expérience. Comme quoi la psychopharmacologie était déjà

1. Le terme « chamane » signifie « celui qui sait ». Il provient de la langue *evenki*, du nom d'une ethnie, les Evenks, installée dans la région du Tungus dans le sud-ouest de la Sibérie. Par convention, on utilise le terme « chamanique » pour désigner cette pratique sibérienne et « chamanistique » pour désigner les transes de possession pratiquées dans les autres régions du monde.

2. Jules Dupotet, *Journal du magnétisme*, 1817.

bien ancrée à l'époque, tout comme la connaissance de la structure du sommeil (le sommeil paradoxal prédomine en effet en fin de nuit alors qu'en tout début de nuit, les visions hypnagogiques ne sont pas de vrais rêves).

Une inscription à l'entrée du temple d'Épidaure avertit : « Il faut être pur quand on pénètre dans le temple parfumé d'encens ; la pureté c'est de n'avoir que des sentiments pieux[1]. » Des offrandes sont faites par les pèlerins, motivés et excités par les prêtres qui énumèrent les guérisons miraculeuses déjà opérées par les dieux et dont attestent les nombreux ex-voto. Des prières ferventes et répétitives permettent probablement d'obtenir des sortes de transes (l'analogie avec Lourdes ou avec les cérémonies vaudoues en Haïti est frappante !).

À l'heure des « lampes sacrées », les pèlerins supplient le dieu de leur envoyer un rêve libérateur (on est ici à l'opposé des catholiques qui supplient Dieu d'avoir une nuit sans rêves[2]). Après qu'ils ont passé une nuit à l'intérieur d'une victime sacrifiée (ou sur elle), le sommeil sacré commence. De grands serpents jaunes, aussi inoffensifs que phalliques, circulent entre les dormeurs et ajoutent à l'étrangeté du lieu. Le dieu peut alors apparaître en rêve et indiquer les remèdes, les régimes, les traitements par les plantes et les offrandes à lui faire. Sur une stèle on retrouve ainsi l'histoire

1. André Taffin, « Comment on rêvait dans les temples d'Esculape », *op. cit.*, p. 325-366.

2. Comme le prouve *L'Hymne des complies* : « *Procul recedant somnia et noctium phantasmata* » (Qu'au loin s'enfuient les songes et les fantômes de la nuit).

de Clinatas de Thèbes. Malheureusement couvert de poux, cet homme a rêvé que le dieu le déshabillait, prenait un balai et le débarrassait ainsi de sa vermine. Le lendemain il en était en effet débarrassé[1]. Le rêve est donc thérapeutique en soi : les aveugles recouvrent la vue, les paralytiques remarchent. Si le rêve ne suffit pas, des prescriptions peuvent être faites, généralement hygiéno-diététiques, comme de la gymnastique, des ablutions, des plantes médicinales, de l'hydrothérapie, entre autres thérapies.

À Épidaure, les rêves sont interprétés selon un code symbolique digne de Freud ! C'est le cas d'une matrone qui rêve qu'elle est tétée par un mouton. Elle est alors guérie grâce à un cataplasme d'armoglosse, une plante dont le nom signifie « langue d'agneau » en grec.

L'un des objectifs du voyage dans le sanctuaire d'Épidaure était de guérir de la stérilité. Cela pouvait avoir lieu par l'union sexuelle, pendant le sommeil, entre le malade et le dieu ou la déesse (et plus probablement par l'intermédiaire de son représentant en chair et en os, le prêtre !). Parfois, cette relation sexuelle avait réellement lieu (dans le cas de la prostitution sacrée). C'est ce qui arriva à une certaine Andromède, originaire de Chios, qui raconta qu'elle « fut visitée par le dieu sous la forme d'un serpent qui reposa sur elle[2] ». Pour ma part, je me demande si les prêtres thérapeutes n'ont pas été les précurseurs des voyous qui ont récemment fait absorber du Rohypnol à leurs victimes pour les

1. Violaine Sebillotte Cuchet, *100 fiches d'histoire grecque*, Rosny-sous-Bois, Bréal, 2007.

2. Ernest Jones, *Le Cauchemar*, traduit de l'anglais par Annette Stronck-Robert, Paris, Payot, 1973.

violer, assurés qu'elles ne se souviendraient de rien… La bonne connaissance, à l'époque, de drogues comme les graines de pavot a peut-être été utilisée pour les femmes en mal d'enfants. Le souvenir d'une pénétration par des serpents divins venait à point pour justifier des grossesses… pas franchement miraculeuses.

De l'incubation à la psychanalyse

La technique de l'incubation existe partout dans le monde, sur tous les continents. Elle sert à guérir la stérilité, mais aussi la cécité, la claudication et la paralysie. Trois temples sont particulièrement réputés au Japon : Hase-Dera, au sud de Nara, Ishiyama-dera, près du lac Biwa, et Kiyomizu-dera, à Kyoto.

L'incubation et la méthode interprétative antique ont influencé la psychanalyse (même si la distinction est grande entre le transfert amoureux des analysant[e]s envers leur analyste et la relation charnelle entre le prêtre d'Épidaure et les dames stériles…).

Freud s'inscrit dans la tradition religieuse, qui va de la Bible aux chamanes mongols, en faisant du rêve le vecteur d'un message d'un dieu pudibond désormais rebaptisé « inconscient ». Sa théorie principale est que le rêve permet aux désirs (inavouables) refoulés dans l'inconscient de se manifester grâce au « travail du rêve » qui modifie le message, le crypte en quelque sorte, de manière à le rendre acceptable au conscient (moi) par le grand censeur qu'est le surmoi[1].

1. Sigmund Freud, *L'Interprétation du rêve*, Vienne, Franz Deuticke, 1899.

Le rêve de Dora est sans doute le plus célèbre de son corpus psychanalytique et montre bien le mécanisme de pensée du maître viennois. Freud le retranscrit : « Il y a un incendie dans une maison, me raconte Dora. Mon père est debout devant mon lit et me réveille. Je m'habille vite. Maman veut encore sauver sa boîte à bijoux, mais papa dit : "Je ne veux pas que mes deux enfants et moi soyons carbonisés à cause de ta boîte à bijoux." Nous descendons en hâte, et, aussitôt dehors, je me réveille[1]. » Il s'agit d'un rêve à répétition et c'est pourquoi l'attention de Freud est immédiatement mise en alerte.

Freud demande alors à Dora si elle sait pourquoi on interdit aux enfants de jouer avec les allumettes. Elle répond que c'est par peur de l'incendie. Mais Freud est sur une tout autre piste : « On craint qu'ils ne mouillent alors leur lit. Voilà qui est probablement fondé sur le contraste entre l'eau et le feu. […] Ils rêveront de feu et essayeront alors de l'éteindre avec de l'eau[2]. » Cette interprétation fait remonter chez Dora le souvenir de son père venant la réveiller pour lui éviter de mouiller son lit. Ce rêve a donc permis l'interprétation freudienne de l'énurésie infantile, avatar du complexe de castration (papa vient la nuit pour m'empêcher de…) que rapidement il associe à la masturbation infantile. Œdipe vient frapper à la porte de la psyché de Dora ! Le rêve est bien la voie royale qui mène à l'inconscient… freudien.

Si l'on en juge par l'évolution postérieure de Dora, il n'est pas certain que les interprétations du grand

1. Laurence Kahn, *Sigmund Freud. Volume II : 1897-1904*, Paris, Presses universitaires de France, 2000.
2. Laurence Kahn, *Sigmund Freud*, *op. cit.*

Sigmund aient eu un impact thérapeutique. Il n'en reste pas moins que cette histoire clinique montre comment à partir d'une grille de pensée (Œdipe, castration, hystérie, refoulement, inconscient), on peut construire des interprétations que les onirocrites d'Épidaure n'auraient pas reniées. Aussi, chacun utilise les systèmes d'interprétation selon sa culture et selon son époque. Le rêve permet d'aller dans un monde parallèle (en l'occurrence, l'inconscient) et d'y chercher une information importante et inaccessible au non-initié. Ici, l'initié est le psychanalyste.

Henri Bergson, pragmatique dans sa conception des rêves

À l'époque de Bergson, l'étude de ses propres rêves devient très tendance et certaines académies vont jusqu'à organiser des concours[1]. À quand une inscription aux Jeux olympiques pour décrocher une médaille de rêve avec sauts d'obstacles sur courte (rêve tassinien[2]) ou longue distance (rêve jouvétien) ? Une médaille suivie bien entendu d'une *battle* entre les tenants du rêve instantané, construit au réveil (rêve tassinien) et ceux qui comme moi pensent que le rêve est le témoin d'une activité cryptée, codée, de toute une partie non consciente mais bien réelle de notre cerveau (rêve jouvétien) et… que les meilleurs gagnent ! Henri Bergson, lui, est le plus pragmatique d'entre eux, pour ne pas dire terre à terre. Selon lui, l'image onirique

1. Conférence de Michel Jouvet « L'histoire naturelle du rêve », *op. cit.*

2. En référence à Jean-Pol Tassin.

n'est due qu'à une image rétinienne persistante (ou « entoptique », ce qui signifie un effet visuel dont la source est dans l'œil lui-même).

Yves Delage et le psychisme réprimé

Yves Delage est un biologiste connu pour ses controverses avec Darwin à propos de l'hérédité, mais aussi pour sa conception des rêves. Selon lui, le contenu des rêves est formé par un ensemble de souvenirs rencontrés chaque jour, lorsque nous sommes éveillés. Il avait pris l'habitude de retranscrire quotidiennement ses rêves dans son laboratoire de Roscoff. Il a ainsi remarqué que la déclaration de la guerre de 1914 ne lui avait laissé aucune trace, pas plus que la mort de certains de ses proches. Après une analyse détaillée de ses souvenirs, il pose finalement l'hypothèse que le psychisme réprimé pendant l'état de veille apparaît au cours du rêve[1].

Carl Jung et les images universelles primordiales

La conception de l'inconscient de Carl Jung diffère de celle de Freud. Carl Jung en fait, lui, le « siège d'images universelles primordiales », des images que l'on trouverait parmi toutes les civilisations à travers les « archétypes », notion par ailleurs très contestée par la plupart des anthropologues. Selon lui, le soleil symboliserait ainsi universellement le phallus, et ce

1. Conférence de Michel Jouvet « L'histoire naturelle du rêve », *op. cit.*

depuis le mythe de Mithra (je pense que cette idée aurait beaucoup fait rire les Aztèques et les Mayas !). Pour Jung, c'est la prise de conscience de soi-même qui permet de faire disparaître cette « couche » d'images. L'inconscient individuel se construirait donc sur un inconscient collectif ancien[1].

Jung rejette donc l'interprétation freudienne qui explique tous les rêves par la libido (et j'approuve totalement sa position). Selon lui, « il est tout à fait stupide de croire qu'il existe des guides préfabriqués et systématiques pour interpréter les rêves, comme si l'on pouvait acheter tout simplement un ouvrage à consulter et y trouver la traduction d'un symbole donné ». Face à ses élèves, il les prévient en ces termes : « Apprenez le plus de choses possibles sur le symbolisme. Puis oubliez tout ce que vous avez appris lorsque vous analysez un rêve. » Puis, il poursuit : « Ce conseil est d'une telle importance pratique que je me suis imposé de toujours me dire que je ne comprenais pas suffisamment le rêve d'autrui pour pouvoir l'interpréter correctement[2]. » Au fond, Jung n'était peut-être pas aussi convaincu que l'on croit de la prééminence des archétypes…

L'interprétation des rêves selon Tobie Nathan

Tobie Nathan, le plus grand anthropologue contemporain, a une conception des rêves bien différente

1. Claude-Alexandre Fournier, *S'engager dans la vie religieuse : étude psychologique de 16 vocations*, Genève, Labor et Fides, 2010.

2. C.G. Jung, *L'homme et ses symboles*, Robert Laffont, 1964.

de celle de Freud (qui oriente de façon maniaque ses conclusions vers les désirs sexuels infantiles du passé). Tobie Nathan, lui, considère le rêve comme une aide à la décision. Le rêve parle au futur, pas à l'imparfait ! Il utilise même cette formule choc : « Le rêve est un brouillon du lendemain[1] » !

Pour lui, le rêve est donc une manière de trouver des solutions aux questions posées la veille. Dans un entretien[2], il donne un exemple pour illustrer son propos : « Jules César se demande s'il doit ou non trahir sa parole de soldat afin de s'emparer de Rome… […]. C'est au cours de la nuit fatidique qu'il rêve qu'il couche avec sa mère. Il consulte un interprète, qui déclare : "Ta mère, c'est Rome, alors oui, tu prendras Rome." Le lendemain, il franchit le Rubicon avec ses légions. On reconnaît une interprétation juste à ses effets dans la vie du rêveur ; si elle est fausse, rien ne se passe. Imaginons que César soit tombé sur un psy freudien ou lacanien. Il lui aurait dit : "Mon cher, parlez-moi de vos désirs sexuels (inconscients) pour votre maman…" »

Mais, attention, Tobie Nathan est un scientifique, un vrai ! Il se fonde uniquement sur les faits. Il ne parle pas de divination mais de « prédictivité ». Là encore je ne peux que lui donner raison car ce rêve de César est à l'évidence un faux rêve prémonitoire, comme j'ai déjà eu l'occasion de le mentionner plus haut. En d'autres termes, le rêve est un excellent clinicien, un psychologue capable de détecter des myriades de

1. « Tobie Nathan : "Le rêve est une énigme à décoder" », in *L'Express*, 4 octobre 2016.

2. « Tobie Nathan : "Les rêves nous aident à agir" », in *Psychologies*, novembre 2013.

signes invisibles (ou presque), de les utiliser, de les amalgamer, de les triturer, de les restituer, pour qu'ils montrent la voie. Rien de magique là-dedans…

C'est la raison pour laquelle je pense que l'utilisation du sens des rêves selon Tobie Nathan est éminemment thérapeutique – non pas au sens de soigner l'individu pour d'éventuelles maladies physiques ou psychiques mais au sens de lui montrer le bon chemin, lui éviter les embûches, bref de se réaliser. Totalement en accord avec l'ensemble des grandes traditions chamaniques, il considère – selon moi à juste titre – que « dans les rêves de la nuit, il y a très souvent les solutions [aux questions] que l'on s'est posées, éveillé[1] ». Comme Freud, comme les oniromanciens, Tobie Nathan considère qu'une information est contenue dans tout rêve et que ne pas la rechercher c'est un peu comme disposer d'un livre et ne pas l'ouvrir. Une sorte de crime de lèse-curiosité ! Et qui pourrait dire le contraire quand il proclame [qu'en politique comme ailleurs], « ce dont nous manquons, c'est de l'imagination, et, l'imagination, on en a plein les rêves[2] ! »

Au fond, dans son système, il existe une intelligence rationnelle connue, répertoriée, quantifiable et mesurée par le QI et une intelligence émotionnelle, imaginative, affective et irrationnelle, dont le rêve est l'un des principaux vecteurs. On peut donc situer Tobie Nathan dans la grande tradition oniromancienne. En effet, sa culture, en partie héritée du Talmud, s'inscrit dans cette longue tradition.

1. « Tobie Nathan : "Moi président, j'installerai un interprète des rêves à l'Élysée" », sur le site France TV info, 25 novembre 2016.

2. *Ibid.*

Tellement passionné par le système d'interprétation des rêves qu'il a conçu, Tobie Nathan a même affirmé que, s'il était élu président, il installerait aussitôt auprès de lui, comme plus proche conseiller, un onirocrite chargé de traduire les rêves présidentiels[1]. Il en est convaincu : « Cet onirocrite vous aidera donc à réfléchir aux solutions que vous avez trouvées durant votre nuit et va vous aider à prendre des décisions plus raisonnables dans le cours de la journée. C'est indispensable pour les gens qui décident[2]. »

Finalement, sous un habillage pseudo-scientifique, la psychanalyse n'a fait que remettre au goût du jour une tradition immémoriale qui consistait à traiter les patients grâce à l'interprétation de leurs rêves.

---

1. *Ibid.*
2. *Ibid.*

5

Le rêve comme création artistique

Peuples ! Écoutez le poète,
Écoutez le rêveur sacré !

Victor Hugo, *Les Rayons et les Ombres*, 1840

En pensant à lui,
Je me suis endormie.
Mais je l'ai revu aussitôt.
Ah ! si j'avais su que c'était un rêve,
Jamais je ne me fusse réveillée.

Komachi Ono No, *Poèmes* (825-900)

Les descriptions artistiques (littéraires, poétiques, musicales, etc.) du rêve ne se comptent plus. Vouloir les énumérer serait vite fastidieux, mais j'aimerais citer quelques œuvres dans lesquelles les auteurs sont parvenus à décrire les mystères du rêve.

Le cauchemar chez Racine

Quand Jean Racine met en scène la tragédie *Athalie* en 1691, il décrit de manière saisissante un horrible cauchemar, qui se révélera malheureusement prophétique. C'est ici Athalie, l'héroïne, qui parle :

C'était pendant l'horreur d'une profonde nuit.
Ma mère Jézabel devant moi s'est montrée,
Comme au jour de sa mort pompeusement parée.
Ses malheurs n'avaient point abattu sa fierté ;
Même elle avait encor cet éclat emprunté
Dont elle eut soin de peindre et d'orner son visage,
Pour réparer des ans l'irréparable outrage.
« Tremble, m'a-t-elle dit, fille digne de moi ;
Le cruel Dieu des Juifs l'emporte aussi sur toi.
Je te plains de tomber dans ses mains redoutables,
Ma fille. » En achevant ces mots épouvantables,
Son ombre vers mon lit a paru se baisser ;
Et moi, je lui tendais les mains pour l'embrasser.
Mais je n'ai plus trouvé qu'un horrible mélange
D'os et de chair meurtris, et traînés dans la fange,
Des lambeaux pleins de sang, et des membres affreux
Que des chiens dévorants se disputaient entre eux[1].

Racine avait compris que la grande majorité des rêves sont désagréables et que, dans certains cas, le cauchemar est une manière de digérer certains événements horribles. Athalie tente de faire le deuil de sa mère… malgré tout ce que cette dernière a pu commettre.

1. Jean Racine, *Athalie*, acte II, scène 5.

Gérard de Nerval et la difficile dissociation entre rêve et réalité

Dans cet extrait, Gérard de Nerval fait parler son narrateur qui ne parvient plus à dissocier le rêve et la vie :

> *Le Rêve est une seconde vie. Je n'ai pu percer sans frémir ces portes d'ivoire ou de corne qui nous séparent du monde invisible. Les premiers instants du sommeil sont l'image de la mort ; un engourdissement nébuleux saisit notre pensée, et nous ne pouvons déterminer l'instant précis où le moi, sous une autre forme, continue l'œuvre de l'existence. C'est un souterrain vague qui s'éclaire peu à peu, et où se dégagent de l'ombre et de la nuit les pâles figures gravement immobiles qui habitent le séjour des limbes. Puis le tableau se forme, une clarté nouvelle illumine et fait jouer ces apparitions bizarres : – le monde des Esprits s'ouvre pour nous* [...]. *Parfois, je croyais ma force et mon activité doublées ; il me semblait tout savoir, tout comprendre ; l'imagination m'apportait des délices infinies. En recouvrant ce que les hommes appellent la raison, faudra-t-il regretter de les avoir perdues*[1] ?

C'est une véritable thèse que Gérard de Nerval propose à ses lecteurs : celle de « l'épanchement du songe dans la vie réelle ». À l'occasion du « désamour » d'Aurélia (dans la réalité l'actrice Jenny Colon, qui en épousa un autre), le poète traversa une bouffée

1. Gérard de Nerval, « Aurélia ou Le rêve et la vie », in *La Revue de Paris*, 1855.

délirante aiguë (BDA), entité clinique très souvent décrite comme un rêve éveillé. Certains chercheurs ont même tenté par des enregistrements d'assimiler la BDA à du sommeil paradoxal sans perte de conscience, le sujet mettant en action ses fantasmes oniriques. À ma connaissance, cette direction de recherche est aujourd'hui abandonnée.

Ces psychoses aiguës succèdent toujours à des périodes de privation de sommeil, insomnie, fête, etc. et emmènent les sujets dans des fantasmagories incroyables et mises en action. Les délirants se prennent pour Jésus, Napoléon et se comportent comme tels. Une fois sur trois, la BDA est sans lendemain, une fois sur trois elle inaugure une schizophrénie et une fois sur trois (ce fut le cas de notre infortuné poète), c'est le début d'un trouble bipolaire. De fait, Gérard de Nerval va se suicider avant d'avoir pu terminer son ouvrage. Le cauchemar éveillé n'a pas, dans son cas, réussi son œuvre d'assimilation du traumatisme.

Victor Hugo et son poème « Booz endormi[1] »

Comme dormait Jacob, comme dormait Judith,
Booz, les yeux fermés, gisait sous la feuillée ;
Or, la porte du ciel s'étant entrebâillée
Au-dessus de sa tête, un songe en descendit.

Et ce songe était tel, que Booz vit un chêne
Qui, sorti de son ventre, allait jusqu'au ciel bleu ;

1. Victor Hugo, *La Légende des siècles*, Paris, Michel Lévy, 1859.

Une race y montait comme une longue chaîne ;
Un roi chantait en bas, en haut mourait un dieu.

Et Booz murmurait avec la voix de l'âme :
« Comment se pourrait-il que de moi ceci vînt ?
Le chiffre de mes ans a passé quatre-vingt,
Et je n'ai pas de fils, et je n'ai plus de femme.
Voilà longtemps que celle avec qui j'ai dormi,
Ô Seigneur ! a quitté ma couche pour la vôtre ;
Et nous sommes encor tout mêlés l'un à l'autre,
Elle à demi vivante et moi mort à demi.

Une race naîtrait de moi ! Comment le croire ?
Comment se pourrait-il que j'eusse des enfants ?
Quand on est jeune, on a des matins triomphants ;
Le jour sort de la nuit comme d'une victoire [...] »

Victor Hugo est ici à la fois un fin clinicien et... un coquin. Il met en avant les érections matinales[1], sans doute plus impressionnantes chez « le jeune » que chez l'octogénaire mais, dans tous les cas, associées aux rêves... (quoique la suite semble démontrer le contraire car la jeune et séduisante Ruth aurait croisé le chemin et la couche du vieillard, pas si endormi qu'on ne le pensait). Si l'on songe à l'âge de Victor Hugo lors de la publication de ce poème, on peut se demander s'il n'y pas quelque chose d'autobiographique, voire de projectif dans cette création poétique...

1. Lesquelles témoignent de l'importance croissante du sommeil paradoxal au fur et à mesure que la nuit avance et qui fait que les hommes se réveillent souvent dans cet état.

Quand Sully Prudhomme personnifie le rêve en serpent traître

Au début de sa carrière de poète, René-François Sully Prudhomme a été inspiré par ses rêves, authentiques ou non.

Fin du rêve[1]

Le rêve, serpent traître éclos dans le duvet,
Roule autour de mes bras une flatteuse entrave,
Sur mes lèvres distille un philtre dans sa bave,
Et m'amuse aux couleurs changeantes qu'il revêt.

Depuis qu'il est sorti de dessous mon chevet,
Mon sang glisse figé comme une tiède lave,
Ses nœuds me font captif et ses regards esclave,
Et je vis comme si quelque autre en moi vivait.

Mais bientôt j'ai connu le mal de sa caresse ;
Vainement je me tords sous son poids qui m'oppresse,
Je retombe et ne peux me défaire de lui.

Sa dent cherche mon cœur, le retourne et le ronge ;
Et, tout embarrassé dans des lambeaux de songe,
Je meurs. – Ô monstre lourd ! qui donc es-tu ? – L'Ennui.

On ne sait pas trop, ici, ce qui est (d)énoncé par Sully Prudhomme : le rêve ou l'ennui ? Étrange car, à ma connaissance, il est fort rare de s'ennuyer en rêvant… En tout cas, cela ne m'est jamais arrivé !

---

1. René-François Sully Prudhomme, « Fin du rêve », in *Les Épreuves*, Paris, Alphonse Lemerre, 1866.

Verlaine et le rêve nostalgique

Pour Paul Verlaine, la fonction du rêve est tout autre. Rêver c'est être nostalgique, mélancolique… Ici, dans son poème *Ballade en rêve*[1], le poète forge un rêve *a priori* inauthentique, qui lui sert juste de prétexte pour justifier la fin d'une histoire d'amour… en tentant de culpabiliser son ex avec le coup de pied de l'âne. Le poète la traite en effet, dans la dernière ligne, d'ingrate ou plutôt d'oublieuse, alors que lui serait un romantique…

Verlaine, selon moi, trafiquait un peu ses rêves pour être plus poétique et surtout pour se donner le beau rôle… Car, après tout, que savait-il des rêves de son ex ? Ce rêve poétique est en tout cas à la limite de la muflerie…

J'ai rêvé d'elle, et nous nous pardonnions
Non pas nos torts, il n'en est en amour,
Mais l'absolu de nos opinions
Et que la vie ait pour nous pris ce tour.
Simple elle était comme au temps de ma cour,
En robe grise et verte et voilà tout.
(J'aimai toujours les femmes dans ce goût),
Et son langage était sincère et coi.
Mais quel émoi de me dire au débout :
J'ai rêvé d'elle et pas elle de moi.

1. Paul Verlaine, « Ballade en rêve », in *Amour*, Paris, Léon Vanier, 1888.

Peindre le rêve

Pour représenter et mettre en images le rêve, la peinture n'est pas en reste. Mais il semblerait que, sur les toiles, les cauchemars, plus spectaculaires que les rêves, soient davantage représentés. C'est exactement comme les représentations de l'enfer dans les jugements derniers, nettement plus fascinantes que celles du paradis, toujours un peu mièvres. L'ambiance au milieu des diables est plus amusante que parmi les élus… Il suffit de se rappeler les peintures de Jérôme Bosch pour s'en convaincre !

En ce qui me concerne, deux toiles me parlent tout particulièrement. D'une part, il s'agit d'un tableau faisant partie du cycle *Le Poème de l'âme* de Louis Janmot (entre 1835 et 1855) – un peintre lyonnais qui a droit à deux salles oniriques au Musée des beaux-arts, place des Terreaux. S'il a également peint des toiles angéliques, celles-ci ne valent pas le beau cauchemar représenté ci-dessous, où l'on peut admirer une vieille femme effrayante poursuivant un enfant.

Cauchemar, Louis Janmot, 1835-1855

Je pense aussi à la toile *Le Cauchemar* de Johann Heinrich Füssli – un sacré maître en la matière – peinte en 1781. Ici, le spectateur se retrouve face à un personnage endormi, prêt à tomber du lit, entouré de deux animaux horribles, un cheval et quelque chose qui pourrait ressembler à un chat. Tout l'art du peintre est de mettre mal à l'aise avec des créatures qui pourraient être banales mais qui ne le sont pas !

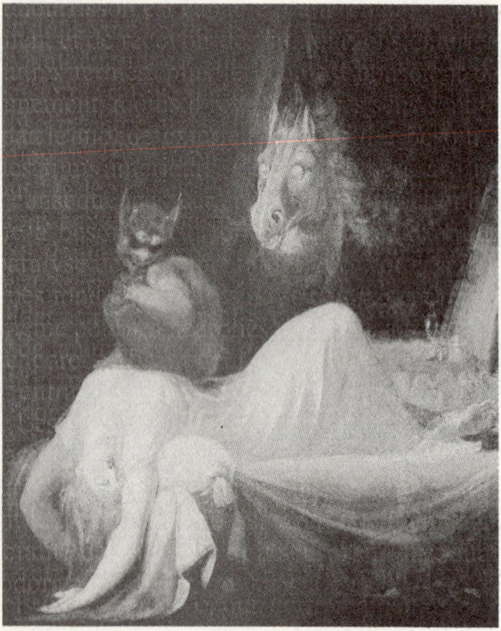

Le Cauchemar, Johann Heinrich Füssli, 1781

Le rêve dans la pop culture

Le rêve est également présent dans toutes les œuvres de la pop culture. Saviez-vous par exemple que Paul McCartney, l'un des membres des inoubliables Beatles, est connu pour avoir composé la chanson chef-d'œuvre *Yesterday* au cours d'un rêve ? En effet, il aurait rêvé cette chanson puis, réveillé dans la foulée, l'aurait immédiatement retranscrite. Incrédule à l'idée d'avoir imaginé une mélodie aussi belle pendant son sommeil, il était persuadé que ce rêve n'était que la réminiscence d'une mélodie connue. Pourtant, non, elle venait bien de son propre cerveau droit !

Il suffit pourtant d'y réfléchir un instant pour comprendre la logique de la chose : pendant qu'il consolidait sa mémoire et que son cortex préfrontal travaillait, son cerveau était simultanément en train de réarranger les notes entre elles pour trouver à chacune sa vraie place. Paul McCartney a ainsi démontré que rêver peut aussi signifier créer.

Poétique comme explication, non ? À noter que Voltaire[1] aurait également rêvé de sa création pour l'un des chants de *La Henriade* (un sacré échec, entre parenthèses…), tout comme le compositeur italien Giuseppe Tartini pour sa fameuse sonate *Les Trilles du diable*.

Dreamland

Dreamland est une bande dessinée de style manga écrite par Reno Lemaire. Le synopsis est particulièrement intéressant : chaque nuit, six milliards et demi de personnes se rendent à Dreamland sans le savoir, un monde parallèle peuplé de créatures étranges, où elles vivent des aventures loufoques. Ces personnages sont appelés les « rêveurs » mais, à partir du moment où ils prennent conscience de la réalité de Dreamland, ils deviennent des « voyageurs ». Pour devenir « voyageur », il faut de préférence avoir vaincu sa peur, ce qui confère un pouvoir spécial. Il existe aussi des « seigneurs cauchemars », qui se nourrissent des peurs des « rêveurs », à l'inverse des « rois des rêves », qui puisent leur force dans les passions des « rêveurs ».

1. Ce passage est inspiré de l'article de Nicolas Witkowski « Le génie onirique », in *Science et Avenir*, hors-série « Le rêve », 1996.

Selon moi, ce qui est intéressant dans ce manga est l'utilisation du rêve en tant qu'outil thérapeutique : si, dans un premier temps, le sujet devient un « rêveur lucide », il pourra vaincre ses peurs. L'un des héros, traumatisé par la mort de sa mère quand il avait sept ans, développe une peur panique du feu. Pourtant, une nuit, alors qu'il rêve de sa mère prisonnière des flammes, il parvient à surmonter sa peur en contrôlant le brasier. Par conséquent, il est admis dans la confrérie des « voyageurs » et, chaque nuit, il vit des aventures extraordinaires qui ont, parfois, un effet thérapeutique sur lui.
Il paraît donc clair que l'auteur, Reno Lemaire, connaît parfaitement le rêve lucide. Les psychothérapeutes auraient intérêt à prescrire, dans certaines prises en charge d'adolescents, la lecture de ce manga !

....

D'autres œuvres actuelles utilisent le rêve et ses mystères dans l'intrigue. C'est le cas du livre palpitant de Franck Thilliez, *Rêver*[1], qui raconte l'histoire d'une jeune femme, psychologue judiciaire, qui souffre de narcolepsie. Régulièrement, alors que l'enquête patine, elle s'endort brusquement et rêve. Au réveil, elle s'aperçoit que certaines pièces de l'intrigue se sont mises en place, faisant de cette maladie très handicapante un véritable atout pour son métier. Dans ce contexte, rêver, n'importe quand et de manière très fragmentée, permet de relier entre eux des événements apparemment sans rapport et de trouver des solutions aux énigmes !

1. Franck Thilliez, *Rêver*, Paris, Fleuve noir, 2016 ; Pocket n° 16946.

6

À quoi sert-il de rêver ?

Les rêves ont été créés
pour qu'on ne s'ennuie pas pendant le sommeil

PIERRE DAC, *L'Os à moelle*, 1963

Cette question a toujours fait l'objet de véritables polémiques entre les chercheurs. Pour présenter les choses de manière simple (pour ne pas dire caricaturale) au sujet de l'objectif du rêve, il y a d'une part ceux qui pensent, dans le sillage de Freud, que « le rêve est le gardien du sommeil » et, de l'autre, des scientifiques qui tentent de répondre à cette épineuse question en se tournant vers leurs victimes favorites : les rats de laboratoire.

Pour paraphraser Michel Jouvet, l'un des plus grands chasseurs de rêves des temps modernes, le sommeil paradoxal est le seul phénomène physiologique à être resté veuf de sa fonction. Pourtant, ce n'est plus tout à fait vrai. En effet, si nous sommes encore loin de savoir pourquoi nous produisons, quatre ou cinq fois par nuit, pendant environ vingt minutes, cette étrange imagerie, un bon nombre de fonctions ont malgré tout pu être attribuées aux rêves. En voici quelques-unes.

Petite histoire de psychanalyste

Une psychanalyste avait beaucoup de mal à ne pas s'endormir lors de certaines séances, notamment celles qui se déroulaient après le déjeuner (surtout si celui-ci avait été bien arrosé). Parfois donc elle s'endormait… Un jour, un patient se retourna et lui lança, d'un ton quelque peu irrité : « Mais vous dormez ! Au prix que je vous paie ! » La digne praticienne montra alors un sacré sang-froid et répondit, du tac au tac : « Certes, je dors mais cela me permet de rêver… de vous, ce qui m'aide à analyser mon contre-transfert. »

Rêver sert à jouer

Comme l'avait si bien remarqué le biologiste et psychologue Jean Piaget, le rêve pourrait être considéré comme une sorte de jeu intérieur du cerveau (et qui dit jeu dit apprentissage).

Or, selon moi, la seule utilité, ou presque, du jeu n'est rien d'autre que de s'entraîner à la vie sociale ! Ainsi, le chaton, futur chasseur solitaire, adore se mettre à l'affût d'un bouchon de liège attaché à une ficelle avant de le courser, préfiguration des souris ; quant aux chiots, ils aiment plus que tout se bagarrer et courir à plusieurs après une balle, eux qui sont censés chasser plus tard en meute. En observant une petite fille en train de jouer à la dînette et un petit garçon avec son épée faite d'un bout de bois (pardon aux sympathisants de la théorie du genre[1]...) je pense qu'il est bon de se poser une question simple : qu'est-ce que le jeu et à quoi sert-il chez l'enfant et chez certains adultes (les *gamers*) ?

C'est en jouant, comme en rêvant, que les animaux que nous sommes acquièrent les compétences nécessaires pour interagir avec les autres. Ce sont donc ces deux activités superposables qui vont me permettre de me comporter comme un humain sachant interagir avec ses semblables, obéir aux codes et aux us et coutumes.

Pour ma part, je trouve fascinant que la Nature, dans sa grande sagesse, réinculque nuit après nuit, chez chacun d'entre nous, ce qui fait le fondement de la vie sociale.

Pourtant, cette fonction du sommeil paradoxal ne serait pas aussi fondamentale qu'elle y paraît. En effet, plus un animal serait « social », plus il devrait rêver. Or, en examinant le tableau de la quantité de sommeil paradoxal par animal (voir page 56), le modèle ne colle pas : le champion toutes catégories de la quantité de sommeil paradoxal par nuit est le tatou géant, or il s'agit d'un animal particulièrement solitaire. Au contraire, les derniers de la classe, les animaux

1. Cette expression inventée par ses détracteurs à partir des *gender studies* est très à la mode et propage des rumeurs sans fondement comme : « On l'enseigne à l'école pour pervertir nos enfants et promouvoir l'homosexualité ! » Le problème est, en effet, que, lorsqu'on présente indifféremment à des bébés chimpanzés des poupées et des bâtons, les guenons choisissent les poupées et les petits mâles les armes... Toujours est-il que les *gender studies* ont pu malgré tout démontrer que de nombreux stéréotypes comme « les filles aiment le rose et les garçons le bleu » sont en effet purement culturels.

avec le moins de sommeil paradoxal, les vaches et les girafes notamment, sont en réalité des animaux très sociaux…

Michel Jouvet quant à lui a montré qu'une attaque dont rêverait un chat ne serait pas comparable à l'attaque d'une proie au cours de l'éveil. Dans le cas du rêve, l'animal attaque n'importe quel objet (la main de l'expérimentateur par exemple ; Michel Jouvet, Jacques Mouret et d'autres encore en ont fait la cruelle expérience !) mais jamais dans le vide.

Le jeu selon Jean Piaget

En 1945, Jean Piaget a étudié les différents stades du jeu, qui partent de l'exercice pour aller à la règle en passant par le symbole. Il a ainsi montré les interactions entre le jeu, la pensée logique et la socialisation. Selon lui, le jeu permet de passer de l'action à la représentation « dans la mesure où il évolue de sa forme initiale d'exercice sensori-moteur à sa forme seconde de jeu symbolique ou jeu d'imagination[1] ». Selon lui, trois périodes du jeu peuvent être observées chez les enfants :
– la période sensori-motrice (dix-huit premiers mois) : l'enfant ne joue qu'en présence de l'objet pour accroître son expérience. L'activité est alors surtout physique. Piaget parle de « jeux de simple exercice » ;
– la période représentative (dès deux ans) : l'enfant apprend à faire semblant. Ces jeux symboliques remplissent une fonction essentielle au niveau psychique ;
– la période des opérations concrètes (quatre à onze ans) : l'aspect social du jeu apparaît, avec des

1. Maryse Metra, « L'approche théorique du jeu », IUFM Lyon, 2006.

jeux à règles qui sont le reflet de la maturité intellectuelle et psychologique de l'enfant.
Selon Jean Piaget, « la plupart des jeux permettent au Moi d'assimiler la réalité tout entière : reproduire ce qui a frappé, évoquer ce qui a plu, participer de plus près à l'ambiance[1] ». Le jeu est aussi une manière d'aborder le monde. L'enfant apprend ainsi à découvrir l'autre, les objets, le monde extérieur.

Si l'on se réfère aux travaux de Marie-Josèphe Challamel sur les mimiques des bébés[2] lorsqu'ils sont en sommeil agité, on pourrait penser que les nourrissons rêvent au départ d'activités physiques (téter, faire pipi, caca…) puis, progressivement, captent les mimiques, les reproduisent et apprennent les codes sociaux. Plus tard (toujours pure spéculation de ma part), les rêves se structureraient et suivraient le parcours décrit par Jean Piaget : les enfants apprendraient à « faire semblant » de voir un loup et d'avoir très peur.

Le rêve serait donc bien un jeu nocturne où l'on apprendrait à se comporter avec les autres. Cette idée s'inscrit totalement dans les conclusions de l'étude de Boris Cyrulnik et Maurice Ohayon (voir page 156) et de leurs chatons privés de sommeil paradoxal et incapables de vivre en « chats civilisés ».

1. « La formation du symbole chez l'enfant », Fondation Jean Piaget (en ligne).
2. Marie-Josèphe Challamel, « Rêves, mimiques et apprentissage », in *Autrement*, p. 128-136, 1991.

Rêver nous sert à vivre

Une autre question a passionné les chercheurs qui se consacrent aux rêves : le sommeil paradoxal est-il indispensable ou même juste utile à la vie ?

C'est Eugène Aserinski qui, le premier, a lancé des recherches sur les conséquences de la privation complète de sommeil paradoxal. Pour mieux comprendre l'importance de ce mystérieux stade de sommeil, il a réveillé des animaux chaque fois que ceux-ci amorçaient un épisode de sommeil paradoxal. Le résultat ne s'est pas fait attendre : au bout de deux semaines, les rongeurs ont commencé à dépérir, leurs poils sont devenus cassants, ils se sont mis à maigrir et ont fini par mourir. Triomphe des psychanalystes et de tous les oniromanciens : il est impossible de vivre sans rêver !

Et puis, comme toujours en recherche scientifique, des esprits mal tournés se sont évertués à démonter cette expérience : ne serait-ce pas surtout – voire uniquement – le stress d'être brutalement réveillé un grand nombre de fois par nuit qui aurait perturbé les rats au point de les faire mourir ? Pour tester cette hypothèse, des substances bloquant le sommeil paradoxal ont donc été administrées aux souris. Les résultats, encore une fois, ne se sont pas fait attendre : effectivement, les animaux ne rêvaient plus, ou du moins ne produisaient plus de sommeil paradoxal, et, pourtant, cela ne les empêchait pas de se porter parfaitement.

De mon côté, depuis des dizaines d'années, je traite de nombreux patients déprimés en leur prescrivant des inhibiteurs de monoamine oxydase (IMAO) qui bloquent (presque) complètement le sommeil paradoxal. Ils me disent alors en général qu'ils ne rêvent plus du tout. De fait, leurs enregistrements de sommeil montrent qu'ils ne produisent plus (ou presque) de sommeil paradoxal, ce qui ne les empêche pas de se porter comme des charmes et de ne pas devenir fous.

Rêver permet d'accéder à l'inconscient

Rêver sert à accéder à l'inconscient (pour Freud), au monde des esprits (pour les chamanes) ou aux réseaux neuronaux affectifs (pour les neuroscientifiques)[1].

La célébrissime théorie psychanalytique reste à ce jour la plus connue et la plus reconnue de l'Éducation nationale, des médias et donc du grand public : elle postule que « le rêve est la voie royale qui mène à l'inconscient[2] ». Selon le grand Sigmund, l'inconscient recèlerait des secrets tellement inavouables, tellement obscènes, qu'il les cacherait au conscient. Par conséquent, lorsque l'inconscient enverrait des messages, il serait obligé de les crypter : lapsus, actes manqués et… rêves (n'aurait-il pas négligé l'intuition ?).

En d'autres termes, le rêveur procéderait comme un alchimiste, il accomplirait tout un travail de codage des informations, destiné à les rendre inintelligibles (inintelligibles au commun des mortels, mais certainement pas à l'initié, en l'occurrence le psychanalyste !). On pourrait donc dire, au risque d'être qualifié de simplificateur abusif, que le rêve, à travers son langage

1. Ce n'est finalement qu'une question de culture et, donc, de sémantique.

2. Sigmund Freud, *L'Interprétation du rêve*, *op. cit.*

symbolique, se permettrait de « dire des choses » à la conscience et servirait en quelque sorte de soupape de sécurité quand la névrose et le stress entraîneraient trop de bouillonnement.

Il est aujourd'hui impossible de réfuter cette théorie tant l'observation et l'écoute des patients la corroborent quotidiennement. Reste néanmoins un problème théorique de taille, le transfert : il est en effet plus que fréquent d'observer au cours de la cure psychanalytique l'apparition de rêves chez un sujet qui ne rêvait pas jusque-là ou, au contraire, leur disparition chez un grand rêveur. Mais, toujours selon Freud, cela ne ferait que traduire les sentiments positifs ou négatifs de l'analysant envers son thérapeute : ainsi, un sujet qui arrête de rêver exprimerait sa défiance et sa résistance au transfert. À l'inverse, celui qui se mettrait à rêver chercherait à séduire, à plaire à son psychanalyste. Tout cela resterait bien sûr inconscient (mais cela semble être une démarche assez manipulatrice…). Par ailleurs, selon que l'analyste appartient à telle ou telle obédience psychanalytique, on voit souvent que les rêves prennent une teinte (comme par hasard) freudienne, groddeckienne, adlérienne, kleinienne, lacanienne, winnicottienne, jungienne, reichienne, que sais-je ? Lemoinienne, pendant qu'on y est ! Cela pose évidemment une question simple, voire simpliste : les patients expriment-ils alors un message inconscient ou juste un désir de séduction idéologiquement orienté ? On me répondra que ce désir-là est un message de l'inconscient…. et ce ne sera pas faux (toute tautologie mise à part) ! Il ne faut pas oublier que tout le processus psychanalytique est fondé sur le transfert. Il paraît donc raisonnable de penser que Freud avait raison :

notre pensée non consciente s'exprime en partie grâce aux rêves.

Rêver aide le cerveau à se développer

En 1966, un chercheur américain nommé Howard Roffwarg a émis l'hypothèse selon laquelle le sommeil paradoxal jouerait un rôle dans la maturation du cerveau des animaux homéothermes, dont nous faisons partie. En effet, selon lui, la très grande quantité de sommeil paradoxal observée chez les êtres immatures à la naissance « permettrait la mise en place et le développement des circuits nerveux, la maturation du cerveau au cours de la vie fœtale et des tout premiers mois de la vie[1] ». Trois arguments valideraient sa thèse :

– d'abord, il est vrai que c'est au moment du développement du cortex cérébral, chez le fœtus et le nouveau-né, qu'existe la plus grande quantité de sommeil paradoxal. En effet, on a pu observer une intense activation corticale au cours du sommeil paradoxal chez les fœtus et les nouveau-nés ;

– ensuite, dans les années 1980, les physiologistes américains Denenberg et Thoman[2] ont découvert qu'il existait une corrélation étroite entre la diminution très rapide de la quantité de sommeil paradoxal au cours des premiers mois de la vie chez le nouveau-né et l'apparition de l'éveil calme (seul éveil au cours duquel

1. Howard Roffwarg, cité par Marie-Josèphe Challamel, dans l'article « Rêves, mimiques et apprentissage », in *Autrement*, *op. cit.*

2. V.H. Denenberg, E.B. Thoman, « Evidence for a function role for active (REM) sleep in infancy », in *Sleep*, 1981, 4, p. 185-191.

le petit nourrisson est capable d'appréhender son environnement et de recevoir des stimulations extérieures). En d'autres termes, plus le bébé est conscient de son environnement, moins il rêve ; plus ses sens sont « activés » par le monde extérieur, moins il a besoin de se faire des films intérieurs. Cette hypothèse a d'importantes conséquences car, pour rester fonctionnel, un système a besoin de… fonctionner. Par exemple, un sujet paralysé des membres inférieurs voit ses muscles de jambes fondre puisqu'ils ne se contractent plus. Il en va de même pour les neurones. Or, à la naissance, il n'y a pas encore suffisamment de stimulations visuelles, ce qui entraînerait un risque d'atrophie du système visuel. Les hallucinations produites au cours du sommeil paradoxal seraient donc un moyen pour pallier ce problème. Aussi, comme tous les sens sont sollicités pendant les rêves, le rêve assurerait la « maintenance » de la totalité de notre appareil sensoriel (vue, audition, goût, odorat, toucher) ;

Les hippies et les expériences hallucinatoires

Pendant les expériences de *tanking*[1] à l'époque psychédélico-hippie, on plongeait des sujets dans une eau salée (pour flotter sans effort), tiède (37 °C), dans le noir et le silence absolu. Très rapidement, ils se mettaient à produire des rêveries hallucinatoires complètement débridées… sans avoir besoin de recourir au LSD. C'est le principe des vases communicants : moins la rétine est stimulée, plus nous hallucinons en activant directement notre cortex occipital (la nature a horreur du vide !) ; et,

1. Ce mot vient de *tank*, qui signifie « réservoir » en anglais.

donc, moins nous voyons à l'éveil, plus nous hallucinons pendant le sommeil[1].

....

– enfin, de nombreux chercheurs ont tenté, de multiples manières, d'empêcher les nouveau-nés de différentes espèces animales de produire du sommeil paradoxal (ce qui est évidemment impossible, pour des raisons éthiques, chez le bébé). Cette expérience[2] a montré que, si l'on empêchait des bébés singes de rêver, ces derniers ne dormaient plus du tout. Quant aux ratons, ils mouraient car ils devenaient incapables de s'alimenter. Cette impossibilité démontre l'importance du sommeil paradoxal. D'autres chercheurs, comme Mirmiran[3], sont allés plus loin en supprimant totalement le sommeil paradoxal grâce à certains antidépresseurs. Dans ce cas, on a observé plus tard, à l'âge adulte (comme pour l'expérience des chatons de Cyrulnik et Ohayon)[4], une anxiété anormale, une déficience sexuelle et, même, une modification de l'architecture de certaines structures nerveuses. Selon Marie-Josèphe Challamel[5], le sommeil paradoxal jouerait donc un rôle

---

1. Mes conclusions sont assez spéculatives... mais néanmoins logiques !

2. Disponible sur le site Le sommeil, les rêves et l'éveil de l'université Claude-Bernard Lyon-I.

3. M. Mirmiran, N.E. Van de Poll, M.A. Corner, H.G. Van Oyen, H.L. Bour, « Suppression of active sleep by chronic treatment with chlorimipramine during early postnatal development: effects upon adult brain and behavior in the rat », in *Brain Research*, 1981, 204, p. 129-146.

4. Voir page 156.

5. Marie-Josèphe Challamel, « Rêves, mimiques et apprentissage », *op. cit.*

dans l'élaboration de la trace laissée dans le cerveau par les acquisitions nouvelles. Dit plus simplement, rêver permettrait d'intégrer les expériences nouvelles et modifierait donc l'acquisition génétique des comportements.

Rêver sert à consolider la mémoire

C'est la théorie actuellement à la mode dans les neurosciences (car la plus facile à expérimenter[1]). Les études sont de plus en plus nombreuses pour prouver le rôle du sommeil paradoxal dans le tri et la fixation des souvenirs. Robert Stickgold, professeur à Harvard, a mené une expérience en ce sens en observant des étudiants[2] : soumis une première fois à des tests d'aptitude, ils ont dormi avant d'être testés une seconde fois. Conclusion : ceux qui avaient atteint le sommeil paradoxal ont obtenu les meilleurs résultats aux tests de reconnaissance de modèles (par exemple la grammaire).

L'essentiel de l'apprentissage se fait au début de la vie, même si nous apprenons tout au long de notre

1. R. Stickgold, M.P. Walker, « Memory consolidation and reconsolidation: what is the role of sleep? » in *Trends in neurosciences*, 2005 Aug., 28(8), p. 408-415. N.B. Il ne faut pas oublier que l'obligation faite aux chercheurs de publier s'ils veulent exister scientifiquement et donc récolter les fonds nécessaires à leur recherche les incite à sélectionner les hypothèses les plus faciles à démontrer… à l'image de cet homme qui avait perdu ses clés de voiture au milieu de la nuit. Il ne les cherchait que sous le réverbère car il savait que c'était le seul endroit où il avait des chances de les voir. Et ça marche parfaitement… sauf si les clés sont tombées ailleurs. C'est ce qu'on appelle le théorème du lampadaire.

2. Robert Stickgold, Erin J. Wamsley, « Memory, sleep and dreaming: experiencing consolidation », in *Sleep Medicine Clinics*, 2011.

existence. Des études sur la structure du sommeil, à la fois chez des enfants retardés et chez des enfants précoces, ont ainsi montré une relation entre quotient intellectuel et sommeil paradoxal. Aux résultats les plus élevés aux tests d'intelligence correspondait une plus grande quantité de sommeil paradoxal[1].

Néanmoins je crois qu'il convient de prendre toutes ces études avec des pincettes : si cette fonction existe, elle n'est probablement pas d'une telle importance, au moins sur le plan statistique. C'est en effet la seule façon pour moi d'expliquer l'absence de troubles de la mémoire en cas de privation de sommeil paradoxal. Il est donc probable que d'autres techniques de mémorisation existent dans notre cerveau et qu'elles sont capables de prendre le relais. Le cerveau serait donc capable de faire des périphrases en cas de besoin ! Sans cela, les sujets traités par des médicaments bloquant l'essentiel du sommeil paradoxal perdraient forcément la mémoire, ce qui n'est pas le cas.

Chez l'animal en revanche, les travaux sont assez concordants. La privation de sommeil paradoxal perturberait bien l'apprentissage des tâches complexes ou nouvelles. Par ailleurs, en cas d'apprentissage réussi, on observe une augmentation du sommeil paradoxal. En outre, on observe que c'est justement le premier épisode de sommeil paradoxal, celui qui suit immédiatement l'apprentissage, qui est le plus important.

Du point de vue de l'électroencéphalographie et de l'imagerie fonctionnelle, on peut voir que c'est au cours du sommeil paradoxal que se produit une activité

---

1. Marie-Josèphe Challamel, « Rêves, mimiques et apprentissage », *op. cit.*

neuronale intense, en particulier au niveau du mésencéphale. Ce serait précisément cette activité qui favoriserait le traitement des informations correspondant au processus de mémorisation.

Comme je l'ai dit, cette hypothèse est plus compliquée à confirmer chez l'homme. En effet, pour démontrer le rôle de ce stade de sommeil, les chercheurs se contentent de réveiller les volontaires quand ils sont en sommeil paradoxal et de leur faire passer des tests de mémoire. Sur le papier, les choses paraissent évidentes mais, en réalité, le fait de réveiller une personne quand elle est endormie représente un stress important et une privation de sommeil. Et qui dit dette de sommeil dit somnolence le lendemain. Dès lors, que mesure-t-on dans ces expériences ? Le rôle de la vigilance (ou, au contraire, de la somnolence) dans l'acquisition et l'évocation des souvenirs ? En effet, quand nous dormons à moitié, nous ne sommes pas très performants sur le plan cognitif, nous mémorisons difficilement car nous sommes incapables de fixer notre attention. C'est d'ailleurs là-dessus que tablent les enquêteurs quand ils interrogent les prévenus pendant des nuits entières. Dès lors, est-ce l'attention ou la mémoire que l'on mesure ?

Quand faut-il réviser ? Juste avant d'aller se coucher !

Si une matière est ardue, compliquée, nouvelle, il faut conseiller à l'élève ou à l'étudiant de l'apprendre juste avant de dormir et de se coucher à l'horaire habituel, afin de produire un épisode de sommeil paradoxal rapidement après l'apprentissage. Cet épisode de sommeil paradoxal permettra alors d'organiser et de transférer des données nouvellement acquises vers le disque dur du cerveau. Autrement dit, on ne retient bien ce qu'on a appris que si on en rêve juste après et que, dans la foulée, on le stocke grâce au sommeil lent profond ! D'où la phrase justifiée de nos grands-mères : « C'est le sommeil d'avant minuit qui compte le plus. » D'autant plus que c'est au cours des trois premières heures de sommeil qu'est produit chez l'adulte l'essentiel dudit sommeil lent profond.

Conclusion : il est très peu productif de veiller trop tard pour apprendre ses cours puisque l'on se prive des possibilités de traitement et de stockage des données d'un bon sommeil réparateur.

....

Rêver sert à organiser la « mémoire psychologique »

Le lecteur se souvient peut-être des ondes PGO[1], qui sont l'émanation de l'activité de la structure cérébrale nommée pont[2], lequel est une sorte de pacemaker du sommeil paradoxal. Au sujet de ces ondes, certains chercheurs se sont posé la question[3] : cette activité PGO est-elle la conséquence des événements vécus ou

1. PGO signifie ponto-géniculo-occipital. Il s'agit des ondes qui partent du pont, passent par le corps genouillé et aboutissent dans le lobe occipital, siège de la vision.

2. Et plus précisément la portion dorso-latérale, l'un des centres du dialogue entre sérotonine et catécholamines (sommeil lent et sommeil paradoxal).

3. Jacques Mouret, Marc Jeannerod, Michel Jouvet, « L'activité électrique du système visuel au cours de la phase paradoxale du sommeil chez le chat », in *Journal de physiologie*, 1963, Paris, 55, p. 305-306.

bien est-elle innée, donc indépendante des événements de la vie ?

Au fil des expériences, il est apparu que chaque souris possède un code d'activité PGO différent. Celui-ci est inné, donc génétiquement programmé. Ce caractère génétiquement programmé du sommeil paradoxal a été ultérieurement confirmé par l'étude de jumeaux humains homozygotes[1] (issus du même œuf donc identiques sur le plan génétique) : l'organisation de leurs mouvements oculaires lors du sommeil paradoxal est similaire (ce qui n'est pas le cas chez les jumeaux hétérozygotes, les jumeaux issus de deux œufs différents).

Par ailleurs, d'un point de vue génétique et même atavique, la mémoire sociale, voire psychologique, de chaque individu pourrait s'organiser au cours du rêve. Si la mise en place du comportement social se fait au cours du rêve, cela signifierait donc que notre comportement serait déterminé par nos gènes et que nos fameuses ondes PGO agiraient comme une charrue métaphorique qui, nuit après nuit, viendrait creuser et tracer le sillon de nos comportements. Le rêve serait ainsi le « soc de notre humanité[2] » et une sorte de répétition, dès le début de la vie, des mécanismes intégratifs et moteurs qui sous-tendront ensuite les divers comportements innés apparaissant tout au long du développement de l'individu : comportement postnatal (recherche

1. Michel Jouvet, « Le sommeil paradoxal : est-il le gardien de l'individuation psychologique ? », in *Revue canadienne de psychologie*, 1991, p. 146-168.

2. L'image est de Michel Jouvet dans son superbe roman *Le Château des songes*, Paris, Odile Jacob, 2006.

de la nourriture), chant inné des oiseaux, marquage du territoire, notamment[1]. Le rêve serait donc le grand organisateur des comportements innés.

Cette conclusion nous plonge néanmoins au cœur d'une interrogation difficile et ayant des implications juridiques compliquées : je veux parler de la programmation génétique éventuelle du comportement humain. Ainsi, si j'assassine mon voisin et qu'un expert chercheur explique aux jurés que ce comportement meurtrier est dû à mes gènes, serai-je acquitté (et interné)[2] ou au contraire incarcéré à vie car vu comme un dégénéré ? Il faut être extrêmement prudent quand on aborde ce sujet, sensible sur le plan éthique. Rappelons-nous les abominables théories de Cesare Lombroso sur le criminel-né ou encore la théorie de l'X fragile chez les meurtriers… Ce genre de questionnement ruine en effet toute notion de responsabilité et de libre arbitre…

Pourtant, les travaux de Thomas Bouchard de l'université du Minnesota montrent que les profils psychologiques des vrais jumeaux élevés séparément sont étrangement similaires (alors que ceux des faux jumeaux également élevés loin de l'autre ne le sont guère). Nous tombons donc ici dans une querelle théologique et scientifique entre les partisans de la position *homo fit, non nascitur* (« l'homme ne naît pas, il se fait ») et ceux de la position *homo nascitur, non fit* (« l'homme naît, il ne se fait pas »). D'un côté tout

1. Michel Jouvet, « Le rêve », in *La Recherche*, hors-série de mars-avril 2018.

2. Voir à ce sujet le remarquable chapitre de Jacques Hochmann dans Boris Cyrulnik et Patrick Lemoine, *La Folle Histoire des idées folles en psychiatrie*, Odile Jacob, 2016.

est écrit, gravé dans le marbre de l'hérédité le jour de notre naissance. Les rêves dans ce contexte sont donc des messagers des dieux ou de l'inconscient et ne font qu'annoncer ce qui va inéluctablement arriver. De l'autre côté, il y a les environnementalistes ou culturalistes qui affirment que l'homme est doté d'un libre arbitre, plus important que son bagage génétique, que rien n'est écrit d'avance et que nous pouvons à tout moment infléchir notre destin. Tout cela amène des questions théologiques importantes : l'homme qui a reçu (arbitrairement et même injustement) la grâce ou la foi sera-t-il sauvé pour cette seule raison ou bien, pour être sauvé, faut-il accumuler les mérites ? Combien d'hérétiques sont-ils montés au bûcher, combien de guerres ont-elles été déclenchées à cause de cette simple interrogation ?

Pour ma part, j'ai envie de répondre que les deux positions sont exactes. Et la théorie épigénétique nous apporte à ce sujet des éléments intéressants : nous disposons tous d'un bagage génétique à la naissance avec une myriade de gènes qui vont s'exprimer, ou non, en fonction des influences exercées par l'environnement. Ainsi, pour devenir schizophrène, il faut avoir les gènes de vulnérabilité mais qu'en plus, au cours de la grossesse, la maman ait été en contact avec un virus (rôle de l'environnement) et qu'en plus la famille ou l'histoire personnelle ait été compliquée. On peut donc dire que l'on naît et que l'on devient schizophrène, en d'autres termes… *homo schizophrenus nascitur et fit* ! Nous pouvons donc avoir des gènes de vulnérabilité à la violence mais cela ne veut pas dire que nous y serons immanquablement soumis. Cette expression des gènes va dépendre des événements de nos vies et de la manière dont nous nous sommes construits. C'est la réconciliation de l'inné et de l'acquis[1] !

Rêver sert à consolider une faiblesse ou une force génétique

Il me faut ici rapporter le récit d'une de mes patientes. Élise, une jeune fille de dix-huit ans, rêve toutes les nuits qu'un homme masqué approche de son lit. Il ne dit pas un mot, se déshabille entièrement, entre dans son lit et… elle s'éveille terrifiée. Ces cauchemars la hantent et la poursuivent tout au long de la journée. Elle n'arrive plus à se concentrer en classe, et sa mère s'aperçoit qu'elle se scarifie et se brûle les cuisses avec ses cigarettes. Affolée, elle l'amène à mon cabinet pour une consultation. Rapidement, je m'aperçois qu'Élise a une peur panique des hommes, qu'elle n'a jamais eu de petit ami, même pour un flirt. J'acquiers rapidement la certitude qu'elle a subi des sévices sexuels dans sa petite enfance. Je le lui dis. Très étonnée, elle me dit qu'elle ne le pense pas car jamais sa mère ne la laissait seule et aucun homme ou garçon ne venait jamais chez

1. Cela me fait repenser à une recherche déjà ancienne sur le rôle de la sérotonine dans les comportements de violence : il avait été démontré que les détenus violents avaient des perturbations à ce niveau par comparaison à la population générale. Sauf que, un peu plus tard, il a été prouvé que les gardiens de prison présentaient les mêmes perturbations de la sérotonine. On peut donc imaginer que les deux populations, les gardiens et les détenus, avaient au départ le même bagage génétique mais que les premiers étaient capables de sublimer leurs pulsions agressives, à l'inverse des seconds, et que cela pouvait être dû à leur éducation, à leur culture, à leurs fréquentations, etc.

elles. Interrogée, la mère confirme qu'il est impossible qu'elle ait jamais été violentée car elle l'a toujours surveillée « comme le lait sur le feu ». De fait, les deux étaient très fusionnelles et vivaient assez recluses. Et, soudain, à la grande surprise de sa fille, la mère éclate en sanglots et explique en hoquetant qu'elle-même a été violée très jeune par un voisin à peine plus âgé qu'elle. Elle était tombée enceinte dans la foulée mais ne l'avait jamais avoué à sa fille.

On peut donc considérer qu'Élise souffrait d'un état de stress post-traumatique par procuration et que sa mère lui avait transmis son aversion sans s'en rendre compte. Élise a rapidement guéri après avoir compris que ce n'était pas elle qui était en cause.

À l'époque, mon interprétation avait donc été que la mère, sans le vouloir, lui avait transmis sa phobie des hommes. Aujourd'hui je me demande si une mutation épigénétique n'est pas intervenue chez la mère au moment du viol et si la jeune fille n'en avait pas hérité. En réalité, je suis persuadé que les deux facteurs ont joué et sont intriqués. Lorsqu'une personne a été maltraitée, abusée dans son enfance, le traumatisme est tel qu'une mutation épigénétique peut être observée et provoquer un trouble bipolaire ou un état limite chez la victime et, possiblement aussi, chez ses descendants.

C'est à partir de ce genre d'observation qu'il est permis de supposer que le sommeil paradoxal peut jouer un rôle dans le transfert des informations vers le néocortex. Le rêve faciliterait donc la consolidation à long terme des traces mnésiques labiles, en d'autres termes nos rêves nous permettent de fixer des souvenirs jugés pertinents et qui autrement s'évaporeraient comme rosée au soleil, en les réactivant au sein de l'hippocampe, du parahippocampe et de l'amygdale. La transcription de gènes impliqués dans les modifications synaptiques associées se produirait précisément lors du sommeil paradoxal. Cela donne aux rêves un rôle essentiel dans l'intégration des données culturelles et des données fournies par tous les incidents de la vie. Michel Jouvet aurait donc eu parfaitement raison, même si, à son époque, les notions d'épigénétique n'existaient pas encore !

La bonne nouvelle, c'est que, si une prise en charge est bien conduite, une mutation vertueuse peut se produire. Concrètement, les gènes de vulnérabilité à la maladie peuvent s'enfouir au plus profond du génome et redevenir muets. Et, ça, c'est un formidable message d'espoir pour les patients comme pour leurs thérapeutes ! Une bonne psychothérapie peut provoquer une guérison génétique, incroyable, non ?

Néanmoins il faut garder en mémoire qu'il ne s'agit ici que d'hypothèses : certains auteurs[1], non moins respectables, pensent qu'à chaque génération se produit un « nettoyage » des gènes et que la transmission est impossible… Mais, pour le moment, nous ne disposons pas de certitudes suffisantes. La transmission héréditaire de caractères acquis n'a été scientifiquement démontrée et de manière irréfutable que chez les plantes. Pour ma part, je ne vois pas pourquoi ce ne serait pas pareil pour les animaux… mais il est vrai que je ne suis ni généticien… ni botaniste ! Les articles se multiplient et semblent de plus en plus confirmer ce que j'avance.

1. Michel Billiard, Yves Dauvilliers, *Les Troubles du sommeil*, Paris, Masson, 2011.

Cette théorie relativement nouvelle est passionnante. Elle permet de répondre à des questions restées sans réponse pendant des siècles, comme celle-ci : comment se fait-il que des jumeaux homozygotes, donc ayant exactement les mêmes gènes, aient malgré tout des différences, au niveau tant physique que comportemental ?

La réponse est évidemment complexe mais, pour simplifier, il faut comprendre que nous disposons tous d'une quantité considérable de gènes, notamment de gènes de vulnérabilité à telle ou telle maladie, mais que ces gènes ne s'exprimeront pas forcément. Ils sont enfouis au cœur de la bobine d'ADN. Notre destin n'est donc pas gravé dans le marbre de notre ADN et, selon les événements vécus, les stress ou traumatismes subis, notre culture, notre famille, les polluants rencontrés, les médicaments pris (comme le Distilbène[1]), nous sommes tous susceptibles – ou non – de souffrir d'une maladie et éventuellement de la transmettre sur deux ou trois générations. Au sujet de l'influence du stress sur l'expression de nos gènes, il suffit de penser aux enfants nés à la fin de la Seconde Guerre mondiale dans des villes ayant été bombardées, comme Berlin. Les mères étaient stressées et affamées pendant leurs grossesses et, par conséquent, les bébés étaient plus maigres à la naissance et souvent, quelques années plus tard, obèses ou diabétiques (type 2).

---

1. Le Distilbène est un médicament qui a été donné à des femmes pendant leur grossesse et qui a favorisé des cancers de l'utérus chez leurs filles et leurs petites-filles. On s'attend aujourd'hui malheureusement à ce que les arrière-petites-filles en soient aussi victimes. Il est aujourd'hui prouvé que ce produit est capable d'entraîner ce genre de mutation épigénétique transmissible.

Pour Michel Jouvet, c'est le rêve qui fait que chacun d'entre nous est différent. Selon lui, c'est en effet au moment du rêve qu'une programmation itérative vient effacer les traces de tel ou tel apprentissage, ou au contraire les renforcer, si elles sont en accord avec sa programmation génétique. Il semble de plus en plus évident qu'il y a des traits génétiques obligatoires comme la couleur des yeux, lesquels obéissent aux lois classiques de la génétique telles que définies par Gregor Mendel. En revanche, il existe des traits génétiques facultatifs et évolutifs au cours de la vie comme le caractère, le comportement, que sais-je. Le rêve pourrait donc avant tout servir à les renforcer ou au contraire à les gommer.

Rêver sert à réguler les émotions[1] en facilitant (ou en inhibant) les transferts entre hémisphères droit et gauche

Nous savons tous, d'expérience, que nombre de nos souvenirs sont enfouis quelque part au fond de nous. Pourtant, nous sommes souvent incapables de les évoquer. Ce sont donc des souvenirs inaccessibles à notre conscience. Freud avait démontré que, souvent, nous gardons le souvenir de l'affect mais nous ne parvenons pas à nous en faire une représentation. Il a ainsi écrit, dans son *Introduction à la psychanalyse* : « Le désir

1. Perrine Ruby, « Experimental research on dreaming: state of the art and neuropsychoanalytic perspectives », in *Frontiers in Psychology*, 18 novembre 2011.

est l'excitateur du rêve ; la réalisation de ce désir forme le contenu du rêve. »

Quand on rêve, on a parfois la surprise de revivre des scènes totalement oubliées ou plutôt des scènes dont on avait gardé la trace affective (agréable, pas agréable, gênant, hilarant, honteux, etc.) mais pas le contenu. Il arrive que les rêves de remémoration aient stocké et mouliné le souvenir au point qu'il devient acceptable sur le plan affectif, ce qui est une bonne manière de réguler les émotions trop intenses.

C'est sans doute Boris Cyrulnik[1] qui a le mieux résumé ce point de vue. Il a écrit : « Un enfant n'a jamais les parents dont il rêve. Seuls les enfants sans parents ont des parents de rêve. » Pour lui, ne pas avoir de parents est si dur que le rêve de l'orphelin efface, ou du moins adoucit, ses émotions trop négatives.

Rêver sert à assurer sa sécurité et celle de son groupe

Une étude souvent citée par Boris Cyrulnik est particulièrement intéressante au sujet de la sécurité. Prenez un troupeau de vaches, de magnifiques proies, bien appétissantes, pour les grands méchants loups. Laissez-les paître en paix après leur avoir mis des électrodes sur le crâne. Vous observerez que, quand ils dorment, ces ruminants produisent des épisodes très courts (à peine quelques minutes) et hachés de sommeil paradoxal à la fin desquels ils redressent la tête et balaient le paysage, yeux grands ouverts. Plus tard, enregistrez-les dans la

1. Boris Cyrulnik, *Les Nourritures affectives*, Paris, Odile Jacob, 1993.

sécurité d'une étable bien fermée et vous verrez leurs épisodes de sommeil paradoxal s'allonger et se structurer. Enfin, remettez-les en plein champ et… ils continueront à dormir comme s'ils étaient toujours dans une étable… enfin presque tous car il y a une exception : la cheffe du troupeau, la plus vieille de la bande, se réveille souvent pour surveiller le groupe, entre des épisodes courts de sommeil paradoxal. Tout se passe donc comme si le sommeil paradoxal servait à éveiller brièvement les animaux vulnérables quand ils sont en état d'insécurité, pour leur permettre de vérifier leur environnement.

Dommage que nous ne disposions pas d'enregistrements du sommeil de nos ancêtres de Cro-Magnon car je parierais fort que le sommeil de nos arrière-arrière-grands-parents était du même ordre : alors que le clan est endormi dans un abri, une sentinelle somnole à l'extérieur et interrompt régulièrement et fréquemment son sommeil paradoxal pour ouvrir les yeux, observer son environnement et voir si le danger rôde…

Cette étude apporte un éclairage original sur les cauchemars qui perturbent les nuits de celles et ceux qui ont subi un traumatisme. Tout se passe en effet comme si l'individu brutalement plongé dans un milieu insécurisant retrouvait le sommeil haché de ses ancêtres sentinelles…

Et si l'insomnie servait à assurer la sécurité des autres ?

Une étude récente[1] menée chez des chasseurs-cueilleurs de Tanzanie révèle que les différences de rythmes au cours

1. David Samson *et al.*, voir le site Proceedings of the Royal Society B., July 12, 2017.

de la vie et entre individus seraient le fruit de l'évolution. Dans ces tribus hadzas, les individus continuent à dormir en groupe de vingt à trente personnes par terre. Chaque nuit, il existe toujours au moins un individu âgé qui reste éveillé, comme s'il était de garde… même si aujourd'hui poster une sentinelle n'est plus une nécessité pour eux. En réalité, c'est toujours au moins un tiers des Hadzas qui sont éveillés ou dorment d'un sommeil très léger. Ce ne sont jamais les adultes en bonne santé, les enfants, les blessés ou les malades, mais toujours les plus âgés. En effet, les enfants pour grandir, les malades pour guérir, les adultes en bonne santé pour rester en forme, les blessés pour cicatriser, etc. Cette étude pourrait permettre de comprendre à quoi sert l'insomnie et pourquoi sa fréquence augmente chez les personnes âgées : autrefois, lorsque nous vivions dans des abris précaires et à la merci des bêtes féroces, c'étaient probablement les individus les plus âgés, donc les moins aptes à la guerre ou à la chasse qui étaient placés en sentinelles. Cela expliquerait que le résidu de ce comportement, l'insomnie, est de plus en plus fréquent avec l'âge.
Tout s'éclaire : si l'on remplace le mot « sentinelle » par « insomniaque », on comprend que le symptôme d'insomnie est le prix à payer pour assurer la sécurité du clan. Ce sont donc les médecins chinois qui ont raison : l'insomnie n'est pas le symptôme d'une maladie, ni même un syndrome pathologique, c'est plutôt le signe d'une (pré)occupation, quelle qu'elle soit.
Au passage, cela me permet de comprendre mes patients qui ne dorment plus bien depuis qu'ils ont eu des enfants, ce qu'ils interprètent comme le résultat des nombreuses nuits où ils étaient obligés de se lever pour le biberon, le cauchemar, etc. Selon cette étude, ce serait en fait la nécessité atavique de protéger ses petits qui déclencherait une insomnie pour toute la vie. Je ne sais pas si c'est une consolation mais cela y ressemble fort !

Pour pousser le bouchon encore un peu plus loin, il est possible de penser, d'un point de vue évolutionniste, que, si tant de gens dorment mal, ou plutôt ne dorment que d'un seul œil, c'est que l'insomnie a une fonction propre, qui a permis à l'humanité de traverser les millénaires : une partie de la tribu se consacre à la protection des autres. À l'avenir, je dirai donc à mes patients les plus âgés qui ne trouvent pas le sommeil : « Votre insomnie est la preuve de votre altruisme, ou du moins de l'altruisme de vos lointains ancêtres qui, en restant éveillés, protégeaient la vie de leurs enfants et petits-enfants ! » Vont-ils apprécier ? Je vous le dirai dans mon prochain ouvrage…

Rêver sert à rendre créatif

La lune est le rêve du soleil.

PAUL KLEE

Rêver rend créatif. Si vous en doutez, demandez à Newton, Einstein ou aux Beatles ce qu'ils en pensent ! Le sommeil paradoxal semble capable d'améliorer un processus de création en cours : de nouvelles combinaisons inattendues, parfois bizarres et, exceptionnellement, géniales peuvent se former.

Plus prosaïquement, durant le sommeil paradoxal, des niveaux élevés d'acétylcholine à l'intérieur de l'hippocampe suppriment des connexions habituelles avec le néocortex. Ce phénomène semble favoriser la propagation de l'activité associative dans les zones du néocortex. Concrètement, le sommeil paradoxal serait alors capable, à travers ce processus, de favoriser la créativité en permettant au néocortex de réorganiser les hiérarchies associatives, grâce auxquelles les informations de l'hippocampe seraient réinterprétées différemment. Je sais, tout ce que je viens d'écrire est de la pure poésie !

Rêver sert à chercher l'information là où elle est

Selon moi, *la* fonction du rêve, en tout cas celle qui m'intéresse vraiment (puisque comme toujours je revendique mon droit à la partialité), est de chercher l'information là où elle est. Plus j'avance dans la vie (et dans ce livre), plus je pense que nous avons deux cerveaux dans notre boîte crânienne. De manière caricaturale, nous disposons d'un cerveau émotionnel, affectif, irrationnel, pascalien, que l'on appelle « l'hémisphère droit », dont le nœud gordien se trouve dans l'amygdale, mais aussi d'un cerveau raisonnable, rationnel, cartésien : « l'hémisphère gauche », dont l'épicentre se trouve dans l'hippocampe (qui se comporte comme une sorte de gare de triage de la mémoire avant qu'elle ne devienne à long terme). Ce noyau cérébral en forme d'animal marin, d'où son nom, est particulièrement actif durant le sommeil paradoxal, plus encore que pendant l'éveil. C'est lui qui pourrait être le premier responsable de la formation des images et de la programmation « culturelle » du cortex.

Comment ces deux cerveaux gèrent-ils l'information ? Cela peut dépendre du contexte. En effet, quand il se trouve en hypervigilance du fait d'une stimulation « émouvante », le cerveau alerté va consolider les informations véhiculées à partir de ce moment particulier. Ainsi, l'information vécue à ce moment précis d'hypervigilance associe une mémorisation classique (exemple, un événement comme celui du 11 septembre 2001 relève de la mémoire épisodique) à l'émotion. Cela entraîne un encodage beaucoup plus marqué de l'événement que s'il avait été vécu sans émotion. À ce titre, une équipe de scientifiques a démontré que les femmes étaient plus sensibles à la mémorisation émotionnelle que les hommes. Est-ce une question de prédisposition ou d'éducation ? Je laisse le lecteur se faire son opinion.

Parfois, quand nos émotions et leurs contenus sont jugés trop intenses, trop scandaleux, trop inconcevables, ils bloquent tout le système. L'amygdale va alors stocker en secret ces données, s'autocensurer en quelque sorte… Et là je suis bien obligé de reconnaître que je donne raison à Freud : cette interruption de la connexion entre amygdale et hippocampe n'est rien d'autre que le refoulement, ou plutôt la forclusion[1]…

Pour reprendre une métaphore célèbre, notre cerveau est comme un étang dont le fond est envahi par un grand nombre de dépôts, par de la vase et des détritus, qui restent donc inaccessibles : de temps en temps, lorsqu'un poisson vient effleurer la boue, de grosses

1. Terme juridique indûment repris par Lacan. Il désigne la perte d'un droit en raison de son non-exercice dans les délais prévus par la loi. Le grand Jacques Lacan aurait peut-être mieux fait de parler d'amnistie car, dans ce cas, toujours d'un point de vue juridique, l'acte dispose que des fautes passées devront être oubliées. Il est interdit à quiconque de les rechercher ou de les évoquer sous peine de sanctions.

bulles en forme de lapsus, actes manqués, intuitions, rêves, viennent crever à la surface et signalent l'existence de toute une vie sous-marine. Une vie incroyablement foisonnante et secrète.

Et si rêver ne servait à rien ?

Rêver pourrait n'être qu'un épiphénomène sans aucun intérêt, exactement comme les fantasmes de la vie éveillée… sauf que le psychiatre que je suis pense au contraire que, justement, les fantasmes, songeries et autres rêveries offrent un très grand intérêt ! Mais on peut néanmoins se poser une interrogation somme toute légitime : et si rêver ne servait à rien ?

Chez un adulte bien portant, en dehors d'un contexte traumatique, produire du sommeil paradoxal et du rêve est un luxe inutile. Pourtant, cette affirmation me semble bien imprudente quand on sait que, dans l'évolution des espèces, il est montré que lorsqu'une fonction et/ou un comportement deviennent sans intérêt pour la survie de l'espèce, il intervient toujours une mutation qui les suppriment. Par exemple, les animaux qui vivent dans des grottes et dans l'obscurité complète finissent par perdre leurs yeux et leur pigmentation. Les oiseaux qui vivent dans des îles sans prédateurs perdent leurs ailes. On considère qu'il faut en moyenne mille cinq cents ans pour qu'une mutation puisse se produire et se pérenniser. Aussi, si le fait de produire des mouvements oculaires rapides accompagnés d'images pendant le sommeil rapide et de les transformer en rêves ne servait à rien, il y a fort à parier que ce phénomène aurait disparu depuis plus de soixante-cinq millions d'années… puisque les animaux dits homéothermes, ceux qui produisent du sommeil paradoxal, existent depuis au moins cette époque.

Une autre question se pose alors : et si, selon les règles de l'évolution, nous rêvions tous *in utero* et au cours de nos premières années mais qu'une fois bien socialisés nous perdions complètement (ou presque) cette capacité à rêver (de la même manière que nous perdons rapidement les réflexes dits archaïques d'agrippement – le *grasping*[1] – quelques semaines après notre naissance) ? À ce sujet, Nystrom[2] a analysé tous les mouvements faciaux survenant au cours du sommeil chez des nouveau-nés et montre que certains de ces comportements sont effectivement très archaïques, comme des mouvements de narines et d'oreilles rappelant que nous avons été des mammifères primitifs et sauvages il y a quelques millions d'années. Ces mouvements comme le *grasping*, la marche automatique, disparaîtront complètement en grandissant.

Pour ma part je pense donc que chez l'adulte, quand il n'y a pas de danger, rêver ne sert (presque) à rien, ou juste à se faire plaisir et un peu aussi à mémoriser et à réguler les émotions. Dans tous les cas, on s'en passe très bien : ce n'est qu'en cas de péril – réel ou imaginaire – que ce phénomène prend toute son importance.

1. Le *grasping* témoigne de l'époque où nous devions dès la naissance nous agripper à la fourrure de nos mères pour ne pas dégringoler de la canopée… Réflexe un peu moins utile depuis que nos mères ne gambadent plus de branches en branches.

2. M. Nystrom, « Neonatal facial-postural patterning during sleep », in *Psychological Research Bulletin*, 1974, 1975, 1977, University of Lund, I, II, III, IV, p. 1-72.

C'est dans les suites d'un événement traumatique que l'on se met à produire des cauchemars, ce qui sert selon moi à digérer ledit traumatisme.

La question de l'utilité incertaine des rêves mérite d'être posée... même si la cohorte des onironautes, oniromanciens, onirocrites, oniromanes, psychanalystes qui jalonnent l'histoire de l'humanité est bien longue. Les deux premiers chercheurs qui à ma connaissance ont tenté de répondre à cette question sont Boris Cyrulnik et Maurice Ohayon lorsqu'ils ont réalisé une expérience assez simple : en sélectionnant des chatons très jeunes, ils leur ont administré des antidépresseurs connus pour bloquer le sommeil paradoxal. Puis ils les ont laissés grandir sans cesser de les observer. Et qu'ont-ils constaté ? Les pauvres chats, une fois devenus adultes, se sont avérés incapables de se comporter correctement en société (féline). Ils sont par exemple incapables de s'accoupler[1]...

Rêvons-nous ou sommes-nous rêvés ?

La question est d'importance ! Les Aborigènes australiens dans leur sagesse immémoriale avaient trouvé un aphorisme en forme de pirouette qui, si l'on y réfléchit un peu, épaissit encore un peu plus le mystère : « Le monde est le rêve d'un dieu, lui-même rêvé par l'homme. »

1. Il convient de rappeler que le chat dans la nature (pas dans *Les Aristochats* de Walt Disney) est un animal très solitaire dont la vie sociale se réduit à l'accouplement ainsi qu'aux bagarres féroces sur les frontières de leur royaume.

En conclusion : la fonction du rêve évolue avec l'âge et diffère selon les espèces

Les fonctions du sommeil paradoxal sont donc multiples et évoluent avec l'âge. Au début de la vie, le sommeil paradoxal permettrait de confronter progressivement nos programmes instinctifs avec nos acquisitions cognitives progressives. Il s'agit alors d'ajuster notre instinct à notre expérience.

Le sommeil paradoxal pourrait ensuite maintenir ou renforcer les connexions synaptiques préalablement stimulées à l'éveil… comme si l'expérience venait enrichir la mémoire de l'espèce. Il pourrait de cette manière être le point nodal où se confrontent l'inné et l'acquis.

Quant aux différences entre les espèces, le sommeil paradoxal est chez le nouveau-né humain plus important que chez le nouveau-né singe. Pourquoi ? Parce que le nouveau-né humain est plus immature et dépendant que le bébé singe. La persistance chez l'homme d'une grande quantité de sommeil paradoxal après la naissance représente typiquement ce que l'on appelle un phénomène de néoténie[1], de laquelle découle souvent un grand avantage biologique. Ce phénomène aurait favorisé chez l'homme un développement cortical plus important. En d'autres termes, ce serait parce que au cours de la première année de notre existence nous rêvons plus que nos cousins singes que nous aurions une plus grande intelligence et surtout une plus grande faculté d'adaptation. D'où notre succès planétaire…

1. Persistance de caractères fœtaux au cours du développement.

Nous nous fabriquons donc en tant qu'humains grâce à un dialogue permanent entre notre programme d'espèce et notre trajectoire de vie, et le rêve pourrait être un des moyens de parvenir à cette synthèse. Le rêve permet donc de glaner des informations accumulées dans la journée et serait un acteur majeur de notre faculté d'adaptation en transférant ces informations vers le disque dur du cerveau.

7

Comment évoluent les rêves au cours d'une vie ? Des rêves d'un bébé à ceux d'un mourant…

Au pays du rêve, nul n'est interdit de séjour.

JULOS BEAUCARNE

L'étude du rêve en fonction de l'âge a fait l'objet de très nombreux travaux. Les données scientifiques sur les humains mais aussi sur les animaux sont donc solides et convergentes. On sait par exemple aujourd'hui que le nouveau-né humain passe 50 % à 60 % de son temps à rêver, et ce pourcentage passe à 80-90 % pour le chaton et le raton ! Plus fort encore, on sait aujourd'hui que le fœtus de cobaye ou l'embryon de poussin rêvent nettement plus avant qu'après leur naissance.

Rêves de fœtus

Nous rêvons tous à partir du sixième mois dans le ventre de notre mère. Mais à quoi pouvons-nous donc rêver ? Que pouvons-nous donc bâtir comme histoires à partir des sensations intra-utérines, des bruits, des saveurs, des couleurs, du toucher, des odeurs et des émotions de celle qui nous porte ?

Il est difficile à l'heure actuelle d'imaginer à quoi rêvent les fœtus. Pourtant, il suffit d'y réfléchir un instant pour formuler des hypothèses qui, semble-t-il, tiennent la route : à ce stade, nos rêves sont des hallucinations sensorielles fondées sur :

– des perceptions auditives : il est aujourd'hui bien démontré qu'un fœtus dont les parents sont fans de Mozart ou des Beatles montrera des signes de félicité quand il entendra plus tard *La Flûte enchantée* ou *Yesterday*. De même, il est parfaitement prouvé que le fœtus est très tôt sensible aux battements de cœur de sa maman, à ses emballements et à sa cadence. Il suffit d'ailleurs de lui passer un enregistrement cardiaque pour qu'il se calme ou, mieux, de le mettre contre la poitrine de sa mère. Enfin, toutes les mères ont senti tressaillir leur futur bébé si une détonation venait surprendre leur quiétude. Il paraît donc tout à fait plausible que nous ayons des rêves auditifs prénatals ;

– des perceptions gustatives : quand la mère savoure un plat, le liquide amniotique est envahi de saveurs (sucrées ou salées selon les cas) et le fœtus montre des signes de contentement et, plus tard, appréciera l'un ou l'autre de ces plats. Une étude amusante a été réalisée à ce sujet par le chercheur Boris Cyrulnik : au moment de leur naissance, il a mis une goutte d'aïoli sur les langues de deux groupes de nourrissons – un groupe de petits Parisiens et un groupe de petits Marseillais. Les premiers ont fait une affreuse grimace alors que les seconds ont arboré un sourire mignon de contentement.

Ils connaissaient la musique, ou plutôt la saveur ! Il me paraît donc également probable que nous ayons des rêves alimentaires et gustatifs prénatals ;

– des perceptions olfactives : une autre expérience[1], jolie et poétique, a été réalisée. Au moment précis de la naissance, une goutte du liquide amniotique de la maman a été placée sur l'un de ses seins et une goutte du liquide amniotique d'une autre maman sur l'autre sein. Le nouveau-né a été placé au milieu de la poitrine et, automatiquement, il s'est tourné vers le téton ayant l'odeur de sa mère. Il paraît donc encore une fois très plausible que nous ayons des rêves d'odorat prénatals ;

– des perceptions visuelles : il n'existe aucune certitude mais il n'est pas inconcevable qu'à travers les paupières closes nous ayons quelques impressions du rouge matriciel (mais peut-être n'est-ce qu'un fantasme de psychiatre ?). On sait en tout cas que la lumière qui parvient au fœtus dépendra de la couleur et de l'épaisseur de la peau maternelle, des vêtements portés et de l'exposition à la lumière. Plus une femme est jeune et plus elle est pâle, plus son fœtus recevra de lumière. Certes, il a les yeux fermés, mais ses paupières sont tellement fines qu'il est plus que probable qu'il perçoive quelques couleurs (voir encadré page 163) ;

– des émotions : quand la mère vit une frayeur ou, au contraire, un moment de détente, voire de bonheur, on peut voir, grâce aux variations de leur rythme cardiaque, que les fœtus sont capables d'éprouver de la peur, de la surprise ou de la détente. Encore une fois, il me paraît donc extrêmement plausible que nous ayons des rêves émotionnels prénatals.

---

1. Boris Cyrulnik, *La Naissance du sens*, Paris, Hachette, 1991.

Finalement, on pourrait imaginer qu'avant notre naissance nous ayons des sortes de rêves quasi permanents faits d'impressions, de formes, de sons, d'odeurs et de goûts, des kaléidoscopes sensoriels parfois entrecoupés de peurs, de surprises, le tout dans un nirvana poétique… Des rêves psychédéliques en quelque sorte, même si, du fait de sa conception neuro-psycho-lacanienne (et quelque peu restrictive) du rêve, Jean-Pol Tassin protesterait vigoureusement. Mais pourquoi personne n'a-t-il jamais été capable de s'en souvenir plus tard, une fois sorti du ventre de sa mère ?

Cette question de la capacité du fœtus à rêver se pose depuis de nombreuses années. Elle est lancinante. Certains auteurs[1] préfèrent parler de « répétition hallucinatoire d'expériences accumulées », d'autres de « manifestations psychiques » du sommeil. Dans certaines traditions, les rêves des fœtus sont très importants. C'est le cas chez les Mohaves, une tribu d'Amérindiens. Selon le psychanalyste et anthropologue Georges Devereux, « à partir du sixième mois de la vie fœtale, le futur sorcier fait des rêves qui déterminent son futur état de sorcier. Les fœtus normaux rêvent de leur naissance future, cependant que les sorciers futurs rêvent des moyens qu'ils peuvent employer pour ne pas naître. Ils détestent la vie[2] […] ».

1. Howard P. Roffwarg, Joseph N. Muzio, William C. Dement, « Ontogenetic development of the human sleep-dream cycle », in *Science*, 29 Apr 1966, vol. 152, n° 3722, p. 604-619.

2. Georges Devereux, « L'envoûtement chez les Indiens Mohave », *Journal de la société des américanistes*, 1937, 29, 2, p. 405-412.

··· En quelles couleurs rêvent les fœtus[3] ? ···

À partir de la vingt-huitième semaine de gestation, tous les types de récepteurs rétiniens sont présents chez le fœtus humain… mais ils sont encore extrêmement immatures, en particulier les cônes sensibles à la couleur. Donc *exit* mon hypothèse de rêves fœtaux en rouge !

La lumière externe peut modifier la luminosité intra-utérine, en fonction de sa puissance et de l'épaisseur des tissus maternels. À l'aide de capteurs lumineux intra-utérins chez diverses espèces animales, quelques auteurs ont examiné la transmission de la lumière externe *in utero.* Celle-ci peut atteindre chez la brebis un niveau supérieur à 50 lux, soit le niveau d'une rue moyennement éclairée artificiellement la nuit. D'autres auteurs ont élaboré des modèles pour essayer de mieux comprendre l'expérience visuelle imaginable chez le fœtus humain au cours des derniers mois de grossesse. Lorsque les mères sont nues et en fonction de l'épaisseur des tissus abdominaux et de la clarté de la peau, la luminosité interne serait de 1 % à 0,1 % de la luminosité externe. On peut ajouter le rôle des vêtements : par exemple, le coefficient de transmission de lumière d'un coton blanc léger est d'environ 0,50, celui d'un coton noir épais ou de la laine est seulement d'environ 0,05. Enfin, les coefficients de transmission augmentent vers la fin de la grossesse avec l'étirement des tissus abdominaux.

Bien que le fœtus soit myope, plusieurs études ont montré que la lumière extra-utérine est suffisante pour activer la rétine fœtale. Ainsi, l'allumage d'une lampe de forte puissance devant l'abdomen maternel provoque-t-elle des accélérations du cœur.

---

1. Ce passage est inspiré de l'excellent article de Carolyn Granier-Deferre, « Sensibilité visuelle prénatale », in *Spirale*, 3/2011, n° 59, p. 59-66.

En conclusion, mesdames, si vous êtes enceintes, à partir du sixième ou septième mois, promenez-vous dehors, le ventre à l'air ou avec un chemisier blanc, très fin, en coton, si vous voulez favoriser le bon développement du système visuel de vos futurs bébés et aussi, qui sait, ouvrir leur imaginaire à de beaux rêves, même s'ils ne sont au début qu'en noir et blanc…

....

Aujourd'hui nous sommes capables d'observer le fœtus *in utero*, exactement comme si on y était. On peut voir ses moindres gestes et enregistrer son rythme cardiaque, les mouvements de ses yeux. On peut le voir bâiller, sucer son pouce, bref, vivre sa vie de fœtus…

À partir de ces observations, les scientifiques ont pu constater que les bébés nés prématurés sont capables de dormir comme lorsqu'ils étaient dans le ventre maternel. En d'autres termes, tout est question d'âge, notre sommeil est le même que nous soyons en dedans ou en dehors du ventre.

C'est à partir du sixième mois de gestation que nous commençons à dormir avec ce qu'il est convenu d'appeler le « sommeil agité » (ou sismique), qui, curieusement, se manifeste plus tôt que le sommeil calme et l'éveil calme. Or le sommeil agité est le précurseur du sommeil paradoxal !

La quantité de sommeil agité augmente très vite puisque à huit mois de gestation il représente environ 65 % de la totalité du temps passé *in utero*. Rendez-vous compte, avant de naître, nous aurons passé 65 % de notre temps à rêver (même s'il n'est pas – encore – tout à fait prouvé que nous rêvions *vraiment*). Tout ce que nous pouvons dire, c'est que nous produisons des ondes qui ressemblent à ce qui, plus tard, sera le stade de sommeil pourvoyeur de rêves. Plus nous approchons du terme, moins nous avons de sommeil agité… C'est comme si la nature nous disait : « Voici venir la vraie vie… Bientôt fini de (la) rêver ! » ; cela semble être notre devise à tous, juste avant de naître.

Puis, après la naissance, tous les parents le confirmeront : le nouveau-né passe son temps à dormir, du matin au soir et du soir au matin. Comme tous les mammifères qui naissent immatures (chiens, chats, rats) et à la différence de ceux qui ont dès le début une certaine autonomie (veaux, vaches, cochons), le sommeil de nos bébés est essentiellement constitué de sommeil agité (cette appellation vient du fait que de fréquents mouvements corporels le perturbent, je l'expliquerai plus loin). Les caractéristiques de ce sommeil agité sont parfaitement comparables à celles du sommeil paradoxal avec, en particulier, comme chez l'adulte, une hypotonie musculaire. En d'autres termes, comme nous, le nourrisson est paralysé quand il rêve. La quantité de sommeil agité est néanmoins beaucoup plus importante que celle du sommeil paradoxal : elle représente en moyenne huit heures sur vingt-quatre au lieu de moins de deux heures chez l'adulte. Le sommeil agité est très profond et, lorsqu'il dort dans ce stade, le bébé est très difficile à réveiller. Il faut savoir qu'à cet âge le petit s'endort immédiatement en sommeil agité et se réveille dans le même stade. Aujourd'hui, on ne sait toujours pas pourquoi il existe une telle différence entre le nouveau-né et l'adulte, qui, lui, met environ quatre-vingt-dix minutes avant de rêver.

Une légende juive

Avant de naître, nous vivons tous… ailleurs dans le temps et dans l'espace, dans ce que les chrétiens appellent « les limbes ». Peut-être traversons-nous d'autres vies, si ce que disent les bouddhistes est vrai. Peu importe au fond. Ensuite, nous séjournons dans le ventre de nos mères. Notre ou nos existences d'avant la naissance sont secrètes, interdites. Alors, pour que nul ne sache rien de la vie d'avant, un ange, gardien de la mémoire des limbes, descend du ciel le jour de notre naissance et pose son doigt en travers de nos lèvres en faisant « chuuut ! » très doucement. Et nous oublions tout notre passé. Voilà pourquoi tout être humain, qu'il soit jaune, noir, blanc ou cuivré a, au-dessus de sa lèvre supérieure, la marque imprimée de l'index de l'ange. Cela s'appelle « la petite vallée du silence ».

Le sommeil agité a été particulièrement étudié par Marie-Josèphe Challamel et Marie Thirion dans un livre dont je m'inspire largement dans les lignes suivantes pour détailler ce phénomène[1]. Le sommeil agité se caractérise par différents mouvements corporels. Toute cette agitation est très stéréotypée : au cours du sommeil agité, le nouveau-né grogne, s'étire, bâille et ramène ses bras au niveau du visage. Ces gestes sont très fréquents : ils se répètent parfois toutes les trois à cinq minutes. Le visage du nouveau-né est très expressif et on peut, à cet instant, déceler de multiples mimiques parmi lesquelles se reconnaissent les

1. Marie-Josèphe Challamel et Marie Thirion, *Le Sommeil, le rêve et l'enfant*, Paris, Albin Michel, 2011.

six émotions fondamentales (présentes dans toutes les cultures humaines) : la colère, la tristesse, la peur, la surprise, parfois le dégoût, et surtout la joie (avec les sourires « aux anges », que l'on peut voir dès les premières heures d'existence). Le lien entre le sommeil agité et le sourire « aux anges » est très fort. En effet, une expérience[1] a montré que, sur 388 sourires filmés et analysés, presque tous (sauf quatre) sont survenus au cours du sommeil agité. Par ailleurs, ces sourires sont plus fréquents pendant les périodes les plus riches en mouvements oculaires du sommeil agité. Quant aux yeux justement, ils bougent sous les paupières fermées au cours du sommeil agité. À plusieurs reprises, les paupières peuvent s'entrouvrir. Parfois, les yeux sont ouverts pendant de longues secondes, mais le regard est absent. Si le sommeil agité est l'équivalent ou plutôt le précurseur du sommeil paradoxal, il reste néanmoins plus actif et moins « paralysé ».

Lors de l'accouchement

De nombreuses études au sujet de l'accouchement ont été réalisées entre 1970 et 1980, en France et aux États-Unis. Elles nous apprennent que le bébé dort pendant l'accouchement et ne se réveille qu'au moment des contractions utérines les plus fortes et de l'expulsion (ou de la tape que la sage-femme donne sur ses fesses !) En d'autres termes, tant qu'on dort, c'est que tout va bien. C'est au moment précis où l'on se réveille que les ennuis commencent… avec le début de la grande aventure de la vie.

1. *Ibid.*

Au sujet des mimiques au cours du sommeil agité chez le nourrisson, une donnée est particulièrement intéressante. On sait que, quand il est éveillé, le nouveau-né est capable de produire toutes les expressions faciales de l'adulte mais que celles-ci semblent déconnectées de la situation et, finalement, ne correspondent à rien d'autre qu'à un entraînement des muscles du visage (comme un sportif entraîne telle ou telle fonction). Cette absence de toute relation avec les stimulations maternelles et les mouvements corporels permet de postuler une indépendance et donc une origine endogène de ces mimiques. Ainsi, la conclusion de ces études des mimiques chez le nourrisson montre que les nouveau-nés répéteraient, au cours du sommeil agité, les séquences motrices de leurs futurs comportements instinctifs et sociaux. D'ailleurs, toutes ces mimiques disparaîtront quand le bébé grandira et que le sommeil agité laissera place au sommeil paradoxal : le petit nourrisson utilisera alors volontairement ces gestes à l'éveil.

En bref, d'un point de vue purement scientifique, le nouveau-né pourrait bien être capable de rêver, même si, selon le psychiatre David Foulkes, ces rêves seraient extrêmement rudimentaires. En effet, étant donné qu'il est capable d'une activité mentale et d'une expérience sensorielle, il peut, par exemple, se remémorer une phrase musicale entendue *in utero*. De là à penser, comme certains thérapeutes, que grâce à l'hypnose, l'EMDR[1] et la psychanalyse, on puisse remonter à la vie *in utero,* il y a un pas que je ne franchirai pas !

---

1. EMDR : *eye movement desensitization and reprocessing*, voir p. 262.

··········· Mais à quoi rêvent les bébés ? ···········

Selon moi, l'imagination varie selon les bébés comme selon les individus. On voit bien que certains individus ont des rêves très pragmatiques, ancrés dans la réalité alors qu'à l'inverse, certains créent des productions dignes d'Hollywood à partir de trois fois rien. Je reste donc persuadé qu'à partir de certaines sensations, certains bébés sont capables d'avoir de magnifiques rêves alors que d'autres doivent se contenter de vagues formes, de sons, de sensations cutanées… Mais tout cela n'est que spéculation.

Les rêves entre six mois et quatre ans

Au cours des deux premières années de la vie, une réduction très importante de la quantité de sommeil agité se produit. Il se transforme progressivement en sommeil paradoxal et cette diminution est corrélée à une apparition spectaculaire du sommeil calme. Par la suite, le temps consacré au sommeil paradoxal passe de 50 % chez le bébé à 25 % chez le petit enfant.

Le passage à deux ans est une étape importante. En effet, pour que l'enfant puisse rêver « au sens adulte du terme[1] », il est nécessaire qu'il ait « atteint un niveau mental qui lui permette d'avoir accès à la pensée symbolique et qu'il puisse raconter son rêve[2] ». Or « le tout début de cette phase n'apparaît que vers l'âge de deux ans, et les rêves sont encore,

1. Marie-Josèphe Challamel, « Rêves, mimiques et apprentissage », *op. cit.*

2. *Ibid.*

jusqu'à sept ans, très différents de ceux de l'adulte : les images de ces rêves sont en effet très statiques, les jeunes enfants sont peu impliqués dans leurs rêves émotionnellement et physiquement[1] ». Il est d'ailleurs étonnant de voir à quel point le freudisme a infiltré la pensée des chercheurs : en effet, qui a dit que le « rêve au sens adulte du terme » (sacré jugement de valeur si l'on y réfléchit) nécessite une pensée symbolique[2] ? Freud et Lacan bien sûr ! Et quelles sont alors leurs preuves ? On les attend toujours. Quand l'un de mes petits-fils me raconte un cauchemar de loup ou un rêve d'anniversaire, je n'ai vraiment pas l'impression qu'il soit peu impliqué émotionnellement… mais tout est question de subjectivité comme dirait l'autre ! Peut-être que la symbolique du bébé existe, tout comme celle de l'adulte, mais qu'elle est quelque peu différente. Qui au fond peut affirmer le contraire ? Je pense que c'est le mot « symbole » qui pose problème : si je rêve d'un thème que ma conscience ne peut pas accepter d'imaginer (car trop obscène ou trop censuré), mon rêve adoptera des métaphores pour contourner la censure… mais ce ne sont pas des symboles ! Le rêve ne devient symbolique qu'une fois interprété par le rêveur ou son psychanalyste.

Par ailleurs, entre six mois et quatre ans, les éveils sont multiples lors de la seconde partie de la nuit,

1. *Ibid.*

2. Pour ma part, je ne pense pas que le rêve ait quoi que ce soit à voir avec une quelconque pensée symbolique car, si l'on suivait ce type de raisonnement, un psychotique ne pourrait pas rêver… et ça, en tant que clinicien, je peux affirmer que c'est faux.

période durant laquelle le sommeil paradoxal prédomine. Cela peut parfois arriver après chaque cycle au-delà de minuit. En effet, à dix-huit mois, 40 % à 60 % des enfants se réveillent une fois par nuit (et 20 % plusieurs fois par nuit)… et réveillent leurs parents, sinon ce ne serait pas drôle ! Par ailleurs, à cet âge, l'enfant a parfois peur d'aller dormir car il sait qu'il peut vivre des mauvais rêves, des cauchemars.

Nos rêves après six ans

Vers six ans, le sommeil paradoxal chute au profit du sommeil lent profond, qui occupe un pourcentage majeur de la nuit. Par la suite, le sommeil est généralement assez stable. À cet âge, les réveils nocturnes sont nettement moins fréquents. Certains chercheurs considèrent que jusqu'à l'accession à l'écriture (et donc au langage symbolique) les enfants ne produiraient que des rêves rudimentaires où ils s'impliqueraient peu sur le plan émotionnel. Je l'ai dit : je conteste formellement cette position ! Encore une fois l'idéologie portée par la dictature du symbolique au sens psychanalytique prend le pas sur le raisonnement scientifique.

Par la suite, après dix ans, le temps de sommeil paradoxal reste très stable, constant même.

Rêves d'adolescents

À l'adolescence, le temps de sommeil tend à augmenter, mais on observe surtout un retard de phase, avec un coucher et un lever de plus en plus tardifs. Ce phénomène n'est pas nouveau et existait déjà avant l'invention des écrans mais il s'est nettement aggravé tant l'attraction pour les jeux, *chats*, musiques ou films en streaming, SMS et autres réseaux sociaux est majeure à ces âges. Cette addiction a tendance à se manifester de plus en plus tôt, parfois à moins de dix ans. En tant que psychiatre, j'ai souvent rencontré des adolescents qui n'arrêtaient de tweeter qu'à quatre heures du matin (les télécoms signalent d'ailleurs des flux importants de textos aux heures avancées de la nuit ou au petit matin). Mais qui pourrait contester l'urgence qu'il y a à répondre quand on est adolescent au message d'un garçon ou d'une fille dont on est secrètement amoureux ?

Ce retard de phase est néanmoins problématique et provoque un véritable décalage horaire social (*social jetlag*), comme si nos adolescents vivaient à New York alors que le reste de la famille est en France. Le problème, c'est que l'école reste bien à l'heure française, ce qui les oblige à se lever alors qu'ils n'ont pas dormi un temps suffisant, d'où une tentative de rattrapage au cours de la fin de semaine (ah, la joie des repas dominicaux où toute la famille déguste le gigot-haricots et où l'adolescent débarque non coiffé, débraillé, en pyjama et réclame son petit déjeuner…). Ce phénomène, bien qu'hyperagaçant, est tout à fait banal pour ne pas dire physiologique. Le déficit chronique de sommeil induit une somnolence pendant la classe (peu adaptée quand il faut ingurgiter des masses de connaissances et extrêmement usante pour les professeurs…). Aussi, chers parents, très chers professeurs, n'oubliez pas qu'il ne s'agit pas ici de paresse mais que c'est bel et bien la conséquence du cyclone hormonal qui ravage nos chers ados ! Il faut néanmoins rester vigilants car la somnolence peut pousser les adolescents à utiliser des boissons énergisantes bourrées de caféine et de taurine, voire d'amphétamines ou de cocaïne. C'est ainsi que l'attente du SMS peut mener à la drogue ! Il est connu aussi que le manque de sommeil entraîne un déficit des performances cognitives et du contrôle des émotions, provoquant des échecs scolaires, des conflits et, dans le pire des cas, des bouffées délirantes qui sont parfois une porte d'entrée vers la schizophrénie[1].

Chez les adolescents, le sommeil lent profond diminue donc progressivement, tout en restant relativement important (en effet, l'hormone de croissance est particulièrement utile à ces âges-là ainsi que la fabrication d'hormones).

Quant au contenu des rêves, je m'abstiendrai de développer ce point, tant les songes érotiques et leur conséquence, les pollutions nocturnes, sont fréquents à ces âges tendres….

Rêves de personnes âgées

Comme la peau, le sommeil prend des rides ! Le thermostat qui régit l'alternance veille/éveil s'est usé, sans compter la glande pinéale[2] qui se calcifie et fabrique

1. Selon moi, il est fort regrettable que l'Éducation nationale continue à faire la sourde oreille aux appels des pédiatres somnologues qui, depuis de longues années, demandent que l'on retarde l'horaire des cours au lycée en démarrant à neuf heures du matin, voire dix heures comme cela se fait par exemple au Canada, où l'on a pu observer une amélioration des performances des adolescents.

2. La glande pinéale sécrète la mélatonine à partir de la sérotonine et joue un rôle essentiel dans la régulation des rythmes biologiques.

moins de mélatonine. Bref, le sommeil se désorganise progressivement. Contrairement à la légende tenace qui voudrait que les vieux aient besoin de moins de sommeil, les personnes âgées dorment presque aussi longtemps que les adultes actifs si l'on cumule les nombreux assoupissements diurnes, les siestes et le sommeil nocturne.

En revanche, les stades les plus utiles, le sommeil lent profond et le sommeil paradoxal, diminuent fortement. Au contraire, le sommeil lent léger augmente. Le tout se fragmente. Le sommeil devient instable, émaillé de nombreux réveils ; il devient aussi polyphasique, comme celui des nourrissons. Quant aux rêves, malheureusement, il semblerait que souvent ils s'appauvrissent. Surtout, ils ne sont pas bien et pas souvent mémorisés…

Le rêve n'a pas d'âge

L'un de mes patients, kinésithérapeute, aveugle et insomniaque de surcroît, me racontait avec humour ses expériences oniriques : « J'ai brutalement perdu la vue à vingt-cinq ans. Je venais juste de me fiancer. Aujourd'hui, lorsque je rêve de ma femme, elle a toujours vingt-deux ans… et elle est magnifique comme au premier jour. Je suis sans doute un des seuls hommes de la planète à avoir fêté ses noces d'or et à continuer à voir une épouse qui a exactement le même âge que le jour de son mariage ! » Et ladite jeunette, qui a aujourd'hui soixante-douze ans, roucoule et est en pleine forme…

8

Quand le rêve est malade : cauchemar, terreur nocturne…

Rêver, c'est le résultat d'une mécanique délicate… qu'un rien peut détraquer. Il suffit d'observer nos chers petits qui se mettent à faire des cauchemars dès qu'une institutrice est considérée comme trop sévère ou injuste, qu'un documentaire montre un lion en train de dévorer un innocent petit faon ou que les parents se disputent. Mais, parfois, le phénomène onirique est encore plus sévèrement atteint…

Le cauchemar

Marie, une jeune mariée lyonnaise, me raconta un jour ce rêve en forme de cauchemar. Dans son rêve, son mari avait choisi comme maîtresse une femme noire et, toutes les nuits ou presque, elle le voyait batifoler avec elle. Marie est alors extrêmement troublée et attristée car, selon elle, ce rêve est plausible. En effet son mari, un jeune et beau Camerounais, est très souvent en déplacement à l'étranger.

Mon interprétation a alors été la suivante : à peine un mois après leur mariage, son mari, biologiste, passionné par son travail de chercheur sur les maladies tropicales, est parti en mission en Afrique pour plusieurs semaines. Selon moi, ce rêve tente de faire comprendre à Marie qu'elle aura à gérer la véritable et fascinante maîtresse de son mari : l'Afrique noire ! Une fois son rêve convenablement interprété et compris, elle sera en mesure de s'organiser à l'avenir en tenant compte de ce paramètre : comme Joséphine Baker, son mari a « deux amours » : « son pays » et Marie !

Qui n'a jamais cauchemardé après un film d'épouvante, une dispute, un ennui ou même sans raison apparente ? Banal pendant l'enfance, à peu près constant après un traumatisme sévère, ce phénomène est loin d'être pathologique. Au contraire, il est extrêmement utile ! En effet, un médecin chinois serait très surpris de trouver le cauchemar dans un chapitre consacré au « rêve malade », puisque, dans sa théorie, le cauchemar (comme l'insomnie) est un signe normal d'adaptation de l'organisme à une agression. Ainsi, le cauchemar est sans doute l'un des meilleurs moyens que la nature ait trouvé pour traiter (au sens de « traiter un dossier ») les difficultés, les peurs et les questionnements embarrassants de la vie.

Différencier un cauchemar d'une terreur nocturne

La plupart du temps, lorsqu'on vient me voir pour des histoires d'enfants qui ont des cauchemars et qui réveillent (trop) souvent leurs parents en poussant des cris, je commence par vérifier que ce sont bien des cauchemars ou « mauvais rêves » et pas des terreurs nocturnes.

En cas de « terreur nocturne » (cela concerne 5 % des enfants), les cris sont plutôt produits en première partie de nuit, l'enfant transpire, il paraît épouvanté, a les yeux écarquillés, son cœur bat très vite. Il est presque impossible de le réveiller (cela ne sert à rien de toute manière). Mais, après qu'on l'a (gentiment) stimulé un bon moment (ce qui est inutile), il reprend conscience et il est incapable de raconter quoi que ce soit. Il se rendort alors très vite et, le lendemain, ne se souvient de rien… contrairement aux parents ! Ce drôle de phénomène n'est pas encore très bien expliqué aujourd'hui. Il n'a rien à voir avec le rêve car il se produit toujours en sommeil lent (comme le somnambulisme qui, lui non plus, n'a rien à voir avec le rêve). La terreur nocturne n'est pas pathologique : elle disparaît progressivement au fur et à mesure que l'enfant grandit. Il n'y a pas vraiment de traitement. Une bonne dose de patience suffit ! La bonne attitude à adopter consiste à doucement caresser la tête de l'enfant, lui chanter une berceuse qu'il connaît bien, ne pas chercher à le réveiller et le mettre en sécurité pour ne pas qu'il se blesse. Pour conclure, je le répète, la terreur nocturne ne se produit pas pendant le sommeil paradoxal et n'a donc pas de rapport avec un contenu onirique. Ce n'est par conséquent pas une maladie du rêve.

En cas de « cauchemar », c'est plutôt en deuxième partie de nuit que les parents sont réveillés en sursaut. L'enfant ne transpire pas, il est bien réveillé et raconte qu'un loup (ou un monstre, un dragon, un vilain copain, bref un méchant en règle générale) est tapi dans la chambre, sous le lit (ou dans le placard). Dans ce cas, il est difficile de rendormir l'enfant… et parfois il exige d'aller dans le lit des parents. Le lendemain, il se souvient très bien de son épisode nocturne. Dans cette situation, le plus simple est de lui demander d'imaginer un scénario de bonne fin : un chevalier arrive et tue le dragon, une baguette magique paralyse le méchant, etc. Ce scénario peut être oral si l'enfant ne sait pas encore dessiner ou écrire. La cause du cauchemar est souvent un incident bénin, un film qui lui a fait peur, une mauvaise note, une dispute, ou alors plus grave, un deuil, un divorce en cours, un déménagement…

Les troubles du comportement en sommeil paradoxal

Les troubles du comportement en sommeil paradoxal se caractérisent par la perte de l'atonie musculaire propre au sommeil paradoxal. Par conséquent, des comportements anormaux (qui peuvent être violents) apparaissent au cours du sommeil paradoxal[1].

Ces troubles sont souvent synonymes de drames car ils sont fréquemment le signe d'une affection grave comme une maladie de Parkinson, une dégénérescence du système nerveux central ou un cancer du cerveau… Cette maladie concerne surtout les hommes, avec des comportements en général violents (dans les rares

1. « Les troubles du sommeil paradoxal : qu'est-ce que c'est ? », disponible sur le site TheraSomnia.

cas où elle touche les femmes, on n'observe pas de violence).

Une vidéo a beaucoup tourné sur les réseaux sociaux des spécialistes du sommeil du monde entier. Elle montrait un policier à la retraite de Los Angeles rêvant toutes les nuits qu'il était en train d'arrêter un malfrat et de le menotter… sauf que c'est sa femme qui tenait le rôle du malfrat : elle se retrouvait alors complètement immobilisée et à moitié étranglée.

La narcolepsie-cataplexie, ou maladie de Gélineau

Cette maladie est aussi rare qu'étrange. Elle concerne pour l'essentiel le sommeil paradoxal et provoque, entre autres, de nombreux phénomènes rattachés au rêve. Franck Thilliez, le célèbre auteur de thrillers à succès, met en scène dans *Rêver* une psychologue judiciaire atteinte de cette maladie, qui utilise ses rêves pour faire avancer son enquête (voir page 124).

La maladie de Gélineau (du nom de son inventeur) est une drôle de maladie, mais pas une maladie drôle. Imaginez un instant une jeune femme qui s'évanouit chaque fois qu'elle croise le chemin d'un beau jeune homme. Le premier diagnostic qui vient à l'esprit n'est pas forcément celui d'une maladie neurologique d'origine génétique mais plutôt celui d'une hystérie ! Et hop, la pauvre femme doit se rendre sur le divan pour une psychanalyse qui durera des années et pour laquelle elle dépensera de l'argent en pure perte.

Imaginez ensuite un homme d'une quarantaine d'années qui se met à avoir des hallucinations étranges tous les soirs et à devenir froid et distant avec ses interlocuteurs. Là encore, le premier diagnostic qui vient à l'esprit de n'importe quel médecin et *a fortiori* d'un psychiatre est la schizophrénie. Et hop, à lui les neuroleptiques et l'hospitalisation de longue durée en psychiatrie lourde…

Cette étrange maladie piège souvent les cliniciens. En effet, il faut en moyenne treize à dix-huit ans, selon les pays, entre le premier symptôme et le diagnostic correct. Aux États-Unis, il a été montré qu'un pourcentage non négligeable de patients hospitalisés en psychiatrie pour un diagnostic de psychose chronique seraient en réalité des narcoleptiques[1].

En France, cette affection est relativement rare : elle ne concerne qu'un individu sur 2 800 (en population générale)[2]. Pourtant elle est suffisamment fréquente pour que tous les médecins la croisent un certain nombre de fois au cours de leur carrière. La croisent et le plus souvent la manquent !

Les signes de la maladie

Les signes sont assez caractéristiques, à condition d'y penser :

– la narcolepsie : ce sont des attaques de sommeil inopinées et incoercibles qui succèdent à une lutte opiniâtre contre la somnolence. Elles peuvent durer trois minutes comme deux heures et, au réveil, le sujet est en pleine forme (pour quelques heures, avant la prochaine

---

1. Michel Billiard, Yves Dauvilliers, *Les Troubles du sommeil*, *op. cit.*

2. « La narcolepsie-cataplexie », Encyclopédie Orphanet grand public en ligne.

période de somnolence). Ces attaques peuvent évidemment être dangereuses, si elles se produisent au volant ou au bord d'une falaise ;

– la cataplexie : il s'agit d'une paralysie obligatoirement déclenchée par une émotion – généralement le rire, mais cela peut être la peur, la surprise, la colère, etc. Il s'agit presque toujours de la même émotion chez le même sujet. Je me rappelle de ce malheureux instituteur dont les élèves avaient très vite fait le diagnostic : il s'effondrait sur l'estrade, en plein cours, chaque fois que les sales mômes se mettaient à chahuter. Dans ce cas, c'était la colère qui le faisait tomber. Je repense aussi à ce prêtre qui, ciboire en main, tombait quand il apercevait les enfants de chœur en train de lui faire des grimaces au moment sacré de l'élévation. Là c'était le fait d'être scandalisé qui lui coupait les jambes. L'ennui c'est que ce genre de symptômes, raconté sous forme d'histoires drôles, prête à rire au point que ceux qui en souffrent les dissimulent pour éviter le ridicule. Ils se protègent en outre contre toute émotion, d'où cette apparence froide, distante, déconnectée du réel, presque discordante. La cataplexie peut être partielle : seul un groupe de muscles est alors concerné. « Les bras m'en sont tombés » et « j'avais les jambes coupées » sont en ce sens des expressions courantes qui décrivent parfaitement la cataplexie[1]. Aucune autre maladie ne provoque ce genre de symptôme ;

– les hallucinations hypnagogiques : lorsque la nuit tombe et que la somnolence arrive, des visions

1. La cataplexie a également été observée chez certains animaux menacés de mort comme les coccinelles, les cloportes ou les orvets.

incroyables et souvent terrifiantes peuvent survenir – comme les chauves-souris qui volent au-dessus de ce dormeur sur la gravure de Goya *Le sommeil de la raison engendre des monstres*. Une patiente de cinquante ans racontait que, chaque soir, un crocodile s'installait dans son lit. Elle pouvait toucher ses écailles rugueuses et sentir son haleine pestilentielle. Elle me disait : « J'ai beau savoir que ce n'est pas vrai, qu'il n'existe que dans mon imagination, cela n'empêche pas que ce soit un compagnon de lit assez flippant ! » ;

– les paralysies de réveil : au matin ou après une sieste forcée, la personne est complètement paralysée ; elle ne peut plus bouger ni pieds ni poings (peu agréable comme sensation…). De plus, comme la respiration volontaire est également touchée, il s'ensuit une impression d'étouffement. Dans ce cas, il ne faut surtout pas paniquer. Cela est désagréable, mais pas grave. Il ne faut pas chercher à se débattre mais simplement à se concentrer sur son petit doigt (dès qu'on arrive à le faire bouger, c'est gagné !). De toute manière, ce genre de désagrément ne dure jamais plus de quelques minutes… et n'a jamais tué personne ;

– les conduites automatiques : le sujet part se promener, prend le métro, son vélo… et se retrouve à l'autre bout de la ville en se demandant comment il est arrivé là.

Au-delà des humains, la narcolepsie a été observée chez certaines chèvres et chevaux ainsi que chez certains chiens (notamment chez le beagle). Je déconseille donc de choisir ce genre de chiens pour monter la garde : il suffit aux cambrioleurs de leur faire peur pour qu'ils tombent paralysés.

Où en est-on du traitement ?

En 2008, un gène lié à la narcolepsie a été découvert, ce qui a fait naître l'espoir de nouveaux traitements. Pourtant, les choses sont plus compliquées : ce n'est pas qu'une simple maladie génétique. Certes, pour l'avoir, il faut appartenir au groupe sanguin particulier HLA DQB 10602 (il faut savoir que le système HLA joue un rôle important dans la défense immunitaire de nos organismes). Néanmoins, si appartenir à ce groupe est une condition nécessaire pour avoir la maladie, ce n'est pas une condition suffisante. Des facteurs liés à l'environnement (infection virale ou bactérienne, stress, travail posté, etc.) pourraient également être en cause dans la survenue de la maladie. S'agirait-il d'une mutation épigénétique[1] (comme dans la schizophrénie) ? La vaccination contre la grippe AH1N1 en 2009 aurait possiblement entraîné une soixantaine de cas de narcolepsie-cataplexie, ce qui fait pencher, selon moi, en faveur d'un facteur épigénétique. Le gène de vulnérabilité de ces personnes se serait ainsi exprimé du fait du stress immunitaire provoqué par le vaccin. Néanmoins, nul ne peut encore répondre aujourd'hui avec certitude à cette question.

L'incidence de cette maladie sur les rêves

Le lecteur doit se demander pourquoi j'insiste tant sur une maladie aussi rare. La raison en est simple. Si l'on se souvient des caractéristiques du sommeil paradoxal et de son expression clinique, le rêve, on retrouve des

1. L'épigénétique régule l'activité des gènes, en empêchant ou en facilitant leur expression.

éléments similaires entre les états de rêve et les états de narcolepsie : la paralysie flasque, les hallucinations ou visions perçues au cours des songes, les émotions.

Ainsi, en réfléchissant à la narcolepsie-cataplexie, on constate que ses symptômes, si bizarres, ne sont en réalité que des fragments du discours onirique. Ils ne sont en fait rien d'autre que l'irruption en plein jour de certaines des caractéristiques du sommeil paradoxal. Ils sont comme des rêves incomplets, des rêves éveillés, du sommeil paradoxal fragmentaire.

C'est pourquoi je considère que la narcolepsie-cataplexie représente la parfaite transition entre le rêve et les états modifiés de conscience comme la transe, les dissociations, la mort imminente et les différentes formes de méditations, dont nous allons parler dans la seconde partie de cet ouvrage.

Quelques mots de conclusion sur la première partie

Au moment d'écrire ces mots, je me dis qu'il y a quelque chose d'un peu dérisoire à vouloir conclure, c'est-à-dire à adopter une démarche rationnelle à propos d'un sujet aussi irrationnel. Un rêve, par essence, n'a jamais de conclusion ! C'est une histoire écrite au fil de l'eau, au fil du non-temps. Pas un scénario construit.

Trois questions me viennent néanmoins à l'esprit au moment de conclure.

D'une part, le rêve est-il le propre de l'homme ? Au sens de Jean-Pol Tassin ou de Sigmund Freud, oui. À mon avis, non. Pour moi, les animaux rêvent, se racontent probablement des histoires plus ou moins rudimentaires (qui sait ?), revivent la nuit leurs aventures du jour. En revanche, quelles sont les fonctions du rêve chez les animaux ? Toutes les explications physiologiques du rêve que j'ai énumérées pour l'homme – comme le tri et la consolidation des souvenirs, la régulation émotionnelle ou la construction de l'identité sociale – devraient en principe aussi s'appliquer aux animaux, sinon pourquoi fabriqueraient-ils du sommeil paradoxal ? En revanche, sont-ils capables d'interpréter ces périodes où l'espace/temps est modifié, d'y puiser du sens et des réponses aux questions qu'ils se posent ? Je n'en sais fichtrement rien, mais comme je pense profondément qu'il n'y a pas de différence de nature entre l'homme et l'animal, mais simplement une différence de degré, je n'ai aucune raison de penser que les bêtes ne s'aventurent pas au pays des rêves. Après tout, pourquoi un léopard ne serait-il pas capable de rêver, de fantasmer, de battre la campagne d'Afrique, de bâtir des châteaux dans la savane ?

Ensuite, le rêve nous définit-il en tant qu'espèce ? Je ne pense pas, mais en tant qu'individus, certainement que oui ! Chacun de nous a ses propres rêves, bâtis en fonction de sa culture, de son passé, de son histoire, de sa personnalité, de ses gènes et de ses fantasmes.

Enfin, le rêve nous aide-t-il à vivre ? Oui. Encore plus certainement. Et je vais encore tenter de le prouver dans la deuxième partie : les états de conscience modifiés (dont fait partie le rêve) sont non seulement des outils thérapeutiques, mais aussi des manières d'exister ailleurs, autrement… et quelle aventure merveilleuse ! Vaste programme, comme disait l'autre[1] !

---

1. Réplique célèbre du général de Gaulle à un homme dans la rue qui lui avait lancé : « Mort aux cons ! »

II[1]

LES ÉTATS MODIFIÉS DE CONSCIENCE... AUTRES QUE LE RÊVE

1. Je dédie cette deuxième partie à Corine Sombrun, qui m'a tout appris sur la transe et les états modifiés de conscience.

Quelques définitions utiles

En dehors du rêve – durant lequel le rêveur n'est en général pas conscient et sur lequel il n'a en principe aucune maîtrise –, il existe d'autres moments où l'on est littéralement « hors de soi », notamment :

– la transe (partie 1), qui est un phénomène agréable, provoqué volontairement. Elle se vit de manière solitaire ou en groupe et est culturellement validée par le groupe social comme une bénédiction. Elle peut ne concerner qu'une élite – les chamanes mongols – ou bien le plus grand nombre – comme le vaudou en Haïti. Au cours de la transe, le sujet reste conscient. Il garde la maîtrise complète des événements et soit éprouve un sentiment de relaxation ou de méditation profonde, soit se transforme en un animal totem bénéfique et/ou protecteur. On peut interrompre la transe comme on veut et quand on le souhaite. Une forme extrême de transe est l'expérience de mort imminente, durant laquelle la personne qui est entrée en agonie a l'impression de quitter son corps et d'observer son cadavre depuis en haut ou de traverser un long tunnel avec au loin une lumière très belle, une musique très douce…

Puis, brutalement, la réanimation fait son effet et la personne quitte le paradis pour être ramenée au monde des vivants… et bien souvent le regrette, gardant une infinie nostalgie de son petit tour au ciel ;

– la dissociation (partie 2), qui est abominablement pénible et qui s'impose brutalement. Le sujet ne la voit pas venir ; elle provoque un état de panique et d'impuissance épouvantable. Le (ou la) dissocié(e) n'a aucune maîtrise sur son déroulement et ne sait pas combien de temps cela va durer. Les victimes de ce phénomène ont très souvent – toujours ? – subi des traumatismes sévères. Elles feraient tout pour ne plus les vivre et sont donc dans l'évitement permanent, d'autant plus que, si la dissociation se produit en public, elle provoque souvent par la suite un profond sentiment de honte. L'EMDR – ou *eye movement desensitization and reprocessing*, en français « désensibilisation et retraitement par les mouvements occulaires » – peut aider à mieux gérer ces traumatismes ;

– l'orgasme est une autre manière d'accéder à un état modifié de conscience. Les Hindous, pratiquant le tantrisme, utilisent principalement la *kundalini* – puissance liée à l'énergie sexuelle. Je développerai peut-être ce thème dans un autre livre.

Tous ces états ont une finalité et sont une tentative de glaner une information destinée à régler un problème particulier. Ainsi, chez les Mongols[1], les chamanes disposent-ils d'un statut social particulier du fait de leur aptitude à entrer en transse. Dans leur culture, parallè-

---

1. Ces informations sur les chamanes en Mongolie me viennent de Corine Sombrun, une grande chamane mongole, dont je parlerai plus longuement (voir page 289) et que je remercie de tout cœur.

lement à notre monde, il existe le monde des esprits et ces entités qui les environnent en permanence ont deux manières de communiquer leurs conseils aux humains : pour le commun des mortels d'abord – comme vous et moi –, ils induisent des intuitions et, en Mongolie, c'est une faute que de ne pas suivre une intuition ; aux chamanes ensuite, ils parlent de manière plus explicite grâce aux transes.

Aussi, de même que le rêve – en particulier le rêve lucide, qu'on abordera en détail –, la transe solitaire ou collective (avec ou sans chamane, ou en regardant un match de foot…), la méditation, l'expérience de mort imminente, le transport amoureux, l'ivresse alcoolique, le *bad* ou *good trip* des utilisateurs de substances non recommandées, la danse en toupie des derviches tourneurs, les balancements interminables devant le mur des Lamentations, les prosternations répétées des musulmans, les mantras récités à l'infini, les extases mystiques des saints chez les chrétiens, les chaînes de prières avec ou sans chapelet et la dissociation pathologique des états de stress post-traumatique permettent de mieux se connaître.

Chaque fois que l'on se sent « hors de soi », qu'on se trouve dans un état modifié de conscience, ce voyage dans cette autre partie de soi est une façon de rechercher des informations habituellement inaccessibles.

1

VOYAGE
AU PAYS DE LA TRANSE

1

Des histoires de transse

Si le phénomène de transe collective a probablement existé chez nous au paléolithique sous forme de cérémonies encadrées et privées, les convulsions de masse ne sont *a priori* pas vraiment inscrites dans nos cultures occidentales – à la différence des transes qui agitent les foules en Haïti, pour citer les plus célèbres.

Pourtant, certaines épidémies spectaculaires de convulsions ont régulièrement défrayé la chronique. Deux d'entre elles mettent tout particulièrement en avant l'intolérance de l'Occident vis-à-vis de ces pertes collectives de contrôle socialement incorrectes, pour ne pas dire inacceptables.

Les possédées de Loudun

Ce tragique épisode de l'histoire de France se passe sous le règne de Louis XIII et de son principal ministre d'État, Richelieu. Nous sommes au XVIIe siècle, l'édit de Nantes a été promulgué et la France baigne dans une relative paix religieuse. Pourtant, le souverain de droit divin s'inquiète de la perte de contrôle et de pouvoir de l'Église et cherche à réaffirmer son autorité civile et religieuse sur l'ensemble de ses territoires. Pour cela, il veut remettre au pas certaines cités jugées trop protestantes… dont Loudun, en plein Poitou, où un couvent a été créé par les ursulines en 1626[1]. L'ordre a été fondé un peu plus tôt, en 1603, et se consacre à l'éducation des jeunes filles nobles, et généralement de haut lignage… Vaste programme quand on sait qu'une fois entrées au couvent elles doivent prononcer des vœux perpétuels et, ainsi, rester cloîtrées à vie ! La plupart des jeunes filles ont été envoyées – pour ne pas dire enterrées vivantes – par leurs parents incapables de les marier (pour des raisons diverses, mais le plus souvent liées à leur dot). On imagine l'ambiance qui règne parmi ces filles privées de toute distraction, ou presque, et surtout de toute présence masculine, à l'exception de leur confesseur directeur de conscience, le prieur Moussaut.

À la mort de ce dernier, les plus âgées des pensionnaires s'amusent à effrayer les plus jeunes en faisant du bruit la nuit dans les greniers et en évoquant le fantôme du vieux prêtre. C'est alors qu'entre en scène un nouveau chapelain, le père Urbain Grandier, « de grande taille et de bonne mine, d'un esprit également ferme et subtil, toujours propre et bien mis[2] ». Ce nouvel Adonis fait

---

1. « Panique au couvent, les vierges folles de Loudun », sur le site Savoirs d'histoire, 2 septembre 2015.

2. Nicolas Aubin, *Histoire des diables de Loudun. De la possession des religieuses ursulines*, Amsterdam, Abraham Wolfgang, 1694 ; « Panique au couvent, les vierges folles de Loudun », *op. cit.*

fantasmer les résidentes. Par conséquent, les mauvaises langues commencent à se délier et on l'accusa « d'avoir débauché des femmes et des filles ; d'être impie et profane ; de ne dire jamais son bréviaire et d'avoir même abusé d'une femme dans son Église[1] » – car, comme on le sait, « dans chaque église il y a toujours quelque chose qui cloche », écrivait Jacques Prévert.

Le grand journal de l'époque, *Le Mercure françois*, décrit Urbain Grandier comme un « homme majestueux et fastueux, qui avait quelque lecture et assez bon esprit, [...] avantagé de quelques perfections naturelles et acquises [...], et que son intention était, en briguant la charge de Directeur des Ursulines, de faire [du] couvent » un sérail malhonnête.

Les jalousies ne manquent pas à l'égard de ce bel homme, d'autant qu'il jouit de confortables revenus grâce à ses charges ecclésiastiques. Un procès lui est intenté par les « tradis » de l'époque mais il est acquitté. Absous devrais-je dire, au grand dam de ses détracteurs, dont un certain Jean Mignon. Ce dernier a alors l'idée d'ourdir un complot machiavélique : il veut « exercer les écolières à feindre de tomber dans des convulsions, et à faire des contorsions et des postures de leurs corps [...] » pour avoir l'air de vrais démons. Il les persuade qu'elles « tireront de grands avantages de cette entreprise, qui servira à [...] se défaire d'un curé pernicieux » et leur assure que le couvent « ne manquera pas d'acquérir par ce moyen une réputation extraordinaire » et que « les dons et les aumônes qu'on y fera y apporteront l'abondance[2] ».

1. *Ibid.*
2. Nicolas Aubin, *Histoire des diables de Loudun*, *op. cit.*

Début octobre 1632, une fois les nonnes entraînées, Jean Mignon et son complice le curé Barré annoncent officiellement que la mère supérieure Jeanne des Anges et plusieurs autres religieuses sont victimes de « spectres et visions épouvantables[1] » et qu'ils vont les exorciser. Jeanne des Anges – une petite femme bossue rendue lubrique et méchante par son abstinence forcée – se dit possédée par plusieurs démons dont Astaroth, Asmodée et Achaos. Sœur Claire serait quant à elle sous l'emprise de Zabulon… C'est ainsi que, en pleine communion, elle « se leva soudain et monta dans sa chambre, où ayant été suivie par quelques-unes des sœurs, elle fut vue avec un crucifix dans la main[2]… »

Le 5 octobre 1632, l'exorcisme de Jeanne des Anges et des autres sœurs possédées commence devant la foule qui accourt, comme on peut l'imaginer, pour se délecter du spectacle scandaleux de ces femmes rivalisant d'obscénités et de gestes messéants. À leur paroxysme, ces exorcismes publics auraient réuni jusqu'à deux mille spectateurs, dont certains grands seigneurs venus de Paris. Rapidement, un coupable est désigné : Urbain Grandier.

L'archevêque de Bordeaux diligente alors une enquête. Il faut rappeler qu'en ce début de XVIIe siècle, les cas de possessions sataniques se multiplient. Par conséquent, des règles de dépistage « clinique » des actes de sorcellerie sont établies. Pour être qualifié de tel, un cas de possession doit ainsi répondre à trois critères :

1. *Ibid.*

2. *Ibid.* Je ne raconte pas la suite pour ne pas offenser la pudeur de mes lectrices et de mes lecteurs.

– le don des langues (ou glossolalie), c'est-à-dire la capacité à parler des langues que l'on ne connaît pas, comme pour les apôtres le jour de la Pentecôte ;

– la révélation de faits inconnus de l'accusé, c'est-à-dire une sorte de don de voyance ;

– la réalisation d'actes physiquement impossibles comme la psychokinèse (la faculté d'agir sur la matière par l'esprit) ou le don d'ubiquité. Certains témoins ont ainsi affirmé que les possédées de Loudun étaient capables de « contorsions étranges, se reversant sur le dos, tournant les pieds et les mains, se joignant les plantes des pieds parfaitement avec les deux mains[1] », sans toucher le sol sinon par le ventre, « avec des grimaces épouvantables » (ou, en vieux français dans le texte : « contorsions estranges, se reversant sur le dos, tournant les pieds et les mains, se joignant les plantes des pieds parfaitement avec les deux mains sans toucher à terre que du ventre avec des grimaces espouvantables[2] »)… à croire qu'ils avaient vu le film *L'Exorciste*.

L'archevêque de Bordeaux publie au printemps 1633 une ordonnance qui discrédite cette histoire de possession. Les ursulines sont aussitôt déconsidérées et les parents cessent de leur confier l'éducation de leurs filles. Certaines religieuses sont même délaissées par leurs parents. Jean Mignon est déshonoré et veut se venger.

En septembre 1633, le baron de Laubardemont, un parent éloigné de Jeanne des Anges, est envoyé à Loudun pour en raser la forteresse (protestante,

1. Nicolas Aubin, *Histoire des diables de Loudun*, *op. cit.*

2. Jean-Charles Sauzé, *Essai médico-historique sur les possédées de Loudun*, Paris, Rignaux, 1839 ; « Panique au couvent, les vierges folles de Loudun », *op. cit.*

évidemment). Il apprécie peu le déshonneur qui a rejailli sur sa famille. À cette époque, Urbain Grandier est détesté par le cardinal de Richelieu pour avoir été l'auteur supposé de plusieurs pamphlets jugés diffamatoires à son encontre et pour sa proximité avec la communauté huguenote du fait de sa position sur le célibat des prêtres. Le baron de Laubardemont devient ainsi le porte-parole de ce mouvement de vengeance contre Grandier qui se solde par l'arrestation de ce dernier et son procès en 1634.

Jean Mignon brandit, comme preuve infaillible, les pactes diaboliques[1] signés entre Grandier et les démons Lucifer, Baalberith, Satanas, Belzébub, Elimi, Léviathan et Astaroth (que du beau monde infernal !). Le malheureux Urbain est alors soumis à la « question extraordinaire », une série de tortures généralement fatales au supplicié. Les atrocités infligées au prêtre libertin sont abominables mais, vaillamment, il continue de nier en bloc les accusations de commerce avec le diable. Il est malgré tout condamné au bûcher le 18 août 1634 pour « crimes de magie, maléfice et possession ». Il est rasé, de la tête aux pieds, ses membres inférieurs sont broyés. Il est porté sur un brancard et jeté au feu.

Bien que leur prétendu ensorceleur ait péri, les ursulines ne sont pas pour autant libérées. La Compagnie de Jésus envoie donc en décembre 1634 une délégation pour continuer les exorcismes. Jean-Joseph Surin est ainsi chargé de déloger les quatre derniers démons présents dans le corps de Jeanne des Anges.

1. On peut encore aujourd'hui retrouver ces documents, conservés à la bibliothèque de Lisieux.

Jusqu'en octobre 1636, il développe une véritable « science expérimentale ». En bon jésuite et à l'opposé des dominicains, il prône la douceur, réfute la méthode habituelle de combat violent avec le diable et cherche la délivrance de la possédée par un discours visant à encourager une transformation intérieure. Sa démarche n'est guère éloignée de celle de la psychothérapie. Il la décrit ainsi : « Je parlerai de Dieu et de son amour à la possédée et, si je puis faire entrer mes propos en son cœur, je gagnerai une âme à Dieu et lui persuaderai de s'adonner à cette vie heureuse qu'on a intérieurement avec lui ; sinon je donnerai tant de peines au Diable par mes propos, qu'il sera contraint de m'écouter et qu'il aura envie de me quitter la place[1]. » Cela fonctionne. En 1637, deux démons ont quitté le corps de la religieuse. En 1638, tous les démons ont quitté le corps de Jeanne et des autres religieuses.

Jeanne des Anges est miraculée, elle est sauvée grâce à l'aide de Dieu. C'est la preuve de la puissance divine. Tout le monde veut la toucher, elle bénit les enfants. Le roi, la reine et le cardinal de Richelieu veulent la voir. Elle commence alors une tournée à travers la France. Une vraie rock star ! De retour à Loudun, elle est réélue à son poste de supérieure et pratique la nécromancie. En 1644, elle publie son autobiographie (malheureusement, les selfies n'existaient pas encore…).

En 1661, la religieuse est victime d'une attaque et devient hémiplégique et aphasique. Elle meurt en 1665, à l'âge de soixante-trois ans. À sa mort, sa tête est

1. « Panique au couvent, les vierges folles de Loudun », *op. cit.*

momifiée et placée dans un reliquaire. Elle attend une éventuelle béatification… de plus en plus improbable[1].

Auparavant, en 1657, le pape publiait la bulle *Proformandis* pour dénoncer les erreurs et les abus dans les procès de sorcellerie. L'affaire de Loudun signe ainsi le dernier procès en sorcellerie en France. Louis XIII est même contraint de publier en 1682 un édit concernant les sorciers et empoisonneurs et mettant fin à ces pratiques de l'Inquisition[2].

Cette histoire nous pose différentes questions : les nonnes, y compris la mère supérieure, ont-elles été des comédiennes entraînées par Jean Mignon, des filles frustrées victimes d'une vague d'hystérie collective ou bien ont-elles effectué des transes de possession ? Difficile de trancher à ce jour.

Les possédées de Morzine

Deux siècles plus tard, l'affaire des possédées de Morzine[3] fait écho à celle des possédées de Loudun. L'histoire se passe en Haute-Savoie, à Morzine, une ville de 1 500 habitants – encore assez inconnue à

1. « Panique au couvent, les vierges folles de Loudun », *op. cit.* ; Louise-Marie Libert, *Les Plus Terribles Affaires de sorcellerie*, La Boîte à Pandore, Paris-Waterloo, 2017.

2. Ce n'est pas le cas en Espagne, où la dernière exécution par pendaison pour hérésie d'un malheureux épileptique, un instituteur déiste, a eu lieu en 1826. La régente Marie-Christine de Bourbon-Siciles a officiellement aboli l'Inquisition en 1834… hier pour ainsi dire !

3. Jean-Christophe Richard, *Les Possédées de Morzine. L'enquête historique : phénomènes de possession 1857-1870*, Arthaz-Pont-Notre-Dame, Jean-Christophe Richard, 2016.

l'époque car les sports d'hiver n'existaient pas – sous Napoléon III, trois ans avant le référendum qui fera basculer la Savoie et Nice de l'Italie à la France.

Le 14 mars 1857, Péronne, une fillette, entend les cris d'une amie tombée dans la Dranse, une rivière très impétueuse à cette époque de l'année. Elle parvient miraculeusement à la sauver de la noyade. Quelques jours plus tard, alors qu'elle est en classe – à l'école Saint-Vincent –, Péronne tombe en léthargie pendant plusieurs heures. Deux mois plus tard, alors qu'elle garde les chèvres avec sa sœur Marie, elles ont des convulsions et sont victimes de catalepsie. On les retrouve endormies et serrées l'une contre l'autre. Par la suite, les deux petites filles multiplient les crises, deviennent violentes et profèrent constamment des obscénités. Elles racontent alors qu'une vieille femme habitant aux Gets, un village juste au-dessus de Morzine, les a touchées à l'épaule et que, depuis lors, elles sont possédées par trois démons qui s'appellent « l'Avare », « le Voleur » et « le Bûcheron ».

Progressivement, toutes les élèves de l'école Saint-Vincent sont possédées par ces démons. Le 15 août, fête de l'Assomption, l'épidémie se répand encore plus fortement. Le docteur Buet, seul médecin du village, ne sait plus où donner du stéthoscope et demande de l'aide aux autorités sardes, qui proposent l'aide du docteur Tavernier, de Thonon. Ce dernier diagnostique une « démomanie ». Les filles et les femmes atteintes de cette aliénation doivent donc être isolées, ce qui provoque la colère de la population. Petit à petit, on compte une cinquantaine de possédées.

Quelque temps plus tard, en 1860, la Savoie devient française, ce qui ne semble guère troubler les démons qui, comme chacun sait, ont le don des langues. En réalité ils ont bien tort car la France est le pays des Lumières, non ?

Napoléon III s'empare du sujet. Le docteur Arthaud, originaire de Lyon, est envoyé à Morzine pour analyser la situation. Selon lui, c'est le fait de voir des convulsions qui provoque des crises dans toute la population. Le préfet ordonne par conséquent que toute personne qui tomberait « malade » soit arrêtée. Une fois les malades confinées chez elles, la contagion cesse.

Mais l'histoire a connu un rebondissement. Le 4 mai 1864, l'évêque d'Annecy va célébrer une messe de confirmation à Morzine. C'est alors que le démon se réveille ! Les convulsions reprennent. Déconfit, il écrit : « La consternation et la peur n'ont jamais été si grandes à Morzine. C'est la population entière qui est malade [...] et les esprits ébranlés ne peuvent être rassurés par le fait d'un seul et par le travail d'une année. C'est l'éducation morale de la commune qu'il faut refaire, en même temps que l'on devra appliquer des mesures rigoureuses[1]. »

Il faut se souvenir qu'à cette époque la théorie de la dégénérescence – qui postule que l'origine des maladies mentales est héréditaire – est très populaire. On le voit bien dans les œuvres de Balzac et de Zola. Dans cette veine, l'évêque d'Annecy écrit également que « la cause de cette démence doit être

1. Louise-Marie Libert, *Les Plus Terribles Affaires de sorcellerie*, *op. cit.*

recherchée dans l'isolement géographique du bourg [...], dans la consanguinité et dans un faible niveau d'éducation propice à la superstition et à l'hystérie contagieuse[1] ».

Loudun et Morzine, même combat ?

Je crois que le cas des possédées de Morzine est différent du cas des possédées de Loudun. Dans le cas de Morzine, il n'y a ni supercherie, ni complot. Les convulsions sont spontanées et ne semblent poursuivre aucun but profane.

Mais étaient-ce des transes ? Bien que la question reste en suspens, cela est peu probable. Le diagnostic d'« hystérie collective » serait sûrement plus approprié.

Il faut le dire, on manquait drôlement d'amusements à l'époque où le ski n'existait pas en Haute-Savoie...

Une forme de distraction comme une autre !

Ces histoires de Loudun et Morzine permettent d'entrer dans notre sujet. En effet, le point commun de ces pratiques et manifestations plus ou moins occultes est qu'elles reposent sur des « états modifiés de conscience ».

Nous l'avons vu, nous expérimentons ces états quand nous rêvons, toutes les nuits, quatre ou cinq fois pendant environ vingt minutes.

---

1. *Ibid.*

Or le contrepoint du rêve à l'état de veille est, selon moi, la transe et tous ses avatars, plus ou moins complets, comme la NDE (*near-death experience* ou « expérience de mort imminente ») qu'on évoquera plus tard (voir page 236), la méditation, les chaînes de prières répétitives, dont le rosaire[1], la danse des derviches tourneurs, les balancements rythmiques devant le mur des Lamentations, les mantras, l'orgasme (repris par le tantrisme), la possession, l'ivresse, les drogues hallucinogènes, la transe hypnotique, les transes ecsomatiques[2], les expériences psychédéliques des hippies des sixties, la lycanthropie[3], les transes haineuses des kamikazes (qu'ils soient japonais ou djihadistes), les troubles dissociatifs de l'identité (troubles de personnalité multiple), j'en passe et des meilleures…

La transe, un « rêve conscient » ?

Selon moi, la seule différence entre la transe et le rêve est le fait que la transe est volontaire : le sujet est conscient, il ne perd à aucun moment le contrôle et le souvenir des événements imaginaires, contrairement au dormeur-rêveur. En revanche, comme dans le rêve, la transe n'est pas prévisible dans son contenu. Ce n'est pas le « transeur » qui décide de son animal totem ou

1. Le rosaire est une prière répétitive qui existe depuis le XIIe siècle.

2. Il s'agit de sorties du corps, comme ce qui est décrit avec la corde d'argent chère aux lamas tibétains. Cette corde est un lien qui permet au voyageur astral de ne pas se perdre dans les espaces intersidéraux où il voyage en méditant.

3. La transformation en loup-garou.

des êtres qu'il visitera et qui prendront possession de son âme.

De là à penser que la transe induite pourrait être un moyen – à la fois ancestral et complètement nouveau – de soigner, en particulier des personnes qui souffrent de trouble panique ou d'états de stress post-traumatique, il n'y a qu'un pas… que je franchis allègrement… puisque l'idée que j'entends défendre est d'aider ces patients à remplacer les dissociations imposées et extrêmement pénibles par des dissociations à la fois contrôlées et agréables. Mais, à l'heure où j'écris ces lignes, ce n'est pas encore gagné, même si grâce à ma troupe de guerrières, les Dissociées anonymes (voir le passage consacré à ce groupe, page 275), j'avance à grand pas dans mes recherches !

Comment définir précisément la transe ?

Le mot est lâché ! Mais qu'en est-il exactement ? Qu'est-ce que ce phénomène étrange qui fascine et fait peur en même temps ? Le dictionnaire en ligne Trésor de la langue française donne différentes définitions de la transe, notamment celles d'un « état du médium sensible aux effets de phénomènes parapsychiques » mais aussi d'un « état d'exaltation d'une personne qui se sent comme transportée hors d'elle-même et en communion avec un au-delà » et enfin d'une « sorte de sommeil pathologique ou d'altération de la conscience avec indifférence aux événements extérieurs et dont il est difficile de faire sortir le sujet ».

Étonnant de voir que des linguistes ont bien repéré le lien entre la transe et le sommeil. Néanmoins, ces mêmes linguistes ne se sont pas vraiment penchés sur la pratique dirigée de la transe par les professionnels que sont les chamanes, qui maîtrisent des techniques remarquablement efficaces.

D'un point de vue historique, on retrouve le mot « transe » en France dès 1165 dans l'expression « la transe de la mer » qui signifie le « passage, la traversée de la mer ». On trouve aussi le mot « transse » dans l'expression « transse de la vie », qui est le cours de la vie. Au milieu du XIIe siècle, « estre en transe » signifie être en agonie. C'est donc le *trans*it entre deux états : la vie et la mort. En 1245 la « transe » est « une extase, un songe[1] ». On parle aussi d'« extase mystique », indifférenciable cliniquement selon moi de l'orgasme, pour parler de l'état de l'amoureux – aujourd'hui, d'ailleurs, on peut toujours être transi d'amour ! À la fin du XIVe siècle, « estre en grans transses et en peril », c'est être en danger de mort. « Estre en grandes transses » signifiait aussi « être très anxieux ».

Au XIXe siècle, la « trance » est un « état particulier d'hypnose et d'angoisse où les médiums prétendent se trouver au moment où l'esprit se manifeste en eux ». On est alors en pleine période positiviste et rationaliste : le voile de la suspicion est jeté sur tout ce qui semble trop sulfureux.

Enfin, en 1929 la transe décrit « l'état de l'artiste inspiré » – par exemple, en ce moment, en

1. Matthieu Paris, *Vie d'Édouard le confesseur*, édité par Kathryn Young Wallace, Londres, Anglo-Norman Text Society, 1983.

tant qu'artiste-écrivain supercréatif, je suis en transe, ce qui n'est pas commode pour tapoter sur un clavier…

Selon le spécialiste de l'ésotérisme Pierre Riffard[1], « la transe – transport spirituel – est un état modifié de conscience impliquant d'abord un dédoublement, le vécu d'une division ou multiplication de personnalité – corps/âme, esprit propre/esprit étranger… –, ensuite un automatisme psychologique, l'impression de subir certains phénomènes psychiques – autonomie de l'âme, incorporation d'un esprit… ».

Comme c'est souvent le cas, l'étymologie apporte un éclairage précieux. Le mot « transe » vient en effet du latin *transire* qui signifie « passer ». Innombrables sont les vocables dérivés de ce verbe devenu un préfixe : transpirer, transgresser, transgenre, transplanter, transfiguration, transhumanisme, transhumance, transsubstantiation, etc. Ce préfixe est utilisé chaque fois qu'il y a l'idée de franchir une frontière pour aller au-delà de la limite. Traverser le miroir ! Au Moyen Âge, « transire » signifiait mourir (passer de vie à trépas), acception qui a perduré avec l'expression passer (« le pauvre homme est passé ») et a même été renforcée avec le mot « trépasser » (qui vient de « trans-passer »), passer à travers, au-delà. En anglais, mourir se dit souvent *to pass away*.

Pour Pierre Flor-Henry[2], un psychiatre canadien, la transe est « une catégorie distincte d'état modifié

1. Pierre Riffard, *Nouveau Dictionnaire de l'ésotérisme*, Paris, Payot, 2008, p. 288.

2. Pierre Flor-Henry, Yakov Shapiro, Corine Sombrun, « Brain changes during a chamanic trance: altered modes of consciousness, hemispheric laterality, and systemic psychobiology », in *Cogent Psychology*, 2017.

de conscience, caractérisée par une perception lucide mais rétrécie de son propre environnement physique, une perception intérieure augmentée, une impression de transformation sensorimotrice, une conscience de soi altérée et une expérience de voyage spirituel destiné à rechercher et obtenir une information nécessaire à la résolution d'un problème spécifique qui concerne soit un particulier, soit la communauté[1] ». Il ajoute également, comme conseil, qu'« il ne faut pas appréhender la transe comme une religion mais plutôt comme un ensemble de pratiques ethniques accomplies par des médiums guérisseurs utilisant systématiquement les états modifiés de conscience de manière à augmenter la cohésion du groupe et à le débarrasser de tout ce qui le menace, comme les maladies et les conflits interindividuels[2] ».

Selon moi, la transe n'est pas un rêve lucide (voir p. 291 pour la définition des « rêves lucides ») mais un rêve éveillé, agité ; c'est un songe sacré.

À quoi sert la transe ?

La transe est un outil thérapeutique puissant, utilisé par l'immense majorité des ethnies de notre planète, à l'exception de l'ethnie occidentale, la nôtre, qui l'a largement pratiquée avant de l'oublier et de la mépriser – sauf les Corses avec leur *mazzerù* (voir p. 216).

Ne serait-il pas temps de se réapproprier scientifiquement un outil thérapeutique d'une puissance incomparable ? La transe est sans doute le moyen le

---

1. Traduction libre de l'auteur.
2. Traduction libre de l'auteur.

plus efficace que nous connaissions d'explorer l'autre monde et d'y puiser les solutions aux problèmes, aux difficultés que nous pouvons rencontrer dans nos vies. Alors pourquoi s'en priver ? Pourquoi la médecine occidentale a-t-elle éradiqué un tel outil thérapeutique ? Serait-ce une conséquence lointaine de l'élimination physique des druides par les Gallo-Romains, puisque ces personnages, devenus mythiques, étaient des chamanes qui pratiquaient tous, semble-t-il, la transe ? L'Église tenait-elle à garder le monopole de ce type d'état modifié de conscience, considéré comme la voie royale vers la divinité, tout en octroyant aux fidèles la prière – la transe par l'extase mystique étant par définition réservée aux saints ?

Mes expériences de transes en tant que psychiatre

Corine Sombrun, en bonne musicologue, a conçu un logiciel capable de déclencher des transes chez environ 80 % à 85 % des sujets au bout de sept minutes en moyenne. Le plus réfractaire de tous ses cobayes a eu besoin de cinq séances pour enfin y parvenir. En ce qui me concerne, il m'a fallu deux séances car je pense être un sujet assez résistant à la perte de contrôle, au lâcher-prise.

La première séance m'a laissé de marbre, les sons glissaient sur moi comme l'eau sur des plumes de canard et je m'ennuyais ferme… car, d'un point de vue esthétique, je n'aimais pas la bande-son… Lors de la deuxième séance, au bout de vingt minutes, rien ne s'était passé… jusqu'à ce que Corine ait l'idée d'entrer elle-même en transe. Elle se transforma en grand tétras en parade[1], avec son chant caractéristique. Surpris, j'ai commencé à écouter et, m'y connaissant assez bien en chants d'oiseaux, j'ai voulu l'identifier. Au moment où j'ai trouvé que c'était un tétras, j'ai enfin réussi à lâcher prise… mon attention avait été détournée. Mes membres ont commencé à acquérir une sorte d'autonomie, à se contracter, puis tout mon corps a commencé à se tordre avec de bizarres convulsions.

Ce qui est étonnant dans ce phénomène, c'est qu'à aucun moment je n'ai eu le sentiment de perdre mon libre arbitre : tout au long de la transe, je me suis auto-observé tout en étant totalement en accord avec un processus que je savais pouvoir interrompre comme et quand je voulais.

À la troisième séance, j'ai démarré en moins de trois minutes et, au bout de quelques instants, je suis devenu un ours : j'ai arpenté la campagne, croisé un puma, grogné à plusieurs reprises. Puis j'ai atterri, en douceur, un peu hébété mais ravi de ce beau voyage dans les forêts amérindiennes – même si j'étais un peu étonné d'avoir été possédé par un animal que je n'avais pourtant jamais trouvé très sympathique. Dans ma naïveté prétentieuse, je me voyais déjà devenir aigle royal ou loup !

Lors de la quatrième séance, j'ai très vite démarré jusqu'à ce qu'un chat – un vrai ! – me saute sur les

1. Si l'on en croit la tradition chamanique – qu'elle soit mongole, sud-américaine, mexicaine, corse, tibétaine et j'en oublie –, tout état de conscience modifié est une manière d'acquérir de la force tirée de celle d'un animal totémique.

genoux et interrompe le processus, tout en douceur. Puis, dans un deuxième temps, j'ai réussi à redémarrer, sans l'aide de la musique. J'ai ainsi découvert que, de même qu'il existe une auto-hypnose, il existe des auto-transes. Depuis, j'arrive de temps en temps à auto-induire des transes et à croiser de drôles d'animaux dans ma forêt intérieure. Une forêt presque toujours tropicale, curieusement…

2

Le chamanisme, un type particulier de transse

Historique du chamanisme

Jean Clottes, un préhistorien français, a étudié les peintures des grottes Cosquer, Chauvet et de Lascaux et les a comparées aux peintures rupestres exécutées à notre époque par différents peuples de tradition chamanique comme les Aborigènes, les Boschimans sud-africains et les Amérindiens. À partir de ces observations il a pu déduire que la notion de chamanisme était probablement très présente dans les peintures préhistoriques et qu'il aurait donc bien existé une société paléolithique qui pratiquait rituellement des rites chamaniques en 70 000 avant Jésus-Christ[1].

On a ainsi découvert du crachis d'oxyde de manganèse qui, mélangé à du charbon de bois, pouvait avoir

1. Jean Clottes et David Lewis-Williams, *Les Chamanes de la préhistoire. Transe et magie dans les grottes ornées*, Paris, Seuil, 1996.

des propriétés psychodysleptiques favorisant l'état de transe. Par ailleurs, il y aurait également eu des signes dits entoptiques[1] sur ces peintures, caractéristiques des débuts de transe, ainsi que des figures géométriques représentant des animaux et des objets observés lors de transes. Le fait que certains animaux semblent littéralement jaillir du rocher pourrait également être un indice supplémentaire[2].

Le chamanisme aujourd'hui, au Sénégal

Au Sénégal, il existe un autre monde, un monde où évoluent nos doubles. Dans cette culture, chaque être humain a son jumeau virtuel, le *rab*, qui, telle une ombre, vit chaque instant avec lui. Le *rab* a été engendré par des parents *rabs*, eux aussi issus d'une longue lignée de *rabs* – en effet, les *rabs* ont un nom, un sexe, une famille, une religion, etc. Le *rab* individuel protège celui qu'il accompagne mais il a aussi ses exigences : si celles-ci ne sont pas satisfaites, elles engendrent des désordres, des folies, notamment dans les relations avec les autres.

Dans les cas où quelqu'un est possédé par un *rab* d'ancêtres ou un *rab* sauvage, non identifié, dangereux, une cérémonie de *ndöp* est pratiquée selon un rituel de possession très codifié. Il est intéressant de constater que, comme à Épidaure (voir page 101), pour

1. Signes géométriques qui sont en apparence peu ou non organisés, comme des points, des traits, des zigzags, des grilles, etc.

2. Patrick Lemoine, « Médecine chamanique : et s'ils avaient tout compris… », *Santé corps esprit*, revue n° 17, novembre 2017.

mieux identifier le *rab* perturbateur, on recourt souvent à l'oniromancie.

Pour commencer, l'officiant dort avec une pièce de monnaie sous son oreiller et demande au patient de dormir avec cette même pièce la nuit suivante ; ainsi, ils peuvent partager leurs rêves et identifier le *rab* perturbateur. C'est au cours d'un rêve ou d'une transe-danse que le *rab* va enfin être identifié avec précision. La cérémonie du *ndöp* dure plusieurs jours, voire plusieurs mois. Le point d'orgue est atteint lorsque le malade est étendu sur un animal sacrifié, en général un bœuf blanc. Les deux sont couchés sur le côté droit. Il est très important que le patient vive, corps contre corps, les derniers soubresauts de l'animal afin que le *rab* quitte son corps et soit transféré dans le bœuf agonisant.

Il est clair que, chez les Sénégalais, rêve et transe chamanique ont rigoureusement la même fonction et servent de médium pour aller chercher une information cruciale, en l'occurrence l'identité du *rab*, dans une symbolique tout à fait superposable à celle des chamanes mongols.

Le chamanisme corse : le cas des *mazzeri*

Avec le triomphe du nouveau dieu des Occidentaux – le lecteur aura compris que je veux parler du dieu Science, dont l'arrogance est sans limites –, notre civilisation a essayé d'oublier ses racines communes avec celles des autres cultures. Pas question d'être confondus avec ces sauvages primitifs ! Et pourtant… il se chuchote que, dans certains recoins secrets du maquis corse, on continue à évoquer l'étonnante histoire des *mazzeri*.

L'étymologie du mot *mazzerù* est encore discutée. *Mazza* signifie « la masse » mais *amazzà* peut être rapproché de *matar* en espagnol, qui veut dire « tuer ». Selon les régions de Corse, le *mazzerù* se nomme *acciacatore*, *culpadore*, *nuttambuli*, *sunnambuli*, ou encore *murtulaghi*.

Chaque année, en juillet, des sorciers – les fameux *mazzeri* –, seuls ou en groupe, habités par une force mystérieuse, entament une errance. Ils partent à la chasse aux âmes. En réalité, ce sont leurs doubles invisibles, leurs fantômes qui errent, car leurs corps ne quittent pas leurs couches. Pour ce faire, ils choisissent les endroits les plus sauvages pour tendre des embuscades. Ils se cachent au plus profond du maquis, à proximité d'un torrent, le cours d'eau marquant la frontière entre le monde des vivants et l'autre monde. Ils se mettent à l'affût et assomment avec leur masse – la *mazza* – le premier animal qui passe, généralement un sanglier. Une fois la bête tuée, ils la retournent sur le dos. C'est à ce moment précis que le visage de la prochaine personne qui va mourir – dans la semaine qui suit ou dans l'année – est dévoilé. Si l'animal onirique qu'il frappe n'est que blessé par le coup de sa *mazza*, une personne du village sera blessée au même endroit de son corps. Le *mazzerù* est ainsi un être triste, il doit annoncer le malheur. Bien qu'intégré à la communauté corse, il reste à l'écart.

Le *mazzerù*, c'est aussi « celui qui regarde ». Il voit arriver la Squadra d'Arozza – une procession nocturne de fantômes terrifiants aussi appelée *mumma* – qui parcourt les villages avec le cercueil de la personne qui va mourir. Quand le *mazzerù* aperçoit leur sinistre équipage, il sait que quelqu'un va partir pour l'au-delà.

Pour devenir *mazzerù*, il faut que cela soit un don familial ou qu'au cours de son baptême le bébé se soit endormi ou que la marraine ait bafouillé en récitant le Credo. Dès ce moment, son destin est scellé, il sera « berger des âmes », souvent célibataire, habitera un peu à l'écart du village et sera regardé avec suspicion par les autres villageois.

Exactement comme chez les chamanes mongols, il arrive que les *mazzeri* de deux villages différents s'affrontent en des combats que l'on appelle des *mandraches* et dont l'enjeu est terrible : la nuit du 31 juillet au 1er août, au sommet d'un col, à coups de tiges d'asphodèle, cette plante sacrée des cimetières, les *mazzeri* se battent. À l'issue de la bataille, le village du *mazzerù* vainqueur ne connaîtra que peu de décès au cours de l'année à venir, contrairement au village du vaincu, dont la mortalité va grimper en flèche.

La Corse est probablement l'une des dernières cultures occidentales où le chamanisme est encore – bien que rarement – pratiqué. Il s'exerce également à travers la divination par les huiles : on jette quelques gouttes d'huile dans de l'eau et on interprète les figures qui se forment à la surface, un peu comme avec le marc de café.

L'interprétation chamanique des rêves

Une jeune fille de quatorze ans, Daphnis, est venue me raconter son rêve. Daphnis passe ses vacances à Bonifacio et dort dans la même chambre que sa sœur âgée de dix-sept ans, Étiennette. Une nuit, elle rêve qu'un camion traverse à moitié le mur de sa chambre et se trouve en équilibre instable au-dessus de sa tête. Aussitôt, elle se transforme en grenouille, s'accroupit au bord de son lit et saute à travers la chambre – au moins un mètre cinquante – pour atterrir, toujours accroupie, dans le lit de sa grande sœur (qui dit avoir eu la peur de sa vie). Le camion tombe et fracasse le lit de Daphnis. Les deux sœurs se réveillent, terrorisées, aussi surprise l'une que l'autre puis s'écroulent de rire. Elles en parlent une bonne partie du reste de la nuit et attendent avec impatience le réveil des parents pour leur raconter ce qu'elles considèrent comme une aventure onirique des plus amusantes.

Interprétation psychanalytique (que je ne valide pas, le lecteur s'en doute) : ce rêve rigolo a beaucoup amusé les deux sœurs, qui en parlent encore vingt-cinq ans plus tard. Mais que symbolisait le camion : un principe mâle, brutal, capable de tout écraser, violer sur son passage ? Et la grenouille ? Si féminine, suggestive, limite obscène de par la position de ses jambes largement écartées ? Daphnis voulait-elle exprimer qu'elle ne se sentait pas encore prête à céder aux avances des adolescents corses ? Ce rêve de grenouille lui a en tout cas permis de réaliser une performance sportive de saut en longueur qu'elle n'aurait jamais réussie autrement.

Interprétation chamanique : lorsque le danger menace vraiment, seule la transe permet de se transformer en animal totémique qui transmet la vigueur nécessaire pour y échapper. Dans le cas de Daphnis, c'est la capacité de la grenouille à sauter suffisamment loin qui lui a permis de survivre. Ce qu'elle a vécu pourrait être considéré comme une sorte d'intermédiaire, de synthèse, de transition entre le rêve et la transe, deux manières originales de trouver des solutions salvatrices.

Le chamanisme en Mongolie

C'est comme ça que chaque famille mongole se réveille,
en racontant ses rêves aux autres. Sauf les cauchemars !
Les cauchemars, on ne les raconte à personne.
On court loin des yourtes dans la steppe,
on les hurle contre le vent.
Et on crache trois fois par terre.

IAN MANOOK, *Les Temps sauvages*,
Le Livre de poche, 2015

Lorsqu'un Mongol commence à avoir des problèmes de santé, l'explication est toujours la même : il n'a pas tenu compte de ses intuitions et, de ce fait, a manqué de respect aux esprits, en se comportant mal avec quelqu'un d'autre, avec un membre de sa famille ou un animal de son troupeau – il se peut par exemple qu'il ait tué cruellement un mouton. Grâce à l'intuition, les esprits auraient tenté de lui souffler une façon d'adopter une meilleure conduite mais le sujet ne l'a pas suivie ou, pis, n'a pas voulu la suivre, ce qui provoque le malaise, le mal-être ou la maladie comme sanction. Le chamane est alors appelé en consultation pour exécuter une transe afin d'entrer en communication avec les esprits, qui vont lui expliquer ce que le sujet a mal fait – la cause est presque toujours un manque de respect –, ce qu'il convient à présent d'accomplir pour être pardonné des esprits et comment procéder auprès de la personne ou de l'animal qu'il a offensés. Ainsi, tout rentre dans l'ordre, même s'il faut savoir que cela ne peut fonctionner que si l'on s'inscrit dans un certain environnement culturel.

Corine Sombrun et l'étincelle chamanique

Parmi toutes les choses que j'aime dans la vie, il y a ce qu'on appelle – à tort – les coïncidences. Pourquoi dis-je « à tort » à propos du mot « coïncidence » qui, après tout, signifie bien ce qu'il veut dire : « qui arrive en même temps » ? Tout simplement parce que l'on pense que la plupart de ces rencontres sont dues au hasard, mais c'est faux. En réalité, les conjonctions inattendues ne se produisent et, surtout, ne se révèlent que lorsque les esprits sont mûrs. Dans le cas contraire, si les mêmes événements se produisent simultanément et que l'on n'est pas prêt, on n'y prête pas attention – tout comme les rêves prémonitoires qui ne se réalisent pas.

Je m'explique. J'étais en pleine rédaction de cet ouvrage consacré au rêve et donc, forcément, plongé dans les états modifiés de conscience. Et c'est à cette période de ma vie que j'ai fait une rencontre étonnante avec Corine Sombrun. Nous intervenions dans le même congrès à Lille, elle donnait une conférence avant moi, j'ai donc eu la chance de l'entendre… et d'être fasciné !

Corine Sombrun est une chamane. Une *udgan*[1] pour être précis. On ne fait pas plus exotique… même si elle est aussi parfaitement occidentale, dans son look comme dans sa tête. Avant de la rencontrer j'étais – et je reste d'ailleurs – d'une méfiance extrême vis-à-vis de ce genre de personnages quand il est sorti de son contexte culturel, car j'ai toujours peur des dérives, notamment pécuniaires. Pourtant, j'ai tout de suite compris que j'avais affaire à une personne rayonnante, droite, honnête et, surtout, rigoureuse dans son approche de la culture chamanique.

Pourquoi Corine est-elle prédisposée à entrer aussi facilement en transe ? Comme tout bon psychiatre qui se pose ce genre de question, j'ai tout d'abord examiné de près sa biographie, tirée de l'article qu'elle a publié avec Pierre Flor-Henry[2], puis eu de nombreuses conversations avec elle. J'ai ensuite comparé ses démonstrations de transe contrôlée à celles de certaines de mes patientes qui vivent des états pathologiques imprédictibles, incontrôlables et extrêmement pénibles appelées « crises de dissociation ».

Son histoire est étonnante : musicienne, musicologue et écrivaine, elle est la première Occidentale à avoir décroché en Mongolie le statut de *udgan*. Elle

---

1. Ce titre lui a été attribué par les chamanes mongols, qui désignent ainsi une femme ayant reçu le don de chamane et la formation aux rituels.

2. Pierre Flor-Henry, Yakov Shapiro, Corine Sombrun, « Brain changes during a chamanic trance: altered modes of consciousness, hemispheric laterality, and systemic psychobiology », *op. cit.*

a publié de nombreux articles – où elle a montré sa rigueur scientifique – et de nombreux ouvrages dans ce domaine, auxquels le lecteur peut se référer[1]. Née à Draguignan, fille unique, Corine passe ses premières années avec ses parents en Afrique, à Ouagadougou au Burkina Faso. À onze mois, elle fait une violente réaction allergique à une vaccination antivariolique ; les médecins la déclarent morte. Mais il faut croire que Corine a la vie chevillée au corps puisqu'elle revient alors à la vie. A-t-elle à ce moment traversé une expérience de mort imminente ? Ce type d'expérience est-il particulièrement puissant lorsqu'il se produit à des âges précoces ? Est-il la source de tout ce qui va suivre ? Corine n'en a aucune certitude mais, si j'en crois l'expérience que j'ai acquise avec mon groupe des Dissociées anonymes (voir page 275), dont la grande majorité, pour ne pas dire la totalité, pense avoir frôlé la grande Faucheuse, j'ai tendance à penser que ces expériences de mort imminente semblent le plus souvent capables d'entrouvrir la porte de communication entre les deux mondes.

Quelques années plus tard, la petite Corine vit ce qu'elle identifiera, après son expérience mongole, comme sa première transe. C'était encore au Burkina Faso : « Je devais avoir six ou sept ans et j'assistais avec mes parents à une cérémonie funéraire en brousse,

1. Corine Sombrun, *Journal d'une apprentie chamane*, Paris, Albin Michel, 2002 ; *Mon initiation chez les chamanes. Une Parisienne en Mongolie*, Paris, Albin Michel, 2006 ; *Sur les pas de Geronimo*, Paris, Albin Michel, 2008 ; *Les Tribulations d'une chamane à Paris*, Paris, Albin Michel, 2009 ; *Les Esprits de la steppe. Avec les derniers chamanes de Mongolie*, Paris, Albin Michel, 2012. [Tous ces titres sont également parus en poche chez Pocket.]

avec danseurs masqués et tambours. Ce sont les rythmes qui m'ont sans doute mise en transe, ce n'était pas spontané. » Corine ainsi que son chien entrent dans un état second, s'agitent, tremblent, et les parents de Corine doivent les extraire de la cérémonie pour les ramener à leur état normal. Il faut rappeler que, dans la tradition mongole, le chien est un animal chamane.

Quand Corine a huit ans, ses parents divorcent. À partir de ce moment, c'est sa mère qui l'élève seule en France alors que son père réside toujours en Afrique. Elle passe ses vacances d'été avec lui.

Corine devient par la suite une musicienne reconnue : elle apprend le piano, puis la musicologie et enfin la composition. Après avoir remporté de nombreux prix internationaux, elle reçoit en 1986 une bourse de l'Office franco-québécois pour la jeunesse afin de poursuivre ses études à Montréal avec des artistes multimédias et d'autres compositeurs.

En 1999, elle perd brutalement le conjoint avec qui elle vit depuis dix ans. C'est un immense traumatisme. Elle déménage alors à Londres, où elle poursuit une carrière de pianiste et compositrice tout en travaillant comme reporter pour la radio.

En 2001, elle est envoyée en reportage en Asie dans le cadre d'une émission sur BBC World Service. Son amie Naraa l'accompagne pour rencontrer un chamane à la frontière de la Sibérie. Dès que ce dernier commence à jouer du tambour, Corine est littéralement emportée par une transe extrêmement intense au cours de laquelle, à la surprise générale, elle se met à trembler, à frapper ses jambes, son torse, sa tête, puis à hurler comme un loup. En quelques minutes, elle est devenue une louve de la steppe. Une véritable transe de possession.

Il faut savoir qu'en Mongolie seuls les chamanes entrent en transe, contrairement à ce qui se passe dans d'autres cultures : en Afrique noire et en Haïti, c'est la foule qui entre en transe pour aider le malade et, en Amazonie, le chamane et le patient effectuent ensemble la transe et s'en vont quérir la guérison dans l'autre monde. En Mongolie, le chamane écoute la plainte et les malheurs du patient dans la yourte et va seul chercher les clés de la guérison dans le monde des esprits. Ce voyage peut néanmoins s'avérer périlleux, en particulier s'il rencontre un esprit néfaste qui pourrait l'attaquer. Il s'ensuit alors des batailles cosmiques qui peuvent être dangereuses pour un chamane débutant.

D'après les Mongols, avoir reçu « l'étincelle chamanique » est extrêmement rare : cela n'arriverait qu'à une personne sur cent mille ! On ne trouve d'ailleurs que trente chamanes authentiques en Mongolie (sur trois millions d'habitants).

Le chamane explique ensuite à Corine que son don devrait être encadré, domestiqué, civilisé en quelque sorte et qu'elle devrait, par conséquent, rester trois ans en Mongolie pour le maîtriser et officiellement devenir *udgan*. Elle refuse mais il lui est répondu que, de toute manière, elle n'a pas le choix…

Corine entame alors, si l'on peut dire, une « formation en alternance » et passe huit années discontinues en ces lointaines contrées glaciales du nord de la Mongolie, où le froid atteint facilement les – 50 °C, pour acquérir le titre et surtout la fonction d'*ugdan*.

Au début, ce n'est pas facile car, dès qu'elle entend le moindre son de tambour, elle entre dans des transes spectaculaires. Corine veut alors comprendre les mécanismes de déclenchement des transes. Elle découvre qu'une cadence précise des tambours la met en transe, un peu comme certaines lumières intermittentes qui peuvent, si elles atteignent un certain rythme, déclencher des crises d'épilepsie chez les personnes prédisposées.

Corine Sombrun se lance dans une quête scientifique étonnante. Même si elle a été adoptée par la culture mongole, elle n'en reste pas moins une Occidentale, nourrie au culte du dieu Science et de son avatar Musicologie. Elle va donc faire le tour des laboratoires qui acceptent de la recevoir. Elle rencontre d'abord Pierre Etevenon à Paris, ce remarquable directeur de recherche à l'Inserm, pionnier de l'électro-encéphalographie quantitative, puis Pierre Flor-Henry à Edmonton au Canada, où elle est accueillie pour étudier les effets de la transe sur le fonctionnement des hémisphères cérébraux.

Mais, avant d'aller plus loin dans toutes ces explorations scientifiques, notre chamane a deux épineux problèmes à résoudre :

– d'abord, comment faire avec le déclencheur de transes ? Comment procéder à une exploration en imagerie fonctionnelle en trimbalant un tambour rituel de quatre-vingts centimètres de diamètre ? Comme cela était impossible, le professeur Pierre Flor-Henry a demandé à Corine Sombrun de provoquer une transe sans tambour. Elle a donc dû essayer de trouver un autre moyen et s'est alors souvenue du tremblement qui animait ses mains chaque fois que le tambour du chamane résonnait. Elle a donc essayé de le reproduire et a senti la transe arriver. Elle s'est alors entraînée pour être capable de l'induire n'importe où, n'importe quand, avec ce seul tremblement. Ce premier problème était donc résolu ;

– ensuite, comment passer un examen neurophysiologique – comme un scanner, une imagerie par résonance magnétique (IRM) ou une électroencéphalographie (EEG), sans parler d'un enregistrement du sommeil – quand on saute comme un cabri, comme une louve ou comme un tétras à travers la pièce ? Cette question a apparemment été un peu plus délicate à résoudre : il a fallu beaucoup de temps à Corine pour qu'elle arrive à se maîtriser suffisamment et réussisse des transes à peu près immobiles.

L'objectif de cet examen réalisé à Edmonton était de savoir si l'on pouvait considérer la transe chamanique comme un état pathologique. En d'autres termes, faut-il être fou pour vivre des moments où l'on est littéralement « hors de soi », hors de son corps, hors de son esprit, où l'on est spectateur de soi-même, du monde, de l'univers cosmique ? Pour cela, Pierre Flor-Henry a conçu un protocole simple en enregistrant en EEG quantifiée et en *low resolution electromagnetic tomography* (Loreta) des sujets femmes, toutes droitières, comme Corine. Il a sélectionné des personnes « normales », mais aussi schizophrènes ou bipolaires – en période maniaque ou en période dépressive. Il a comparé ces femmes à Corine, au repos mais aussi en transe.

Les résultats sont clairs, l'état de transe chamanique implique une double bascule :

– une bascule d'un mode normal dominant gauche, et donc analytique, à un mode dominant droit, de perception de soi ;

– une bascule d'un mode normal dominant antérieur préfrontal à un mode postérieur, et donc sensorimoteur.

Autrement dit, au lieu d'être un humain qui raisonne, on devient une créature qui ressent.

Cette conclusion a eu des conséquences dans le domaine de la psychobiologie, de la conscience de soi mais aussi dans le domaine des processus de dissociation, de psychose et d'états modifiés de conscience. Ces résultats peuvent être vus comme la base théorique du pont à jeter entre les techniques de soin occidentales et les techniques utilisées par les tradithérapeutes. Cette découverte, selon moi majeure, c'est bien à Corine qu'on la doit.

Persuadée, après ces résultats, que la transe est un potentiel cognitif, Corine veut poursuivre l'expérience, mais sans déclencheur de transes, au fond assez peu performant, puisque seule une personne sur cent mille y réagit. Selon elle, si elle pouvait concevoir, avec l'aide de chercheurs, un système plus efficace – et moins encombrant –, elle avancerait d'un grand pas dans sa quête. De fait, se souvenant qu'elle est avant tout musicologue, elle reprend ses enregistrements de tambour chamanique, sélectionne les séquences les plus pertinentes pour entrer en transe et les donne aux chercheurs. Ensemble ils commencent à élaborer une bande-son électronique à laquelle ils ajoutent certains éléments de son choix. Comme elle a réussi à déclencher une transe chez un sujet particulièrement récalcitrant – je parle de moi ! – en produisant des cris d'oiseaux, Corine insère, à des moments clés, les sons qu'elle émet lors de ses propres transes : chants amérindiens, bruits d'animaux, chants d'oiseaux, langages sonnant chinois, bref des bruits étonnants et dérangeants, distrayants.

Au final, cet outil a été testé sur des sujets volontaires, et 80 % d'entre eux ont vécu une transe. Par ailleurs, après sept, huit ou neuf écoutes de cette boucle sonore, les personnes ayant vécu une transe peuvent s'en passer et, comme Corine, tomber en transe par la seule volonté, en à peine quelques secondes.

Un témoignage de transe chamanique : le récit de Claude-Louise

Être en transe peut représenter un risque important en cas de gros traumatisme et faciliter la bascule vers le mysticisme – dans le « moins pire » des cas – ou vers un état de stress post-traumatique (voir page 256) – dans le pire des cas. Je n'ai rencontré qu'une seule personne, Claude-Louise, une femme d'une soixantaine d'années, médecin, qui « juste par curiosité », s'est soumise au processus d'induction de transe, qui pour sa part a pris une teinte chamanique.

À peine a-t-elle eu mis les écouteurs diffusant la musique inductrice de transe conçue par Corine, qu'à la surprise générale – et à son propre étonnement – elle a non seulement entamé une transe phénoménale, mais, de surcroît, a commencé à exécuter une sorte de danse sacrée, hiératique, lente, presque solennelle qui a duré une bonne demi-heure. Au réveil, elle a raconté ceci :

J'ai d'abord vu un entonnoir gris-noir, comme des nuages qui tournoient, avec au centre et au fond, un cercle blanc... Le vortex m'aspire – est-ce un trou noir ou blanc, ou alors l'œil du cyclone[1] *? Arrivée dans une atmosphère très colorée – jaune orangé – et chaude, je dois adorer et faire des offrandes*[2] *à une entité suprême qui me domine ; j'adopte la position des prêtres incas. Je vois en même temps des suricates, adorateurs du soleil, qui font de même. Puis je commence à prendre mon envol en battant des ailes comme un condor. Je plane très haut et reste en survol d'une vallée toujours très lumineuse, sans avoir besoin de battre des ailes, un vol glissé comme celui des condors. Parfois je me pose sur terre et, là, des personnes me parlent dans un langage incompréhensible*[3] *du côté droit ou du côté gauche et me posent des questions. Je les écoute*[4]*. Puis je m'envole à nouveau et me repose et, encore une fois, des gens me parlent, que j'écoute et cela à plusieurs reprises. Et je refais des offrandes à un être supérieur.*

Interprétation : dans une société de culture chamanique, Claude-Louise serait reconnue comme *udgan*. Elle n'a néanmoins jamais vécu auparavant

1. Par hasard, quelques jours plus tard, alors que je lui montrais une image du type de ce que décrivent les personnes qui vivent une expérience de mort imminente, elle s'est exclamée avec stupéfaction : « C'est exactement ça ! », en expliquant que c'est ce qu'elle avait vu dans ce rêve.

2. Elle était alors à genoux, la paume des mains tournées vers le haut, à hauteur des épaules. Elle tendait ensuite les bras vers l'avant, toujours paumes vers le haut.

3. Une succession de petits cris de tonalité asiatique.

4. Claude-Louise explique que, ne les comprenant pas, elle ne peut pas leur répondre.

d'expérience de mort imminente ni subi de traumatisme particulier et encore moins expérimenté de rêve lucide, ce qui remet en cause ma théorie… Néanmoins, elle dit qu'au cours de sa transe elle aurait vécu une expérience de mort imminente (le tourbillon, le cercle blanc). À noter que, si elle est née par le siège sur une table de cuisine, elle n'a pourtant pas été réanimée et a immédiatement crié, ne donnant par conséquent aucun signe d'asphyxie.

En Occident nous dirions donc qu'elle dispose de qualités cognitives qui lui permettent d'accéder à des capacités hors norme du cerveau – des capacités qui lui permettent de se rendre à son gré dans le monde occulte du cerveau droit, celui des refoulements, des intuitions, d'une autre connaissance, celui des esprits.

Mais comment et pourquoi la brèche s'ouvre-t-elle si facilement chez elle ? Existe-t-il une génétique de la transe ? Sa fille aînée semble en effet avoir les mêmes capacités. Un phénomène étonne par ailleurs le médecin que je suis : Claude-Louise souffrait à ce moment d'une intense douleur sciatique qui lui interdisait quasiment tout mouvement et pour laquelle elle s'est fait opérer quelques semaines plus tard. Étonnamment, pendant les quarante minutes de sa transe – au cours desquelles elle a dansé et mobilisé sa colonne –, elle n'a pas senti la moindre douleur !

Mais pourquoi la transe de Claude-Louise a-t-elle pris une dimension chamanique, cosmique, universelle ? Pourquoi « des gens » l'imploraient-ils ? Pourquoi a-t-elle offert des sacrifices à une entité supérieure, elle qui, au quotidien, n'est guère préoccupée par le mysticisme ou la métaphysique ? Si Claude-Louise accepte de poursuivre sa formation – ce qui aujourd'hui l'inquiète quelque peu –, elle apprendra à identifier puis à comprendre tous ceux qui l'implorent et lui posent des questions.

Si Claude-Louise a pu facilement accéder à une transe chamanique, cela ne veut pas dire que ceux qui, comme moi, accèdent avec difficulté à des transes « ordinaires » ne peuvent pas, à force de travail et d'entraînement, accéder à des capacités hors norme, comme celles de Claude-Louise ou Corine. Chacun a probablement, au fond de soi, cette potentialité mais, de temps en temps, nul ne sait pourquoi, certaines personnes y arrivent mieux que d'autres, comme Claude-Louise qui, dans la steppe de ses neurones, a fait s'épanouir une fleur flamboyante jaune orangé.

On retrouve par ailleurs dans ce récit tous les éléments constitutifs d'un rêve lucide (voir page 289) avec le sentiment de voler, de léviter, d'aller instantanément à l'autre bout du monde tout en piochant dans ses souvenirs personnels. En effet, Claude-Louise est une tintinophile[1] et a toujours été fascinée par *Le Temple du soleil*, qu'elle a lu et relu. Lors d'un voyage touristique au Pérou, elle avait été littéralement transportée par le spectacle des condors de la vallée de Cuenca. Se réveiller au petit matin, attendre patiemment le lever du soleil dans le froid, sentir l'astre du jour réchauffer l'air pour qu'enfin les rapaces s'élèvent vers le ciel lui avait laissé une impression inoubliable. Était-elle entrée en transe à ce moment ? Comme dans un rêve, elle n'a pas tenu compte de la réalité géographico-zoologique, elle a

1. Secte mystérieuse des adorateurs des aventures de Tintin et Milou.

en effet installé les suricates d'Afrique au Pérou et a « oublié » que l'expression « adorateurs du soleil » désigne les makis catta, des lémuriens qui vivent à Madagascar… On peut aussi noter qu'elle revenait d'Iran et avait été passionnée par les Yézidis, d'autres adorateurs du soleil dans la lignée de Zoroastre. Mais qu'importe la géographie !

La transe de Claude-Louise s'apparente en outre à un rêve lucide car elle n'a jamais perdu de vue sa situation présente : elle a toujours eu le sentiment d'avoir le contrôle des opérations.

Il est également intéressant de noter que la transe de Claude-Louise a été muette, contrairement à celles de Corine qui, elles, sont très sonores et ponctuées de cris – à se demander comment un gosier humain peut produire de tels sons qui sont un mélange de chants amérindiens et de dialogues à consonance asiatique –, de chants d'oiseaux et de hurlements de louve.

Quelques semaines plus tard, lors de son réveil après une intervention chirurgicale bénigne, Claude-Louise a vécu une nouvelle transe, spontanée cette fois, probablement déclenchée par les produits anesthésiques. Lors de cette nouvelle transe chamanique, elle est face à un énorme amas de rochers arrondis et devient cette fois un renard qui court à travers un désert de sable parsemé de pierres rondes et plates avec quelques touffes d'herbe. Rien ni personne n'aurait pu l'arrêter et, enfin, au bout de sa course, elle se retrouve face au temple de Pétra, incrusté dans la falaise et dont la porte est hermétiquement close. Pétra, c'est toujours une référence à Tintin[1]…

1. Hergé, *Coke en stock*, Paris, Casterman, 1958.

À cette époque, le problème de Claude-Louise est qu'elle a programmé un trek en haute montagne himalayenne et que son chirurgien ne l'encourage pas à entreprendre un si long voyage après son opération. Je lui ai dit qu'à mon avis cette transe lui suggérait peut-être qu'elle serait vite capable de courir sans entraves… Elle me répond qu'au contraire elle pense que non car la porte du temple est close. À son grand dam, Claude-Louise s'est ainsi résolue à déprogrammer son voyage. Là encore, on peut dire que Claude-Louise est allée chercher *ailleurs*, dans un autre univers, la réponse à la question du moment : suis-je, à l'heure actuelle, à nouveau capable de marcher, de courir, de faire un trek ? Elle est alors la seule à pouvoir interpréter sa transe et à annuler son voyage.

Un récit sur le chamanisme de la part d'Amélie Nothomb

Dans un entretien accordé au journal *Le Monde*, Amélie Nothomb a également raconté une transe induite par la plante hallucinogène qu'utilisent les chamanes en Amazonie :

> « […] *lors d'une transe, au cours d'un très long séjour en forêt amazonienne, j'ai pu visualiser* […] *ces démons qui étaient encore là et que j'ai tout fait pour chasser de mon corps.* » *Pour cela, elle a dû recourir à un exorcisme « d'une violence incroyable ». Elle évoque ensuite Corine Sombrun, qui lui a « donné le désir à travers ses livres » de poursuivre dans cette voie. Elle explique qu'elle a eu envie de « se livrer à la même expérience qu'elle – une rencontre avec "les*

esprits" – au fin fond de la forêt amazonienne, chez les Indiens ». Elle raconte par la suite son expérience sur place : « Les conditions sont rudes, la diète et les règles très strictes. Ce n'est pas du tout une partie de plaisir. Et ça peut même être dangereux. Mais, pour moi, ce fut énorme : le contact avec l'esprit, que l'on voit, que l'on entend, que l'on sent ; les retrouvailles avec certaines personnes disparues ; l'accès à un univers parallèle archipeuplé et invisible le reste du temps. Ce fut la porte ouverte sur un autre monde [...]. *J'ai* [...] *rencontré la déesse Ayahuasca, qui est une très très belle femme, qui m'a prise dans ses bras, a dansé avec moi, et m'a dit qu'elle m'aimait. C'était le but de ma vie. Je sais que je vais passer pour une illuminée. Mais qu'importe. Ce n'était pas une chimère. J'ai vécu cet épisode à mille pour cent et c'était inouï. Proprement inouï*[1]. »

Amélie Nothomb n'est évidemment pas une illuminée ou, alors, deux tiers de l'humanité seraient peuplés d'illuminés. Elle a simplement renoué avec une tradition et un atavisme qui lui ont permis de se reconnecter avec son autre monde, celui de ses anges et ses démons… c'est peut-être cela, le génie.

1. « Amélie Nothomb : "Je suis le fruit d'une enfance heureuse et d'une adolescence saccagée" », *Le Monde*, 27 août 2017.

3

L'expérience de mort imminente (NDE)

La matrice de tous les états modifiés de conscience

L'expérience de mort imminente est selon moi la matrice de tous les états modifiés de conscience. Elle est, j'en suis persuadé, à l'origine de toutes les religions, de l'idée de divinité, d'au-delà et de survie par-delà la mort.

Selon l'Inrees[1], 4 % de la population générale vivrait ce genre de phénomène, ce qui est tout à fait considérable ! Les récits sont divers et, pourtant, étrangement homogènes. Je pense à cette femme, au volant de sa voiture lorsqu'elle a violemment percuté un arbre : « Je me suis retrouvée directement dans un autre lieu », se souvient-elle. Selon elle, « le ciel était en bas et la terre en haut » et, lorsqu'elle a essayé de se remettre dans

1. Institut de recherche sur les expériences extraordinaires, dont la revue s'appelle *Inexploré*.

la bonne position, elle a constaté qu'elle n'était « plus dans son corps ». Je pense aussi à cet homme, en salle d'opération, qui voyait son corps en lévitant au-dessus du billard : il observait le chirurgien et l'anesthésiste en train de tenter de le réanimer, avec un massage cardiaque, des injections, une agitation, des affolements, des cris. Il a même remarqué une boule de gaze tombée par terre sous la table (qui serait retrouvée plus tard) alors qu'à l'évidence, de là où il était *réellement*, il lui était impossible de la voir. Ramené à la vie grâce à la réanimation réussie, il semble frustré d'avoir dû quitter l'autre monde… Exactement comme Lazare après que Jésus l'eut ramené à la vie.

Souvent, mais pas toujours, les presque-morts font des rencontres du troisième type, des êtres de lumière qu'ils considèrent comme des anges. Ils les aperçoivent au bout d'un long tunnel et ces anges les attendent, pleins d'amour et baignés de musique céleste.

Le sentiment étrangement plaisant – apaisant même – d'avoir fait une incursion dans l'au-delà vient du fait que l'endroit est merveilleux, là où la lumière est douce, où les prairies sont vertes, où le malheur n'existe pas, où l'Amour est roi, où l'Amour est loi… Le paradis en quelque sorte.

Au-delà du paradis, l'expérience de mort imminente donne l'impression de sortir de son corps, d'être projeté dans le lointain, hors du temps, de l'espace, à l'instar des transes chamaniques ou des états dissociatifs. Parfois, les vivants sont surpris des informations qu'ils rapportent de ce voyage extraordinaire – c'est bien sûr le cas de cet homme qui se rappelle des conversations entre réanimateurs alors qu'il était en état de mort clinique, avec un EEG plat[1]… Mais comment un cerveau non fonctionnel peut-il percevoir et stocker des informations nouvelles ? Ce mystère reste, à ma connaissance, sans explication rationnelle.

Par moments, j'ai honte d'être aussi abominablement terre à terre mais je ne peux m'empêcher de faire un rapprochement entre ces récits de mort imminente et les récits, plus ou moins hippies, des voyageurs sous marijuana, LSD ou même sous morphiniques. J'y trouve en effet d'étranges similitudes en ce qui concerne les visions, le caractère zen et la lumière céleste. Et, comme je suis décidément incorrigible, je me dis que finalement dame Nature – après avoir fait preuve de cruauté en nous donnant la conscience de notre disparition inéluctable – a tenté de se racheter en faisant preuve de compassion au moment suprême, celui du grand départ, en nous offrant un goût de paradis, apparemment universel et comparable au ressenti des opiomanes et des haschichomanes. La fée Carabosse, après nous avoir accordé l'angoisse, s'est transformée en Fée bleue et nous a fait don de la sérénité et des moyens de l'atteindre grâce à tous les états modifiés de conscience que nous abordons dans ce livre.

Douleur et plénitude

On sait que dans les circonstances aussi bien orgastiques que douloureuses – quand le plaisir ou la souffrance physique et/ou morale prédominent – notre cerveau est capable de fabriquer en grande quantité

1. Mindy Weisberger, « Are "flatliners" really conscious after death? », in Live Science, 4 octobre 2017.

des endorphines, des enképhalines[1], du LSD endogène et de l'anandamide[2], qui atténuent la douleur physique et la souffrance morale, parfois même la transforment en orgasme, d'où le sadomasochisme. En effet, plaisir et douleur obéissent aux mêmes lois physiques. Ces substances naturellement produites sous l'effet de la douleur ou de la fatigue sont, par exemple, à l'origine du « deuxième souffle » bien connu des joggeurs, qui leur permet d'avoir un regain d'énergie, lorsque, épuisés, ils se pensent au bout du rouleau et sont prêts à abandonner. Ces drogues endogènes ouvrent aussi la porte à la sensation d'extase, mystique ou sexuelle, ce qui est à peu près la même chose selon moi. Comme l'agonie est, à n'en pas douter, un moment d'extrême angoisse pour l'immense majorité, voire la totalité d'entre nous, mon hypothèse est qu'à ce moment précis, nous inondons notre organisme de ces substances[3] de manière à faire le grand saut dans la sérénité. Au lieu d'être un *bad trip*, notre *ultimate trip* devient un *good trip* ! Merci les drogues endogènes !

À l'origine de l'idée d'une vie après la mort ?

De là à imaginer que l'idée d'un autre monde après la mort, de paradis et même d'une divinité est née des expériences de mort imminente, il n'y a qu'un pas que je franchis sans hésiter.

---

1. Ce sont des substances morphiniques endogènes.
2. Il s'agit du principe actif du cannabis.
3. Quelques études montrent en effet une nette augmentation des endorphines au moment de l'agonie.

Imaginons qu'un de nos ancêtres, mamie Sapiens ou papy Néandertal, soit tombé(e) dans le coma à la suite d'une maladie, d'un accident, d'un coup de massue. Il ou elle est mort(e) ou presque, mais a récupéré *par miracle* et est revenu(e) parmi les siens après avoir vécu une expérience de mort imminente ; à partir de ce jour, il ou elle s'est mis(e) à raconter inlassablement ce qu'il ou elle avait vu, entendu, senti, ressenti là-bas, dans l'au-delà, le monde *post mortem*. Ce phénomène a dû se produire un certain nombre de fois, aux quatre coins du monde. Forcément, de temps en temps, ce phénomène a dû tomber sur des individus charismatiques, qui se sont mis à prophétiser et à bâtir des religions, faisant de notre espèce la seule espèce mystique, à part peut-être les éléphants et les chimpanzés – ces animaux vivent-ils des expériences de mort imminente ? L'histoire n'est pas près de le dire…

Selon moi, les concepts de dieu, de religion, de paradis et d'anges ne proviendraient donc que de notre capacité à fabriquer des endomorphines, des endocannabinoïdes, de l'endo-cocaïne, de l'endo-LSD et probablement des tas d'autres « endos », lors de notre entrée en agonie. Karl Marx ne s'en doutait pas, mais, d'un point de vue neuroscientifique, il avait drôlement raison de dire en son temps que « la religion est l'opium du peuple », sacrée prémonition neurobiologique.

Cette hypothèse est assez décevante pour celles et ceux qui redoutent l'absence de vie après la mort. Et loin de moi l'idée de laisser sans espoir ceux qui en ont besoin mais, si le poids de la religion pouvait être affaibli, je ne peux pas m'empêcher de penser que cela réduirait considérablement le nombre de guerres…

Mes conclusions de psychiatre sur les expériences de mort imminente

Les expériences de mort imminente ouvrent une brèche profonde et large dans la muraille qui sépare nos deux mondes : le monde affectif et le monde rationnel, le monde d'ici-bas et le monde de l'au-delà. Une béance qui, apparemment, ne se referme jamais chez celles et ceux qui ont vécu cette expérience et qui crée la possibilité d'un va-et-vient beaucoup plus facile que pour le commun des mortels.

À partir de mon expérience, certes limitée, dans le domaine, j'ai la nette impression que ceux qui ont vécu des expériences de mort imminente sont voués à déclencher spontanément – ou presque – des transes, lorsque c'est agréable, des dissociations, lorsque c'est pénible.

De plus, j'ai observé que les personnes qui souffrent d'états de stress post-traumatique sévères liés à des chocs majeurs, souvent vécus dans leur enfance, et qui subissent des dissociations horribles, décrivent leurs traumatismes un peu comme une expérience de mort imminente. Sans oublier que lors des dissociations se produit presque obligatoirement une attaque de panique qui donne l'impression abominable d'être en train de mourir ou de devenir fou, ce qui est une sorte de mort psychique. Ces personnes sont par ailleurs toutes capables d'avoir des rêves lucides.

Quand je dis que l'expérience de mort imminente ouvre une brèche définitive entre conscient et inconscient, affectif et rationnel, monde ordinaire et monde chamanique, je pense que je n'ai probablement pas tort !

2

LES EXPÉRIENCES DE DISSOCIATION

1

La dissociation, c'est quoi ?

L'histoire de Lady Sarah

Sarah a trente-deux ans. Anglaise d'origine, elle est mariée à un Français et vit à Lyon. Elle aime son mari, et leurs deux enfants font leur joie et leur fierté. Son allure est telle que j'ai pris l'habitude, un peu par taquinerie, beaucoup par respect, de l'appeler Lady Sarah. Sa vie a l'air idyllique. Sauf qu'elle a été hospitalisée en catastrophe en clinique psychiatrique après un séjour en réanimation. Elle venait en effet de tenter de se suicider en avalant une grande quantité de médicaments associés à l'alcool. Ce geste a résonné comme un coup de tonnerre dans sa famille. Personne n'a rien compris.

Personne, pas même son mari, ne savait que Sarah avait eu une enfance épouvantable. Vendue, violée et prostituée dès l'âge de onze ans, elle a survécu au sein d'une famille très pauvre avec un père à la fois ultracatholique et alcoolique et une mère effacée. La petite Sarah était l'aînée d'une fratrie de sept enfants et, pour rapporter de l'argent à la famille, tous les mercredis et samedis – pas le dimanche car l'Église interdit le travail du dimanche –, elle était confiée à un négociant des halles de Manchester pour décharger les cageots de légumes. Chaque semaine, son patron la louait à une bande de pédophiles, qui en usaient sans vergogne. Persuadée comme tous les enfants que ce que faisaient les adultes était normal, elle n'a jamais rien dit à ses parents. À l'âge de quinze ans, elle a néanmoins expliqué à ses bourreaux et avec ses poings sa façon de penser, après avoir suivi des cours de boxe à l'école. Par la suite, elle a tout enfoui dans sa mémoire jusqu'à ce que, brutalement, dans la rue, à Lyon, à côté du Marché Gare, tout ressurgisse.

Le travail a alors commencé à la clinique. Les infirmières passaient leur temps à s'occuper d'elle tant ses crises de dissociation étaient terribles. Sarah pouvait aussi passer des heures par terre dans sa chambre ou dans sa salle de bains, paralysée, incapable d'appeler au secours ni même de se traîner jusqu'à son lit. En effet, à la grande différence des dissociations observées au cours de certaines crises d'hystérie, il existe dans le cas de Sarah un sentiment de honte avec le désir de se mettre dans un coin discret en attendant que « ça passe » ; au contraire, les hystériques ont besoin d'un public. Ces deux maladies n'ont rien à voir même si des phénomènes de dissociation existent dans les deux cas.

Ma réponse : j'ai d'abord proposé à Sarah d'écrire à son père une lettre qu'il ne recevrait jamais. Ce fut difficile mais Lady Sarah le fit avec courage. Plus dur encore, je lui ai demandé d'écrire la réponse dudit père, « comme s'il l'avait reçue ». Sarah écrivit dans la douleur un texte hypocrite et chrétien à la fois :

« Je ne savais rien, je prierai pour toi. » Puis je lui ai demandé d'écrire à ses bourreaux pédophiles et, selon le même protocole, de rédiger leur réponse. Un vrai arrachement. L'écriture de chaque lettre provoquait des épisodes de dissociations. Quand tout fut fini, nous avons brûlé ensemble les quatre lettres de manière à renvoyer dans le néant de l'éther, de l'azur, cette impossible correspondance.

Sarah s'est alors passionnée pour la question de la dissociation, a commencé à faire des recherches sur Internet, à visionner les vidéos YouTube de chamanes comme Corine Sombrun, qu'elle a rencontrée à deux reprises.

Mon idée pour aider Lady Sarah

Les dissociations continuaient, mais pas avec la même violence. J'ai alors fixé un but à Sarah : transformer les crises en transes déclenchées et surtout arrêtées sur commande et les transférer au moins en partie dans ses rêves. Ainsi, plutôt que d'être involontairement une malade paniquée, elle serait en quelque sorte chamane en toute liberté – ce qui est une grande chance, une force nouvelle et une ressource supplémentaire. Je sais qu'au début elle m'a pris pour un fou quand je lui ai suggéré d'accueillir avec gratitude ses dissociations… Mais, après tout, un psychiatre n'est-il pas par nature plus ou moins dérangé ? C'est dans l'ordre des choses.

Un beau matin, Lady Sarah me raconte un cauchemar. Elle est dans un parking où elle assiste impuissante au kidnapping d'un enfant, qui finit par mourir. Elle se demande si elle n'est pas cet enfant et si elle ne va pas mourir. En cours d'entretien avec moi, elle se met alors à dissocier de manière spectaculaire. Grâce à différentes stimulations sensorielles d'inspiration chamanique, je l'aide à sortir de son état. Je lui explique alors que, selon moi, elle était seulement en transe. Je lui demande quelles sont les autres hypothèses qu'elle pourrait avoir à propos de son cauchemar. Elle ne répond pas. Je lui suggère que l'enfant pourrait être une partie d'elle-même. Et que cet enfant violé, humilié, martyrisé – dans le fameux parking où tout se passait – devait en effet mourir pour que l'autre partie d'elle-même puisse vivre dans la dignité.

Lady Sarah plonge dans un abîme de réflexion. Nous nous quittons et, plus tard, elle me dit qu'elle se sent prête à entreprendre une formation à la transe.

Définir la dissociation

La dissociation est à la transe ce que le cauchemar est au rêve. Je m'explique : la dissociation est un moyen de se mettre en mode *off*, c'est-à-dire de « couper la communication », de « disjoncter » au sens électrique du terme quand le souvenir-vécu du traumatisme fait irruption, qu'il est tellement présent, tellement envahissant qu'il en devient insupportable. Pour survivre, le sujet a alors le choix entre les « trois F » définis par les Anglo-Saxons : *fight*, *flight* ou *freeze*. Littéralement, « combattre », « voler » (au sens de « fuir ») ou « se figer ».

– *Fight* : il est peu observé. Il s'agit de combattre l'adversaire/agresseur. Il est cependant possible d'observer des comportements parfois assez agressifs, voire violents au cours des dissociations. Parmi mes guerrières des Dissociées anonymes, plusieurs se plaignent d'avoir agressé physiquement leur conjoint ou de s'être fait du mal à elles-mêmes.

– *Flight* : il est assez fréquent. Il s'agit de fuir dans l'inconscience, dans une sorte de coma agité. Les convulsions sont alors très fréquentes. On peut aussi fuir dans un lieu caché. Le cerveau se met automatiquement en mode *off*. Il peut malheureusement arriver qu'au cours d'une dissociation des personnes menacent de sauter par la fenêtre ou même… qu'elles le fassent.

– *Freeze* : il est peut-être le plus fréquent. La personne est figée, incapable de réagir, de bouger de manière autonome. Pour comprendre ce phénomène – où la proie fait le mort comme une coccinelle effrayée dans le creux de la main –, il suffit de repenser à ces cauchemars où l'on veut fuir un danger épouvantable et où l'on a les pieds comme scotchés au sol. Horrible, non ?

2

Aux origines des traumatismes responsables des dissociations

La maltraitance de l'enfant

La fréquence des maltraitances au cours de l'enfance est incroyablement élevée. Environ 30 % des Européens auraient subi, à divers degrés de sévérité, des abus et/ou des négligences dans l'enfance et plus de 10 % d'entre eux auraient été exposés à des abus sexuels – généralement perpétrés par des proches de la famille –, plutôt les petites filles, alors que les garçons sont plus souvent victimes d'abus physiques ou émotionnels[1].

Quel que soit le type de maltraitance, le risque de maladie psychiatrique à l'âge adulte est significativement augmenté, notamment les troubles bipolaires, les états limites, la dépression, les troubles anxieux, la toxicomanie, les troubles psychotiques et surtout le trouble

1. Nader Perroud, « Maltraitance infantile et mécanismes épigénétiques », in *L'Information psychiatrique*, vol. 90, n° 9, 2014.

de stress post-traumatique. Près de la moitié des patients bipolaires auraient subi des sévices sexuels ou physiques au cours de leur enfance. De plus, quand ils sont associés à une maltraitance infantile, les troubles psychiatriques sont plus précoces, plus sévères et plus difficiles à soigner, avec une mauvaise réponse aux traitements et des hospitalisations plus longues et plus fréquentes.

Toutes ces maladies sont en grande partie liées à des anomalies au niveau de l'axe hypothalamo-hypophysaire. Or il a été démontré que, lorsqu'elles sont durables, ces anomalies sont dues à des modifications épigénétiques au niveau des gènes impliqués dans la régulation de cet axe endocrinien.

····· Bébés souris et éléphants hooligans ·····

Pour illustrer[1] cet impact du traumatisme, prenons une étude concernant des bébés souris qui, âgés d'une semaine, ont été séparés de leur mère et de leurs frères et sœurs une heure par jour pendant une semaine. Les souriceaux se retrouvaient sans contact physique, tout seuls, dans une cage, ce qui ne leur arrive absolument jamais dans la nature à cet âge crucial de leur développement. Quelques semaines plus tard, tous présentaient un comportement social anormal, agressif, inapproprié, peu performant sur le plan cognitif et cela de manière définitive. L'explication épigénétique est lumineuse dans ce cas.

Une autre observation permet de bien comprendre mon propos : pendant quelques années, des bandes d'éléphants adolescents se sont livrées à des actes impensables. Terreurs des savanes, ils se sont mis à tout détruire sur leur

1. Passage en partie inspiré de mon ouvrage *La Fontaine, les animaux et nous*, *op. cit.*

passage, se bagarrant entre eux, attaquant et massacrant sans raison de pauvres rhinocéros, alors que d'ordinaire les deux espèces coexistent de manière pacifique. Que s'était-il donc passé ?
Comme c'est souvent le cas, c'est une artiste, en l'occurrence un écrivain, Muriel Barbery, qui a donné la réponse dans *L'Élégance du hérisson*[1]. Quand l'héroïne se pose la question : qu'est-ce qui pousse les adolescents à incendier l'appartement de leurs parents ? La réponse est : cela arrive lorsqu'ils n'ont pas acquis de culture. J'ajouterai : quand ils n'ont pas la culture de leur espèce, de leur groupe social ou de leur famille, les gens, comme les bêtes, deviennent méchants.
Qu'était-il donc arrivé à nos jeunes éléphants pour qu'ils se comportent en casseurs ? Leur histoire mérite d'être racontée : l'Afrique du Sud avait décidé de créer un parc idéal, une sorte d'Éden où toutes les espèces africaines seraient représentées. Ils ont donc délimité une zone immense et commencé à importer des animaux. Pour capturer plus facilement les éléphanteaux, les mères furent abattues en masse, puis débitées sous les yeux de leurs petits que l'on avait attachés aux cadavres dans l'attente des camions de transport. À l'époque, on n'imaginait pas à quel point ces animaux étaient intelligents et sociaux ni à quel point ce spectacle pouvait représenter un traumatisme indélébile, au sens clinique du terme. Un peu plus tard, les jeunes furent livrés à eux-mêmes. Ils s'organisèrent en bandes, exactement comme dans nos banlieues, commencèrent à se battre et à terroriser les autres animaux.
D'un point de vue éthologique, on remarque que le fait d'être sevré trop tôt pour un animal social provoque à la fois une agressivité exacerbée et un certain nombre de

1. Muriel Barbery, *L'Élégance du hérisson*, Paris, Gallimard, 2006.

déficits d'intelligence. D'un point de vue psychiatrique, on peut supposer que les éléphants adolescents souffraient d'un syndrome de stress post-traumatique. D'un point de vue épigénétique, il est probable – bien que non démontré – que le traumatisme d'être attachés à leurs mères pendant que celles-ci ont été découpées aurait provoqué une méthylation (une modification chimique consistant en l'ajout d'un groupe méthyle sur un substrat) des gènes responsables de l'agressivité.

Une fois qu'ils eurent compris ce qui se passait dans leur réserve idéale, les gardiens sud-africains, qui connaissaient le hooliganisme des townships, eurent une idée géniale : ils importèrent de vieux éléphants adultes et les lâchèrent dans la nature, au milieu des adolescents violents. Quelques mois plus tard, les meurtres de rhinocéros et les bagarres avaient définitivement cessé. Les modèles d'identification et d'éducation avaient fonctionné. On ne sait pas si les patriarches ou plutôt les matriarches utilisèrent la manière forte, s'ils se montrèrent plus pédagogues ou s'ils montrèrent le bon exemple, mais ils obtinrent de bons résultats. Ont-ils permis une nouvelle mutation, vertueuse cette fois ? L'histoire ne le dit pas mais on peut le supposer.

....

Les conséquences de la maltraitance sur les gènes

Tant chez l'animal que chez l'homme, la maltraitance infantile est systématiquement associée à une plus grande méthylation de l'ADN d'une des régions promotrices du gène codant le récepteur aux glucocorticoïdes[1] (NR3C1). Plus la région

1. De la superfamille des récepteurs nucléaires, ils lient le cortisol, la principale hormone glucocorticoïde dans l'organisme.

de ce gène est méthylée, moins ce gène exprimera de récepteur aux glucocorticoïdes, et plus l'axe hypothalamo-hypophyso-surrénalien (HHS)[1] sera activé. Cela a été montré aussi bien chez les souris mal maternées que dans le cerveau des personnes suicidaires et ayant été abusées sexuellement dans leur enfance[2]. Cet incroyable phénomène a aussi été observé dans le sang d'adultes souffrant d'un trouble de la personnalité *borderline* : plus les traumas dans l'enfance étaient sévères, plus la région promotrice du gène NR3C1 était méthylée[3]. Ces modifications sont donc permanentes et faciles à mesurer par une simple prise de sang. Plus la maltraitance infantile est sévère, plus le gène NR3C1, dans sa région promotrice, sera méthylé et plus l'axe HHS sera activé et plus il sécrétera de glucocorticoïdes dont l'effet neurotoxique perturbera le développement du cerveau, ce qui favorisera l'apparition de troubles psychiatriques à l'âge adulte.

Une fois cette conclusion posée, les chercheurs ont ensuite étudié l'impact d'un traumatisme majeur, celui de l'exposition au génocide rwandais chez des femmes enceintes qui présentaient le même type de modifications, qu'elles ont transmises à leurs enfants *in*

---

1. Il s'agit du système endocrinien qui nous permet de faire face au stress. S'il est trop activé, le syndrome de stress post-traumatique apparaît. S'il est débordé et s'effondre, c'est le burn out.

2. Ian C. Weaver, « Epigenetic programming by maternal behavior and pharmacological intervention. Nature versus nurture: let's call the whole thing off », in *Epigenetics*, 2, 2007, p. 22-28.

3. N. Perroud, A. Paoloni-Giacobino, P. Prada, « Increased methylation of glucocorticoid receptor gene (NR3C1) in adults with a history of childhood maltreatment: a link with the severity and type of trauma », in *Translational Psychiatry*, 1, e59, 2011.

utero. Une fois devenu adolescents, ces derniers ont plus souvent présenté des troubles psychiatriques – dont en premier lieu un trouble de stress post-traumatique[1] – que les autres adolescents de leur âge, alors qu'ils n'étaient pas encore nés au moment du traumatisme.

Enfin, le chercheur Torsten Klengel[2] a démontré que la maltraitance infantile est associée à un plus haut risque de développer un état de stress post-traumatique à l'âge adulte uniquement chez les personnes porteuses d'un gène de vulnérabilité. Cet article fut à ma connaissance le premier à suggérer que les processus épigénétiques de méthylation survenant sur l'ADN pourraient dépendre du code génétique et que, par conséquent, certaines personnes seraient naturellement moins vulnérables aux facteurs environnementaux que d'autres, en ayant par conséquent moins de chances que leurs gènes soient modifiés.

Des phénomènes du même ordre ont également été découverts au niveau du gène codant la protéine BDNF on appelle également cette protéine le « facteur neurotrophique dérivé du cerveau » –, qui est l'un des grands facteurs de développement du cerveau et de sa plasticité, permettant à notre cerveau de se modifier et de s'adapter tout au long de la vie.

Au fur et à mesure que la recherche avance sur le génome entier, on s'aperçoit que les systèmes touchés

---

1. Nader Perroud, « Maltraitance infantile et mécanismes épigénétiques », *op. cit.*

2. T. Klengel, D. Mehta, C. Anacker *et al.*,« Allele-specific FKBP5 DNA demethylation mediates gene-childhood trauma interactions », in *Nature Neuroscience*, 16, 2013, p. 33-41.

par le stress infantile sont de plus en plus complexes et fascinants. On en est aujourd'hui à observer ce qui se passe au niveau des micro-ARN (miARN) – qui forment l'une des grandes voies de régulation de l'expression des gènes –, qui sont aussi concernés par cette théorie.

Cela prouve qu'à la grande roue de la vie nous n'avons pas tous les mêmes chances au départ mais que, à l'arrivée, nous pouvons quand même tous nous en sortir.

En cas de traumatisme grave, si un état de stress post-traumatique se déclare, ce sont des mécanismes psychologiques et neurobiologiques exceptionnels de sauvegarde qui se mettent en place, comme les cauchemars et les flash-back répétitifs (reviviscences), avec d'éventuels états dissociatifs.

Ce sont les traumatismes menaçant l'intégrité physique (confrontation à sa propre mort ou à la mort d'autrui) ou l'intégrité psychique qui sont susceptibles de provoquer un état de stress post-traumatique. Ce sont des situations terrorisantes de par leur caractère anormal, dégradant, inhumain, humiliant, injuste, incompréhensible, scandaleux. Le traumatisme est tellement inimaginable qu'il ne pourra pas être intégré par le cortex fronto-préfrontal. On parle alors d'effraction responsable d'une sidération psychique : toutes les pensées sont envahies par cette effraction.

Le stress extrême est vécu comme un risque vital pour l'organisme ; comme dans un circuit électrique en survoltage, le circuit émotionnel va disjoncter par l'intermédiaire de mécanismes neurobiologiques exceptionnels de sauvegarde, responsables d'une déconnexion du circuit de réponse au stress. Ce court-circuit entraîne une mémoire traumatique et une dissociation avec anesthésie psychique et physique. Comme une porte coupe-feu qui se ferme automatiquement quand l'incendie se propage, des mécanismes de cloisonnement se mettent en place dans le cerveau et évitent un embrasement fatal du système nerveux central. L'affectif est hermétiquement isolé du rationnel, d'où l'amnésie post-traumatique. Ce cloisonnement est la conséquence normale d'une situation anormale[1].

Le problème est que la porte coupe-feu n'est pas parfaitement étanche et que des décharges se produisent : ce sont les cauchemars et les flash-back traumatiques.

L'atténuation de la réponse explosive de l'amygdale (terreur) ne peut se mettre en place comme d'habitude : normalement, le cortex associatif fait intervenir des représentations, des souvenirs extraits de l'hippocampe ou plutôt de son réseau mémoriel, ce qui permet de comprendre ce qui se passe, de relativiser, de comparer, de trouver des solutions dans les apprentissages déjà acquis, de comprendre le contexte. Par exemple, au moment où j'écris ces lignes, je repense à un épisode que j'ai vécu récemment : il se trouve que j'étais à Marseille, à la gare Saint-Charles, cinq ou dix minutes après le tragique attentat où deux femmes ont perdu la vie (le 1er octobre 2017). L'accès à la gare a été interdit et le trafic ferroviaire a été interrompu pendant toute la journée. Au lieu d'arriver à la

1. Muriel Salmona, « La mémoire traumatique », in Marianne Kédia (dir.), *L'Aide-Mémoire de psychotraumatologie*, Paris, Dunod, 2008.

maison (à Lyon) à 16 heures, je suis arrivé à plus de 20 heures, épuisé, ayant conduit une voiture de location pendant des heures. Immédiatement, un mécanisme associatif s'est mis en place : « J'en ai bavé, certes, mais ce n'est rien à côté de ce qui se serait passé si j'étais arrivé dix minutes plus tôt et que j'avais été à la place d'une des deux malheureuses… » Je me suis senti soulagé car j'avais relativisé. Mon cortex associatif a donc demandé à mon hippocampe de convoquer quelques souvenirs, de comparer diverses situations et j'ai été apaisé.

Quand le court-circuit se pérennise, l'amygdale se déconnecte complètement du circuit associatif. Le système nerveux sympathique et l'axe hypothalamo-hypophyso-surrénalien ne sont plus sollicités, il n'y a donc plus de souffrance psychique. Par ailleurs, les endorphines provoquent une analgésie, par conséquent il n'y a plus de souffrance physique.

L'ordre règne à nouveau, mais à quel prix ? Celui de la vie émotionnelle ! L'amygdale est donc déconnectée du cortex associatif, qui ne reçoit plus d'informations émotionnelles. Les stimuli traumatiques vont arriver au cortex sensoriel, via le thalamus, et être traités par le cortex associatif, mais sans connotation émotionnelle, sans souffrance psychologique, sans souffrance physique. Cela va donner une impression d'étrangeté, d'irréalité, d'être spectateur de ce qui nous arrive, un sentiment de confusion, de dépersonnalisation : c'est la dissociation. Un désert émotionnel et un désert terrifiant. Se mettre en mode *off* a un coût particulièrement élevé.

L'amygdale est ainsi déconnectée de tout le reste du système nerveux central et donc aussi de l'hippocampe, qui ne va plus réceptionner le contenu de la mémoire émotionnelle – celle-ci ne pourra plus, soit totalement, soit partiellement, être transformée en mémoire déclarative autobiographique et affective, d'où des troubles de la mémoire pouvant aller jusqu'à une amnésie traumatique complète, mais pas forcément définitive, car souvent les barrages mentaux se rompent et les souvenirs déferlent sans contrôle[1]. Flavie Flament dans son livre *La Consolation*[2] décrit parfaitement le moment où un déclencheur précis, le simple fait de se trouver dans un paysage méditerranéen, dynamite le barrage de son amnésie : elle est submergée par le tsunami du souvenir traumatique de ses viols répétés. En effet, ces événements s'étaient déroulés au bord de la Méditerranée. Ensuite, elle est entrée dans un état de stress post-traumatique avec ses cauchemars, ses flash-back, ses dissociations et sa souffrance abominable.

La mémoire émotionnelle piégée est devenue la source d'un circuit de peur dont l'extinction ne peut pas se faire étant donné que le cortex associatif et l'hippocampe ne peuvent pas jouer leurs rôles modulateurs[3].

1. *Ibid.*
2. Flavie Flament, *La Consolation*, Paris, JC Lattès, 2016.
3. Le passage qui précède doit beaucoup au travail de synthèse du docteur Marc Beck, qu'il en soit remercié ; ainsi qu'à la présentation de Muriel Salmona « Accompagnement des personnes : la mémoire traumatique au centre de la prise en charge médicale, paramédicale et judiciaire », préparée pour un colloque organisé par l'Institut pour le travail éducatif et social (ITES) le 3 novembre 2016.

Le microbiote intestinal et ses possibles dysfonctionnements sont des pistes prometteuses pour la compréhension, voire le traitement de certaines affections psychiatriques[1]. On s'intéresse en effet de plus en plus à la libération de diverses substances issues de la digestion et de la fermentation des nutriments. Parmi ces substances figurent des neurotransmetteurs – comme la sérotonine, la dopamine et le GABA (l'acide gamma aminobutyrique).

Or les souris dépourvues de microbiote ont une altération de leur réponse au stress. Chez les humains, la dépression comme les états de stress post-traumatique sont corrélés à une augmentation des taux de biomarqueurs pro-inflammatoires. Le système immunitaire pourrait donc être impliqué dans la mauvaise gestion des réponses – à la fois immunitaires et nerveuses – aux situations stressantes[2], ce qui pourrait être la conséquence d'un traumatisme antérieur, possiblement très ancien, pouvant même remonter jusqu'à la période prénatale. On peut dès lors imaginer qu'un traumatisme chez une femme enceinte peut retentir chez le fœtus, qui risque de développer un système immunitaire anormal qui, lui-même, facilitera le développement à la naissance d'un microbiote perturbé, lequel aura à son tour un retentissement néfaste sur le fonctionnement immunitaire, situation préjudiciable et susceptible de rendre le sujet plus vulnérable au stress post-traumatique après un traumatisme. La boucle est alors bouclée…

Cette hypothèse d'une flore microbienne anormale rendant vulnérable aux traumatismes est intéressante car elle permet

1. John F. Cryan, « Stress and the microbiota-gut-brain axis: an evolving concept in psychiatry », in *The Canadian Journal of Psychiatry*, 61, n° 4, 2016, p. 201-203.

2. N'oublions pas que le système nerveux central et le système immunitaire ont la même origine embryonnaire (crête neurale).

d'imaginer des pistes thérapeutiques radicalement nouvelles tendant à normaliser le microbiote, comme le charbon actif, la supplémentation en bactéries amies – comme le proposent les différentes préparations dites probiotiques – et même, pourquoi pas, la transplantation fécale…

....

3

Traiter les traumatismes et les crises de dissociation par l'EMDR

Qu'est-ce que l'EMDR (eye movement desensitization and reprocessing) ?

On peut traduire cette technique ainsi : « désensibilisation et reprogrammation par les mouvements des yeux ». Concrètement, elle est dérivée à la fois de l'hypnose, de la psychanalyse, de la *Daseinsanalyse* (une forme de psychothérapie psychanalytique, philosophique et phénoménologique qui s'inspire de l'ouvrage de Martin Heidegger *Être et temps*, publié en 1927) et enfin des thérapies cognitives et comportementales. Elle est étonnamment efficace et elle est aujourd'hui recommandée par les agences gouvernementales de la plupart des pays, notamment l'Inserm et la Haute Autorité de santé pour la France. Elle peut néanmoins s'avérer pénible et difficile à supporter car le principe est de faire revivre dans sa chair, minute après minute, le traumatisme afin d'aider sa digestion. C'est pourquoi on commence toujours par traiter la dépression avant de l'entreprendre, certains sujets pouvant aller jusqu'au suicide en cours de cure.

Le principe est assez simple et je veux utiliser une métaphore non scientifique mais claire pour l'exposer : si je m'écorche le genou, je vais guérir tout seul, sans l'aide de la médecine. Si je me fais une fracture, je vais avoir besoin d'un plâtre, voire d'un chirurgien.

C'est la même chose ici. Si j'ai un traumatisme « normal » – un deuil dans des conditions classiques, un accident banal –, je vais cicatriser tout seul, souvent au prix d'un certain nombre de rêves, voire de cauchemars, mémorisés ou non. Tout se passe comme si, au cours du sommeil, peut-être du sommeil paradoxal, je téléchargeais une pièce jointe, le traumatisme « normal », depuis le cerveau droit vers le cerveau gauche et qu'au cours de ce téléchargement l'information était codée, rendue intelligible, donc plus acceptable et finalement digérée et enfin archivée. C'est probablement au cours du sommeil paradoxal que s'effectue ce téléchargement droit-gauche comme en témoignent les mouvements oculaires rapides caractéristiques de ce stade, qui pourraient être le signe d'un travail d'alternances entre le cerveau droit et le cerveau gauche.

Mais parfois le traumatisme est « extraordinaire », soit parce qu'il est effectivement hors du commun, soit parce que le sujet est dans une période de fragilité – il vient de subir plusieurs traumatismes répétés – ou que ce traumatisme a des résonances particulières chez lui. De ce fait, il se montre incapable de le digérer seul et de l'archiver. Par conséquent, son cerveau émotionnel tente d'opérer le téléchargement la nuit, à travers ses rêves, et, au cours de la journée, avec des flash-back. Mais comme la pièce jointe est trop « lourde », le système dysfonctionne, se met en boucle, ce qui permet de comprendre la répétition des cauchemars et des flash-back à propos du traumatisme. L'ordinateur cérébral finit par se planter complètement, avec une décompensation générale, qui peut mener à la dépression et au suicide. Bien entendu, comme en informatique, tout dépend de l'état de l'ordinateur ou des logiciels lors du traumatisme. Certaines personnes peuvent traverser des drames sans trop de dommages alors que, pour d'autres, la simple mort d'un animal de compagnie, si elle succède à plusieurs deuils, peut provoquer une crise grave.

Au cours de l'EMDR, on oblige le sujet à fragmenter la pièce jointe minute par minute et à la télécharger sous forme de petites pièces jointes, exactement comme on fait avec son ordinateur quand on envoie par fragments un dossier trop lourd.

L'idée est donc de revivre l'événement traumatisant de manière quasi physique en l'interrompant très fréquemment par des séquences où l'on fait travailler les deux hémisphères cérébraux, soit en faisant suivre des yeux un point de droite à gauche puis de gauche à droite (comme si l'on suivait un match de tennis) ou bien en faisant écouter un bruit tour à tour par les deux oreilles ou en tapotant alternativement la face externe de chaque genou.

Cette technique quasi chirurgicale est étonnamment efficace mais particulièrement éprouvante et, au risque de me répéter, je rappelle qu'il est déconseillé de la mettre en œuvre quand on est en pleine dépression avec des idées suicidaires. Lorsque le syndrome post-traumatique est très sévère, il est préférable d'être hospitalisé, de traiter la dépression puis, une fois rétabli, d'entreprendre l'EMDR.

Par moments je me demande – vu son succès – si cette technique ne représente pas le retour de la transe chamanique dans notre médecine occidentale. Il existe en effet tout un courant de praticiens – des praticiens sérieux, des docteurs en médecine, des universitaires – qui essaient semble-t-il de revenir à des stades précoces de la vie (traumatisme de la naissance, vie *in utero*). La médecine occidentale acceptera-t-elle enfin de revenir à ses fondamentaux ataviques ?

Selon moi, il existe une analogie entre les mécanismes du rêve et ceux de l'EMDR dans le traitement du syndrome de stress post-traumatique. La théorie est exactement la même. Une information est stockée dans les circuits affectifs du cerveau droit, du côté de l'amygdale, et n'a pas réussi à être transférée du côté gauche, du côté de l'hippocampe. Le rêve est, on l'a vu, un moyen d'accéder à cette information et de la libérer de la censure de la conscience. L'EMDR aussi.

L'exemple de la séance d'EMDR de Noëlle

Je connais Noëlle depuis plus de quatorze ans. Ses tentatives de suicide, ses hospitalisations, ses automutilations et brûlures à la cigarette ne se comptent plus. Ses avant-bras ne sont plus qu'une succession de cicatrices. Noëlle souffre de ce qu'il est convenu d'appeler un état limite. Pourtant, malgré une enfance déplorable, elle a su construire une belle famille avec un mari qui l'aime, qu'elle aime et quatre enfants très unis, et j'ai perdu le compte de ses petits-enfants. Depuis quelques années, elle tourne autour de la certitude d'avoir été abusée (elle se souvient d'avoir été attouchée par un prêtre ami de la famille) mais se lamente de n'avoir aucun souvenir de ce qu'elle suppose avoir été un viol. Un jour, elle me raconte un rêve :

J'ai un enfant. C'est un garçon d'une douzaine d'années. Il a le physique de mon fils aîné : déjà une bonne taille, la carrure assez large et le visage joufflu. Un autre garçon est en train de plaisanter ; il a le mental de mon deuxième fils. Je les mélange tous les deux et il n'y a plus qu'un enfant qui s'appelle Forrest. Il fait chaud, je lui dis d'enlever son tee-shirt. Il hésite un moment puis finit par le faire. Son torse a beaucoup de mutilations, certaines ont l'air d'être infectées. Selon moi il va faire une septicémie. Je prends peur et serre les dents mais je n'arrive pas à m'exprimer. Je le fais monter dans la voiture, nous allons à l'hôpital et je le dépose devant la porte. Là je le laisse seul et repars au loin.

Noëlle est très triste de ce rêve, qu'elle trouve indigne : elle se juge mauvaise mère d'avoir abandonné ainsi son enfant, seul, à l'hôpital. Une fois de plus je lui explique qu'un rêve est une quête d'informations, de solutions que notre partie consciente ne parvient pas à formuler car elles sont trop scandaleuses pour ne pas être (auto)censurées. Vu le contexte de la psychothérapie, il paraît clair que celui-ci m'est adressé et je le lui dis. Je lui rappelle aussi qu'elle ne doit pas tenter de le comprendre au premier degré.

Interprétation : elle commence par « mélanger » deux de ses enfants, c'est-à-dire compose un être hybride formé de ses deux premiers fils. L'un lui ressemble physiquement, l'autre mentalement. Aussitôt Noëlle comprend que c'est peut-être d'elle-même qu'elle parle puisque c'est son propre corps qui est réellement couvert des mutilations qu'elle s'est infligées (brûlures de cigarette, scarifications dont certaines se sont infectées). Elle « abandonne » Forrest à l'hôpital. Je lui rappelle que sa problématique est justement la peur de l'abandon. À ce moment, je la vois plongée dans une intense réflexion… et elle m'explique : « Vous le savez, cela fait des années que je suis hantée par cette scène invisible, fantomatique : mon viol ! »

Je me tais pour la laisser poursuivre. Parfois le silence est un accueil. Soudain Noëlle se rend compte que l'hôpital est en fait le presbytère où elle allait étant petite, vers douze ans… l'âge des enfants du rêve… l'âge où elle pense avoir été violée. Elle se voit pénétrer dans le bâtiment, aller dans la grande bibliothèque où le curé rangeait des bandes dessinées à l'usage des enfants… et, à ce moment précis, le mur de l'oubli se dresse devant elle. Elle ne voit plus rien. Noëlle est désespérée. Encore une fois elle répète qu'elle est certaine d'avoir été violée à douze ans car, lors de la première fois officielle, au cours de sa nuit de noces, elle n'a pas saigné et n'a pas eu mal. Elle n'était donc plus vierge. Elle a peur que ce soit son père le coupable, « un alcoolique, un faible ».

On décide de faire une séance d'EMDR en démarrant dans le lieu de son rêve, plus précisément au moment où elle se trouve dans la bibliothèque du presbytère. Rapidement, au cours de la séance, le mur de l'oubli s'effondre, une porte s'ouvre lentement, un homme entre et elle revit intensément, physiquement devrais-je dire, son traumatisme… Il la viole, franchit sa porte intime, entre en elle, c'était bien le curé… elle n'en revient pas. « Dommage qu'il soit mort depuis belle lurette, je lui aurais bien réglé définitivement son compte. »

Le lendemain, après une nuit très difficile, Noëlle est épuisée et, trois nuits plus tard, elle fait un nouveau cauchemar :

Je suis avec mon beau-frère Dominique. Il a du mal à se déplacer depuis qu'il a été amputé. Nous allons à une réunion sans prendre la voiture. Je le sais courageux. Arrivés sur place, il y a déjà du monde. Il retrouve ses amis. Je ne le vois plus. Au bout d'un certain temps des personnes s'approchent et me demandent « qui je suisse [sic] ». Je me présente comme la belle-sœur de Dominique, aussitôt ils sont tout sourires, se rapprochent me serrent dans des accolades. Je suffoque, j'étouffe et je meurs.

Interprétation : le curé violeur était-il *dominicain* ? Peu importe au fond. Ce qui compte, c'est qu'elle parle bien du fameux curé. Son cauchemar a inventé une sorte de scénario de bonne fin car *il* est amputé (on se demande bien de quoi). *Il* ne peut plus se déplacer (vers elle ?) et ne représente donc plus une menace. On note le lapsus chez cette dame de Haute-Savoie qui a vécu près de la frontière suisse. Il s'agit bien d'elle. Finalement, le violeur a été castré, donc rendu inopérant. Tout le monde dans la famille est soulagé, la félicite et elle en meurt… de contentement.

Tout au long de la semaine, Noëlle est triste : « J'ai du chagrin. » Je note que, pour la première fois, elle ne dit pas « je suis déprimée ». Je suggère qu'elle commence enfin à faire son deuil et je lui explique : « Il y a deux ans, quand vous avez appris devant moi que votre père était mort, vous n'avez pas versé une larme et vous n'êtes pas allée à l'enterrement. À l'époque vous le soupçonniez de vous avoir violée. — C'est vrai, dit-elle, il était gentil… Au fond, lui aussi était une victime de la perfidie du curé. » Elle pleure des larmes de douceur.

Le lendemain, nouveau rêve :

Il fait chaud et je sens beaucoup d'inquiétude. On m'a dit que je ne pourrais plus venir à la clinique[1]. Désorientée, je sais pourtant que je dois encore progresser. La phrase est ferme : « Non, c'est non, la porte est fermée. Vous ne devez plus venir ! » Je désire en connaître la raison, je repousse cette personne et je frappe à la porte du bureau du docteur Lemoine. Pas de réponse. Je frappe à nouveau. Silence. Lui aussi est parti. Je rentre chez moi par le train en sachant que je n'ai plus de repère. Mon mari est à la maison et je lui dis : « Je n'irai plus à la clinique. » Il ne répond pas. Je pleure. C'est dur d'être seule.

1. Cela fait treize ans qu'elle vient de manière séquentielle. Le lecteur doit savoir qu'auparavant elle passait sa vie internée pour tentatives de suicide, automutilations, se mettait dans des états d'ivresse avec coma. Seules des hospitalisations régulières au fil d'une très longue période permettent de venir à bout de l'angoisse d'abandon et des impulsions ravageuses et laissent espérer la guérison.

Noëlle vient de rêver qu'elle est guérie, ce que je lui avais dit la veille (« votre guérison est en marche »). Elle sait que, si elle guérit, elle ne me verra plus, moi son re-père. Par ses rêves, Noëlle a réussi à (se) raconter la fin de sa psychothérapie.

Pourtant il lui reste un obstacle à franchir : lorsqu'elle est chez elle et que quelqu'un sonne à la porte, elle est incapable d'ouvrir et se réfugie dans sa cuisine. Elle trouve ce comportement « complètement idiot » et en a honte. Tout le monde dans sa famille sait qu'il lui est déjà arrivé de ne pas ouvrir à ses propres enfants. Une nouvelle séance d'EMDR est programmée, avec, cette fois, une technique particulière – que je croyais avoir créée et que j'avais appelée « EMDR de l'avenir » mais qui en fait existe depuis longtemps (dur d'être novateur) ! – et qui s'appelle « scénario du futur ». La méthode consiste à faire vivre au sujet un traumatisme à venir. L'image de départ de la séance est la phrase de Noëlle : « Je suis dans ma maison et *ça* sonne. » Elle est immédiatement – violemment, dirai-je – projetée dans la situation. Elle la vit dans une angoisse extrême et pleure autant que lorsqu'elle a revécu son viol. Elle se décompose, balbutie, se trouble et finit par parvenir à ouvrir la porte.

À la fin de la séance je lui avoue mon incompréhension d'une telle émotion pour une situation aussi ordinaire et, à notre grande surprise (elle autant que moi), elle réplique : « Comment ouvrir avec ce que je risque de trouver derrière la porte ? » C'est à ce moment que j'ai une illumination à partir du mot *porte.* Je lui rappelle que la porte est apparue à deux reprises lors de sa précédente séance d'EMDR : quand le curé franchit la porte de son bureau et lorsqu'il franchit la porte de son intimité. Le visage de Noëlle s'éclaire, un incroyable sourire la transfigure et elle me quitte… vraiment guérie de son symptôme. Depuis lors, quand *ça* sonne, elle ouvre sans même y penser car elle sait que le curé ne peut pas se trouver derrière…

Un autre exemple, l'histoire de Georges

L'événement se déroule le 24 décembre 2000. Au tournant du millénaire, Georges a soixante-sept ans. Marié, père, grand-père épanoui, il a vécu une existence apparemment sans problème… Une belle vie, se plaît-il à préciser. Du moins en apparence. Un beau jour, alors qu'il fait tranquillement la queue dans un supermarché pour finaliser ses achats de Noël, arrivent trois jeunes adolescents cagoulés porteurs de mitraillettes… en plastique. Ils font mine de braquer une caissière et s'emparent de jeux électroniques, détalent et se font pincer par la sécurité dans la minute qui suit. Tout le monde éclate de rire… tout le monde, sauf Georges. La nuit suivante, il commence à faire des cauchemars épouvantables dont il ne se souvient pas. À la grande surprise de ses proches, un mois plus tard il commet une tentative de suicide qui le conduit aux urgences et il est hospitalisé à la clinique. Sa famille est stupéfaite et consternée de voir ce roc jeté à terre.

Compte tenu du tableau clinique, une cure par EMDR lui est proposée en prenant comme point de départ traumatique le simili-braquage auquel il a assisté. Au bout de quelques instants il se met à sangloter et revit avec une intensité rare l'exécution de sa mère par la Gestapo. Le drame s'est déroulé sous ses yeux en 1942 alors qu'il n'avait que neuf ans. « Je n'y avais jamais repensé », dit-il alors. Il a suffi d'une scène évocatrice pour le replonger dans un passé douloureux et refoulé.

Deux séances ont suffi et Georges a pu ressortir au bout de dix jours, complètement guéri et sans traitement.

L'histoire de Georges montre que l'état de stress post-traumatique devient de plus en plus fréquent à notre époque où les occasions d'être agressé par nos congénères se multiplient, surtout depuis que les terroristes font preuve de plus en plus de créativité dans leurs stratégies et trouvent une incroyable caisse de résonance dans les chaînes d'information en continu et plus encore dans les réseaux sociaux, qui n'ont jamais connu aucune réglementation. Nous avons certes besoin d'être informés, mais pas de cette manière.

Dernier exemple avec une jeune fille de dix-neuf ans

Jeanne, une jeune fille de dix-neuf ans, est hospitalisée. Elle souffre d'un état limite et passe son temps à se scarifier, prendre des drogues, accumuler les fugues et les tentatives de suicide. Sa famille – autant qu'elle-même – n'en peut plus. Elle a une peur panique des hommes. Toutes les nuits ou presque, elle se réveille en sursaut. Un cauchemar, toujours le même, la hante… mais elle ne parvient pas à s'en souvenir. Tout ce qu'elle sait, c'est qu'il est lié à « un méchant qui lui fait des choses horribles ». Elle enchaîne les liaisons amoureuses mais se débrouille toujours pour être « larguée », ce qui la navre mais ne l'empêche pas de recommencer avec le suivant dans un infernal et douloureux processus de répétition. Persuadée qu'elle a subi un traumatisme au cours de son enfance, elle me demande de la traiter par EMDR. J'étais embarrassé car, en général, surtout pour un débutant comme je l'étais à l'époque, il est nécessaire de partir d'un traumatisme connu pour commencer les séances. Nous avons alors, elle et moi, décidé de « partir à la pêche ».

Dès la première séance, Jeanne a évoqué le jardin puis la maison de la sœur de sa grand-tante, morte depuis quelques années dans un accident de voiture avec son mari. Elle comprend à ce moment que c'est dans la foulée de cette disparition qu'elle a commencé à décompenser. Ses parents l'avaient placée en nourrice chez sa « Tatie ». En me racontant ou, plutôt, en revivant cet épisode, elle donne des signes d'une terreur extrême. À un moment elle sursaute si fort en se jetant en arrière qu'elle manque de tomber à la renverse avec sa chaise, les quatre fers en l'air. Jeanne me décrit en détail la maison, la disposition des pièces, les papiers peints, les deux autres enfants qui attendent leur tour derrière la baie vitrée. Sa Tatie l'empoigne, la met sur un grand lit, lui écarte les jambes, le mari arrive et… inutile que je donne davantage de détails.

Jeanne est aussi sidérée que moi d'avoir revécu une telle scène. Nous décidons d'un commun accord de convoquer les parents. Elle leur raconte devant moi son scénario de cauchemar. Les parents sont effondrés. Et racontent à leur tour :

Nous avons en effet confié Jeanne à sa grand-tante car elle n'avait pas encore atteint l'âge de l'école maternelle et les crèches étaient saturées. Rapidement, au bout de deux ou trois journées, elle a commencé à hurler la nuit et avant d'aller chez sa Tatie, et à pleurer en rentrant. Elle avait deux ans et demi. Un jour elle a même eu une crise de convulsions. Le pédiatre consulté est resté perplexe car les convulsions n'avaient aucune explication de type épilepsie ou hyperthermie. Il a néanmoins conseillé de changer de nourrice car tout avait démarré à ce moment. Ce qui fut fait et tout rentra dans l'ordre.

Et les parents ont ensuite décrit le jardin, la maison, le papier peint et les deux autres enfants.

Tout le monde était stupéfait de la précision quasi cinématographique avec laquelle ce cerveau de petite fille de deux ans et demi avait enregistré les événements traumatiques.

L'EMDR s'est poursuivi et Jeanne a progressivement retrouvé un bon équilibre, a fait des études de puéricultrice, s'est mariée et aujourd'hui a deux beaux enfants. *Happy end*[1].

1. Contrairement à une légende très répandue, en particulier dans le milieu médical, la guérison complète et définitive intervient souvent en psychiatrie. Au moins aussi souvent que dans les autres spécialités.

4

Une expérience passionnante : « mon » groupe de Dissociées anonymes

Qu'est-ce que les Dissociées anonymes ?

Le groupe des Dissociées anonymes – j'utilise le féminin car dans tout le groupe il n'y a qu'un seul homme – existe depuis 2016. Il est constitué de douze femmes et, donc, d'un homme. Tous ont été hospitalisés pour un état de stress post-traumatique : Angélique, Charlotte, Christine, Christophe, Dominique, Élina, Karine, Léa, Magali, Manon, Nathalie, Noémie et Sarah. Les femmes ont toutes en commun de souffrir de crises de dissociations sévères consécutives à des traumatismes graves qui leur ont été infligés au cours de leur enfance, et l'homme du groupe a subi un traumatisme de guerre. Plusieurs d'entre elles ont fait des tentatives de suicide et se sont scarifiées.

De manière à former un groupe homogène, j'ai soigneusement regroupé des personnes non hystériques, ce qui signifie que, dans la mesure du possible, elles évitent au maximum de dissocier en public et que, si elles en ont le temps, dès qu'elles sentent une crise arriver, elles se précipitent dans leur chambre, car elles jugent ces crises humiliantes. En effet, dans les institutions psychiatriques, il arrive que l'on constate des conduites de « pathomimie[1] », avec des « contaminations » mimétiques de personnes influençables. On peut ainsi assister à de véritables épidémies de suicides ou de scarifications dans les écoles. Les épidémies des « possédées de Loudun » et des « possédées de Morzine » entrent très probablement dans cette catégorie (voir pages 195 et 202. À l'inverse des dissociations, ces transes se passent en public, jamais de manière solitaire.

Le groupe des Dissociées anonymes s'est constitué autour de personnes ayant subi des violences (sexuelles) dans leur enfance, ayant vécu une période d'amnésie postcritique et ayant souffert d'épisodes de dissociations horribles.

Les réunions ont lieu toutes les semaines dans une clinique psychiatrique de l'est de Lyon. La parole y est libre et il n'y a pas de hiérarchie, ce qui signifie que je suis un participant comme les autres. C'est d'ailleurs l'une des raisons pour lesquelles j'ai décidé de travailler avec Corine Sombrun et de me former à la

---

1. Selon le *Dictionnaire des termes techniques de médecine*, de Marcel Garnier et Valéry Delamare, Paris, Maloine, 1974, la pathomimie, « également appelé trouble factice », est « un état morbide voisin de la mythomanie, caractérisé par le besoin qu'éprouvent ceux qui en sont atteints de simuler une maladie, parfois même au prix d'une automutilation ».

transe. Ainsi, je sais de quoi parlent les dissociées, à la différence que les transes sont volontaires et plutôt agréables alors que les dissociations sont abominables, paniquantes et échappent entièrement au contrôle de la volonté, sur le plan tant de leur survenue que de leur conclusion.

Le lecteur pourrait se demander pourquoi il n'y a presque que des femmes dans ce groupe. Ce n'est certes pas par sexisme mais c'est simplement lié au fait que les jeunes garçons sont moins souvent victimes des pédophiles que les petites filles. Ou bien qu'ils arrivent moins qu'elles à en parler, ou encore qu'ils développent moins de syndromes post-traumatiques avec dissociations (ce que je ne pense pas). Je sais cependant, pour en avoir parlé avec mes confrères, qu'il existe des hommes présentant cette pathologie… Toujours est-il qu'un seul garçon a été hospitalisé au cours de la période où les groupes se sont constitués. Néanmoins, j'ai déjà rencontré des hommes victimes de violences sexuelles et qui ont dissocié, dont Raphaël Emeth qui a publié *Ce sera notre secret* en 2018[1].

La première leçon des Dissociées anonymes

Les Dissociées anonymes m'ont probablement dispensé le meilleur enseignement que j'aie jamais reçu dans ma vie de médecin. Elles m'ont donné une sacrée leçon d'humilité, par leur courage mais aussi en me faisant mesurer l'étendue de mon ignorance de psychiatre et en me faisant progresser, voire en me

1. Raphaël Emeth, *Ce sera notre secret*, Paris, Max Milo, 2018.

soignant, ce qui est une entreprise particulièrement difficile s'agissant d'un psychiatre (merci à Léa, Sarah et Nathalie, championnes en la matière).

Ma première question était : pourquoi avoir si peur des crises dissociatives ? N'arrivant pas à comprendre pourquoi toutes, unanimement, seraient prêtes à « faire n'importe quoi » pour échapper à une dissociation, une « dissoce » comme elles disent, je leur ai demandé de m'expliquer pourquoi elles en avaient si peur, quels risques elles pensaient encourir.

Angélique a alors expliqué ses angoisses :

Voici la liste des risques lorsque je dissocie :

— dans la clinique : ne pas arriver à appuyer sur le bouton d'urgence dans la chambre car je ne peux plus bouger, ne sentant plus mon corps. Rester prostrée au fond du parc à cause d'un sentiment d'insécurité et d'hypervigilance et par peur qu'il ne pleuve, du froid, de la nuit et que l'on ne me trouve pas, que je chute et me blesse. Ces situations me sont arrivées ;

— à la maison : fugue dissociative et me retrouver au bord de la nationale près de chez moi. Escalier avec des risques de chute. Rester toute une journée sans boire, ni manger, ni aller aux toilettes ;

— à l'extérieur : risque d'être fauchée par une voiture. Vulnérable et sans défense si je croise une personne qui peut m'agresser, m'enlever. Ces situations me sont arrivées ;

— face à la douleur physique : je suis atteinte d'endométriose et cette pathologie me fait dissocier.

Ces risques sont extérieurs mais il semble qu'à l'unanimité, si la dissociation est tant redoutée, c'est surtout à cause du sentiment de panique intense et de l'impression de mort ou de folie imminentes. En un mot, la dissociation est vécue comme un enfer. C'est la perte de toute maîtrise : une fois en crise, le sujet n'a aucune idée du temps que revenir à soi prendra. De fait, toutes les Dissociées anonymes, sans exception, ont une obsession : essayer (vainement) d'éviter les crises.

La liste des déclencheurs

Par conséquent, je leur ai demandé d'énumérer les « déclencheurs de crises dissociatives », de penser à tout ce qui provoque les épisodes. Le groupe a commencé à plancher sur cette question, qui s'est révélée ardue. Les stimuli déclencheurs, comme on pouvait s'y attendre, sont essentiellement sensoriels et pour chacun évoquent la nature du traumatisme. L'exemple le plus flagrant est celui d'une crise inattendue survenue au restaurant, dans une ambiance pourtant chaleureuse, sécurisante et sympathique : la jeune fille a dans la bouche un aliment à la texture visqueuse et part brutalement dans une crise violente. Elle réalise à ce moment précis que tout a commencé par une fellation imposée quand elle était petite fille.

On pourrait ranger les déclencheurs selon les catégories suivantes :

– la vue : pour une jeune fille qui avait été enfermée à onze ans pendant des heures dans une boîte noire avant de subir une tournante, une panne d'électricité inattendue à la clinique – soit un passage brutal à l'obscurité – alors qu'elle était dans un couloir a déclenché chez elle une crise d'une très grande violence. Ce sont parfois certaines couleurs et certaines physionomies qui provoquent des dissociations : par exemple un homme gros, rougeaud, à cheveux gris, évocation d'un oncle… Flavie Flamant raconte bien dans son livre que c'est la vue d'un paysage corse, méditerranéen qui a déclenché chez elle un retour très brutal des souvenirs de ses viols répétés par David Hamilton au cap d'Agde ;

– l'ouïe : il peut s'agir d'explosions mais aussi de certaines intonations de voix, généralement masculines, de certains rires considérés comme sardoniques ou cyniques ;

– l'odorat : il s'agit ici d'une longue liste de senteurs évocatrices ;

– le toucher : une main posée sur l'épaule par surprise, un enlacement inattendu par la taille, tout contact en particulier masculin, non anticipé, peut déclencher une crise pénible.

Comment gérer ces crises ? Ma technique du scénario de « bonne fin »

J'ai demandé aux Dissociées anonymes de me raconter par écrit leurs cauchemars survenant en cours de dissociation et, si possible, de leur trouver un scénario de bonne fin, un *happy end.* Je pensais que ce serait très facile mais cette tâche s'est révélée impossible pour plusieurs et très difficile pour les autres : chaque fois qu'elles tentaient d'inventer un *happy end,* la scène traumatique s'imposait si brutalement qu'elles se mettaient à dissocier. J'étais parti de la technique utilisée en général avec les enfants qui font des cauchemars répétitifs : ils dessinent ou écrivent leur mauvais rêve – « je suis tout seul dans une forêt, une meute de loups me court après, je me réveille terrorisé ». Puis ils doivent écrire des scénarios de bonne fin. C'est le cas de l'un de mes petits-fils de quatre ans qui s'était mis à hurler au cours de la première nuit qu'il passait chez nous ; alors je lui avais demandé de me raconter une « fin gentille » à son cauchemar : « Un gentil chasseur survient, il tue tous les loups, il me prend dans ses bras et je le reconnais : c'est mon papa ! » La deuxième nuit fut plus calme, pour lui comme pour nous.

Néanmoins, Nathalie est parvenue à inventer une bonne fin après bien des efforts et dissociations. Voici son rêve survenu au cours de la dissociation :

Je déambule dans des couloirs longs et sombres. Je ne sais pas très bien où je vais. À un moment une porte s'ouvre, et j'entre. Je me retrouve dans une petite pièce – comme celles pour se changer à la piscine – et je m'y retrouve enfermée. Au-dessus de la porte, il y a un voyant lumineux. J'entends beaucoup de cris autour de moi. Il y a une sonnerie très forte qui retentit. Le voyant lumineux s'éclaire et la porte s'ouvre. Un homme surgit et me dit de me taire. Il me tourne face au mur et me saisit avec violence... quand je le sens s'insérer en moi la douleur me réveille.

Et voici son scénario de « bonne fin » :

À un moment une porte s'ouvre et j'entre. Je me retrouve dans une petite pièce – comme celles pour se changer à la piscine –, j'y suis enfermée. Je cherche la clé et je la trouve dans mon sac, qui est à côté de moi. J'ouvre la porte. Il y a beaucoup de bruit et une lumière clignote. Cette lumière reste toujours allumée pour prévenir les pannes d'électricité. Il y a beaucoup de bruit et je m'aperçois qu'il y a des enfants qui jouent. Il y a une sonnerie qui retentit. Elle annonce la fin du jeu pour les enfants : il faut retourner en classe. Le voyant au-dessus de la porte s'allume et la porte s'ouvre. Un homme entre, me voit et s'excuse. Il repart en refermant la porte.

Nathalie a réussi un véritable exploit en rédigeant ce texte d'apparence si anodine et qui, pourtant, lui a demandé des efforts surhumains et lui a coûté plusieurs crises dissociatives.

Angélique aussi y est parvenue. Voici son premier rêve en crise dissociative :

Une petite fille se retrouve dans une grande pièce toute blanche. Il y a juste au milieu de celle-ci une grande table ronde en bois sombre et des chaînes posées dessus. La fille a peur, elle est toute petite. D'un coup, elle ressent une pression très forte sur ses petites épaules. Puis tout est noir. Le temps passe. Elle se réveille allongée sur la table, sa chemise de nuit blanche avec des petites fleurs bleues est devenue toute rouge. La petite se relève, elle a peur.

Et son scénario de *happy end* :

Doucement elle arrive à descendre de la table et aperçoit une porte. Elle l'ouvre et, là, elle voit plein de beaux dessins remplis de couleurs. Il y a des pinceaux, de la peinture de toutes les couleurs. Elle s'approche d'un dessin qu'elle trouve très beau. C'est un champ de coquelicots. Elle regarde ses petites mains et elle s'aperçoit qu'elles ont la même couleur que le dessin magnifique. Elle se rend compte que c'est SON *dessin, elle regarde sa chemise de nuit et elle sourit, elle a aussi de la peinture sur celle-ci. Plus elle regarde ses mains ainsi que sa chemise de nuit, plus elle se met à rire, rire de plus en plus fort. Elle est contente, elle se sent légère, la petite fille est fière de son dessin.*

La venue de Corine Sombrun

Corine Sombrun est venue rendre visite aux Dissociées anonymes pour faire une démonstration de transe… très spectaculaire ! Je lui avais demandé de ne pas provoquer de transe dans le groupe car je jugeais que les Dissociées anonymes n'étaient pas prêtes. Néanmoins, trente minutes après la fin de la démonstration, Sarah a commencé dans la salle d'attente une crise dont la gestuelle évoquait pour moi plus une transe qu'une dissociation. Corine étant toujours présente, nous avons porté Sarah dans mon bureau. Corine a alors entamé volontairement une transe près d'elle. Elle s'est approchée de son oreille et lui a parlé à voix basse dans une langue à consonance chinoise et Sarah, allongée, paralysée, souriante, disait « *yes*, *yes*, *yes* » en hochant la tête. La crise a duré peut-être une minute. À son retour, Sarah a éclaté de rire : « Je lui disais *yes*, *yes*, alors que je ne comprenais pas un mot de ce qu'elle me disait et, pourtant, ça me faisait un bien incroyable. » Corine a ajouté : « Je pense que c'est un protolangage accessible à tous, à condition d'être en état de transe. » De plus c'était la Pentecôte, un moment où, dans la religion chrétienne, les disciples de Dieu se sont exprimés dans une langue comprise par tous[1] !

À la suite de cet événement, Sarah nous a écrit : « Je n'ai pas vraiment compris pourquoi j'ai eu besoin de me lâcher, d'entrer en transe. […] Je suis très reconnaissante à Corine pour sa prise en charge. C'était étrange mais efficace. Je n'ai jamais récupéré aussi vite […]. J'aimerais savoir comment vous avez vécu ce moment, Corine. Est-ce que, pour vous, c'était de la transe ? […] Quelles informations avez-vous pu recevoir pendant ce moment-là ? Je cherche à comprendre. Je veux y croire. Mais croire c'est accepter à 100 % mes traumatismes, ce qui reste une lutte interne. » Corine lui a répondu ainsi : « Ce que j'ai vu de votre expérience ressemblait effectivement à une transe. Sans pouvoir l'affirmer, le déclencheur aurait pu se trouver dans les sons que j'ai produits pendant ma démonstration. Quant au langage, il avait bien une signification, dont le sens que j'ai "ressenti" s'organisait autour de deux axes : confiance et sécurité. Si je voulais le traduire plus précisément, je dirais qu'il disait "tu dois revenir parce que tu peux te faire confiance, tu es en sécurité". Et il semblerait que vous ayez compris cette signification en répondant "*yes, yes*" et en sortant de la transe. Mais, là encore, sans pouvoir l'affirmer. »

Bonnes pratiques à respecter en cas de crise

Unanimement, les membres du groupe se plaignaient du manque de professionnalisme de la majorité des soignants quand elles dissocient. J'ai alors constaté que,

1. Actes 2, 1-4.

jamais, au cours de mes études de médecine et de psychiatrie, je n'avais eu un seul cours à ce sujet… Pas plus que les infirmiers, aides-soignants et psychologues.

Je leur ai donc demandé de rédiger une grille de comportements, une sorte de guide de conduite à l'usage des soignants et de leurs entourages. Elles ont alors écrit un texte remarquable, si remarquable que je l'ai soumis au service Qualité de la clinique, qui l'a validé, imprimé, plastifié et affiché dans les salles de soins afin que les infirmiers et aides-soignants puissent s'y référer et éviter les erreurs. C'est, je crois, la première fois qu'un document élaboré par des patients à l'usage des soignants a été officialisé et j'avoue en tirer une grande fierté car, selon moi, cette ouverture est la marque d'une grande maturité et d'une non moins grande humilité de la part de l'institution.

Voici le tableau d'aide à la gestion de la crise de dissociation élaboré par les Dissociées anonymes.

À FAIRE	À NE PAS FAIRE
Annoncez-vous, présentez-vous	Ne touchez pas le patient sans le prévenir de l'endroit du contact
Mettez-vous à la hauteur du patient	N'approchez pas depuis l'arrière
Parlez doucement et faites des pauses brèves	Ne pas se mettre en position dominante
Donnez des repères spatiaux et temporels : « Nous sommes lundi 3 mars 2017, à la clinique, revenez vers moi, accrochez-vous à ma voix »	Ne laissez pas le patient tout seul sans son accord (attendez qu'il soit revenu de sa crise)

Sécurisez l'environnement	Évitez tout mouvement et/ou bruit brusque
Faites éloigner toute personne non nécessaire	Ne montez pas le ton de votre voix pour obtenir une réponse, vous êtes sûrement entendu, mais le patient peut être incapable de répondre
Maintenez un seul contact verbal ou tactile ; s'il y en a plusieurs, cela peut être vécu comme une agression	N'insistez pas sur des exercices d'ancrage ; si le patient ne répond pas, c'est qu'il n'est pas encore suffisamment revenu
Proposez des exercices d'ancrage (donnez la couleur des objets, comptez à rebours de 3 en 3, « attrapez cette peluche », chantez une chanson d'enfant, faites des étirements, poussez les murs). Proposez la boule antistress	Ne montrez pas votre frustration, votre impatience, votre panique. Tout cela est ressenti par le patient, et vécu comme une agression
Si un contact est nécessaire, prendre doucement la main ou, à la limite, le bras	N'utilisez surtout pas la force, ni verbale ni physique. Le patient serait terrorisé et risquerait de se débattre
N'ayez pas de hâte. Si possible laissez le patient se lever ou se mettre sur un siège	N'évoquez jamais le traumatisme pendant la crise
Si le corps du patient se relâche, essayez de guider sa chute afin d'éviter les éventuels dégâts	N'évoquez jamais le ou les déclencheur(s) pendant la crise

À savoir : Le patient ressent une détresse extrême lors de la dissociation. Ses sens sont décuplés et il peut à cet instant revivre et ressentir son traumatisme. C'est pourquoi il est impératif de le rassurer tout en le remettant dans l'ici et maintenant. Revenir sur place 15 minutes après la crise pour s'assurer que tout va bien

Par ailleurs, les Dissociées sont en ce moment en train d'élaborer un kit de sortie de crise contenant un ensemble de flacons de couleurs, de textures et d'odeurs différentes, qu'elles pourront toucher, visualiser et humer en cas de dissociation. Ancien lecteur des livres de la comtesse de Ségur, je me suis souvenu que, lorsque les femmes de la haute société avaient des dissociations appelées « vapeurs » ou « pâmoisons », leurs servantes leur passaient sous le nez « les sels et le vinaigre ». Les sels désignaient alors l'alcali ou l'ammoniac, qui peut réveiller un mort. Avec ces flacons, en cours de fabrication, je pense que l'on pourra obtenir des sorties rapides de dissociations.

Faire connaître la dissociation au grand public

Un des moments forts de la vie du groupe a été le tournage d'un reportage télévisé par France 5 « Viols sur mineurs : mon combat contre l'oubli », réalisé par Flavie Flament et diffusé le 15 novembre 2017. J'avoue avoir été particulièrement fier de mes sept guerrières de l'époque. Les journalistes ont été sidérées : elles s'attendaient à tomber sur des filles effondrées, détruites, humiliées, en un mot des victimes et, à l'opposé, elles ont découvert un commando de militantes prêtes à en découdre avec leur destin tragique et surtout à aider leurs sœurs et leurs frères en maltraitance.

Les idées ont fusé : faudrait-il créer une association ? s'inscrire comme un *living lab* auprès de la communauté européenne ? agir auprès des politiques pour rendre obligatoire dans les programmes (depuis la maternelle jusqu'au collège) une heure par an de mise en garde afin d'expliquer aux enseignants comment repérer chez leurs élèves les stigmates des sévices, et aux élèves que leur corps leur appartient et que les adultes ne peuvent pas tout se permettre ? Ces interventions dans les écoles, selon mes Dissociées anonymes, devraient être assurées par des patients experts[1] ou pairs aidants, c'est-à-dire d'anciennes victimes décidées à agir pour que « ça cesse ».

Malheureusement, cette séquence a été supprimée du documentaire par la chaîne… Le groupe a été un peu frustré mais s'en est remis, tant aujourd'hui ses capacités de résilience sont importantes. Surtout, les Dissociées étaient fières car elles avaient réussi à parler librement devant une caméra et, pour elles, cela était un exploit autrement plus difficile que de gravir l'Everest… Par la suite, Flavie Flament est venue à la clinique. Ce fut une belle, une formidable consolation. L'animatrice est restée deux heures dans le groupe, humble participante, bienveillante, et a même accepté d'être la marraine des Dissociées anonymes. Qu'elle en soit remerciée !

Un autre chantier a par ailleurs été ouvert dans le groupe : la rédaction d'une nouvelle fiche pour aider l'entourage, les enseignants, les soignants et les familles, à repérer les signes d'un syndrome post-traumatique.

1. Appellation que je trouve désastreuse car elle suppose et risque d'induire un sentiment de supériorité de ces personnes vis-à-vis des patients non experts.

Un point commun entre toutes les Dissociées anonymes : la capacité à avoir des « rêves lucides »

Avant de terminer à propos de ce groupe, un point m'a particulièrement marqué : elles étaient toutes capables d'avoir des rêves lucides. Selon moi, ces rêves sont comme une transe, mais se produisent en sommeil paradoxal.

Léon d'Hervey de Saint-Denys, professeur de chinois et de tartaro-mandchou au Collège de France, a été le premier à signaler l'existence du rêve lucide, cet état curieux pour ne pas dire bizarre. Concrètement, lorsque le dormeur rêve, il *sait*, il est conscient que c'est un rêve. Cette capacité concernerait environ 5 % de la population. Chose encore plus étonnante, Hervey de Saint-Denys se disait capable de diriger ses rêves, ce qui est encore plus rare même si certains de mes patients m'ont affirmé qu'il pouvait leur arriver de modifier consciemment le déroulement de leurs scénarios oniriques.

Toutes les patientes du groupe ont des rêves lucides. Il se trouve que par ailleurs la majorité d'entre elles ont vécu des expériences de mort imminente et que celles qui n'en ont pas vécu décrivent leur expérience traumatique de manière si terrifiante que l'on peut se demander si ces traumatismes ne sont pas des équivalents d'expériences de mort imminente, puisque le traumatisme correspond à une effraction mortifère, corporelle ou psychique. Beaucoup ont en effet cru mourir quand elles ont été violées et torturées et, souvent, au moment des faits, elles ont dissocié, devenant inertes, sortant de leur corps et assistant de plus loin à l'horreur… en mode *off*. Selon moi, il existe un lien très fort entre expérience de mort imminente, rêves lucides et dissociations…

Stephen LaBerge, de l'université Stanford, a lui aussi beaucoup étudié ce curieux phénomène, qu'il décrit en 1985 dans son livre *Le Rêve lucide. Le pouvoir de l'éveil et de la conscience dans vos rêves*[1]. Il prouve notamment que les rêves lucides sont bien des rêves qui ont lieu au cours du sommeil paradoxal et pas des rêveries ou des fantasmes nocturnes. Pour cela, il a conçu une expérience originale : après avoir sélectionné un certain nombre de rêveurs lucides, il leur a proposé de dormir dans son laboratoire du sommeil pour qu'ils soient enregistrés. Sachant qu'au cours du sommeil paradoxal nous sommes totalement paralysés, à l'exception des muscles interdigitaux qui permettent aux doigts de bouger, il leur a donné une consigne : lorsque vous rêverez et que vous saurez que vous rêvez, vous bougerez trois fois les doigts. Les résultats sont irréfutables : c'est toujours au cours du sommeil paradoxal que les sujets ont remué leurs doigts, démontrant qu'il s'agit bien de rêves.

Être conscient de ses rêves, être capable de les diriger à sa guise, voilà qui se rapproche singulièrement de la transe et de tous les états modifiés de conscience ! Dans les deux cas, la conscience est autre.

Concernant les patientes qui participent au groupe des Dissociées anonymes, il est probable que ce soit là une piste de soins possible et exploitable : lorsqu'on a ce don, il suffit, lors de l'endormissement, de se conditionner mentalement pour vivre un rêve lucide

---

1. Stephen LaBerge, *Le Rêve lucide. Le pouvoir de l'éveil et de la conscience dans vos rêves*, Neuffontaines, Oniros, 1999.

et d'en prendre le contrôle pour glaner quelques informations utiles. Récemment, lors d'une réunion avec l'une des Dissociées, elle a expliqué qu'elle travaillait à peaufiner ses rêves lucides ; elle se disait, avant de s'endormir : « Je vais faire un rêve lucide sur tel ou tel thème » ; puis, un peu plus tard : « Une fois que je serai dans ce rêve, je vais en prendre le contrôle », et enfin : « Je vais rêver de mon traumatisme et je vais lui inventer un scénario heureux, les méchants seront réduits à l'impuissance et je serai délivrée. »

Une autre Dissociée anonyme parvient aussi à provoquer des rêves lucides à propos de son traumatisme sans dissocier, et commence à rêver son scénario de bonne fin. Les deux femmes vont nettement mieux sur le plan clinique et ont moins de dissociations dans la journée. Kévin Fincl, fondateur et directeur de l'Arche, un institut de formation à l'hypnose éricksonienne, connaît particulièrement le rêve lucide et explique que, lorsqu'on se forme à l'auto-hypnose, il est possible de déclencher et diriger des rêves lucides. C'est sans doute une voie prometteuse pour le groupe.

Le rêve lucide, une piste à explorer pour surmonter le traumatisme

Le rêve lucide est, je pense, un outil qui n'a encore jamais été utilisé par la médecine, et c'est bien dommage. Il s'agit pourtant d'une autre brèche entre conscient et inconscient. Attention, si tous les sujets vivant des dissociations ou des transes chamaniques sont, dans mon expérience, des rêveurs lucides, le contraire n'est pas vrai. Tous les rêveurs lucides n'ont pas forcément subi des traumatismes ou des expériences de mort imminente, bien évidemment.

Cette capacité à vivre consciemment ses rêves aurait certainement enchanté Freud s'il l'avait connue. Il l'aurait probablement exploitée dans ses psychanalyses en proposant à ses patients de piloter leur inconscient comme on pilote une voiture de Formule 1. Les médecins, en particulier les psychiatres, devraient systématiquement poser la question du rêve lucide à leurs patients en psychothérapie et leur suggérer de prendre le contrôle de celui-ci et de le transformer en voyage thérapeutique au pays de l'inconscient.

C'est probablement l'un des plus grands chantiers encore vierges qui restent à ouvrir en matière de suivi psychiatrique. Les rêveurs lucides sont des chamanes qui s'ignorent. Puisse ce livre contribuer à leur en faire prendre conscience et à commencer à exploiter ce don comme on exploite un filon dans une mine d'or.

5

Ma thèse : il faut transformer les dissociations en transe

Pour illustrer mon propos, le rêve de Manon

Manon, vingt-deux ans, souffre d'un état de stress post-traumatique. L'amnésie est telle dans son cas qu'elle ne parvient pas à se rappeler quel fut son traumatisme. Comme elle le dit très joliment : à défaut de souvenirs visuels, elle a des « souvenirs corporels ». Je la remercie de m'avoir autorisé à reproduire son cauchemar *in extenso* :

> Au début, je m'occupe d'une enfant, elle a à peine trois ans, puis, peu à peu, je deviens cet enfant. Je suis jeune, pas plus de six ans. Je dois embarquer dans un bateau, je monte ; c'est au tour de mon frère de monter, il tombe à l'eau et, tandis qu'il essaie à nouveau, le bateau chavire. Je ne sais pas nager, je suis coincée. Un homme me sauve la vie. Il ne paraît pas vieux, mais je ne sais pas son âge. Plus tard, j'ai mon âge actuel,

ou un peu moins. Je retourne sur les lieux avec ma famille. Mon père est bien accueilli, il retrouve plein de connaissances. Et puis, il y a quelque chose de retrouvé par quelqu'un et le maire (ou quelque chose comme ça) cherche son propriétaire. Il semble que ce soit mon père. Il ressemble à la bonne description. Ce quelque chose, c'est un coffret. Mon père est alors dans une sorte de hangar, sur le port, je suis dehors avec quelqu'un d'autre, à qui je raconte ma mésaventure de la noyade. Mon père ouvre le coffret et, à l'intérieur, se trouve le masque de cire d'une enfant, ainsi qu'une sorte de masque de cire de ses parties intimes. Mon père ne veut pas y croire, il a peur. De mon côté, une équipe revient de la mer. Dans cette équipe je reconnais un homme, celui qui m'a sauvé. Il a l'air de ne pas être heureux de me revoir, l'angoisse se lit sur son visage, je ne comprends pas. Il se dépêche d'aller dans le hangar et veut détruire le coffret, les preuves. Je le suis mais d'un peu plus loin et, lorsque j'arrive, il se bat avec mon père, et essaie de le tuer à coups de pioche. C'est alors que cela me revient. Je sais ce qu'il m'a fait, la torture infligée. Je me mets à hurler, et je tombe à terre. Je ressemble à une sorcière que l'on exorciserait, [...] mon visage se transforme et se déforme. Je continue de hurler. Je me réveille.

Interprétation : sans vouloir faire de la psychologie de comptoir puisque je ne connais Manon qu'à travers le groupe des Dissociées anonymes et que j'ignore tout de sa vie, il semble clair que, dans ce rêve, se trouve la solution de l'énigme qui la hante… Qui est ce mystérieux sauveur-bourreau ? Qu'y a-t-il dans le coffret ? Qu'aurait-elle subi à trois ans ?

La suite le dira peut-être, quand Manon aura plus avancé dans sa thérapie par EMDR. Mon idée, c'est que, dans un contexte de stress post-traumatique ou de trouble panique, la crise dissociative n'est autre qu'une transe ratée. Dans les deux cas, il s'agit bien entendu d'un état modifié de conscience. La dissociation est non désirée, non maîtrisée et extrêmement pénible du fait de la panique (impression abominable de devenir fou et/ou de mourir) qui l'accompagne quasi systématiquement. La personne qui dissocie est en général surprise par la crise et c'est pour cette raison que je lui demande systématiquement de coucher par écrit la liste de tous les déclencheurs ; elle ne sait pas combien de temps elle va durer ni quand elle va reprendre. De l'autre côté, la transe est agréable, maîtrisable et maîtrisée : elle démarre selon sa volonté, le sentiment de contrôle du phénomène est permanent, avec une possibilité de l'interrompre. Enfin, la transe procure un intense sentiment de plaisir, de satisfaction, de détente, de joie.

C'est pourquoi, toujours selon moi, il « suffirait » de transformer la dissociation en transe… Mais pour l'instant, la peur des dissociations est telle que les intéressées ne se sentent pour la plupart pas prêtes à sauter le pas. Trois d'entre elles ont cependant suivi une formation à la transe.

Des essais convaincants

Je vais maintenant raconter l'expérience de l'une d'entre elles, qui est dans un processus dissociatif post-traumatique sévère. Il s'agit de Christine, âgée de cinquante ans, membre actif du groupe des Dissociées anonymes. Comme les autres, elle a subi des avanies dans son enfance et multiplie les dissociations et les périodes de dépression, ce qui la contraint à des hospitalisations itératives. Elle bénéficie de séances d'EMDR mais, à la différence des autres femmes concernées, elle a très envie d'inaugurer de nouvelles voies thérapeutiques. Elle est ainsi allée au Gabon il y a quelques années pour participer à des séances de transe dans un contexte traditionnel, à savoir le rite *bwiti*. Je lui ai dit – plusieurs années après, il est vrai – ma désapprobation quant à l'utilisation de plantes inductrices telles que l'*iboga*[1], interdit en France. Non seulement cette plante est considérée comme une drogue, mais en outre le *bwiti* est une pratique sectaire et dangereuse « tant sur le plan physique que psychique[2] ». Toujours est-il que Christine avait déjà expérimenté la transe mais il lui manquait la capacité de l'auto-induire sans recourir à la chimie. Elle a donc rencontré Corine Sombrun à Paris. Les choses se sont bien passées et semblent avoir eu un effet positif.

---

1. L'*iboga* a été commercialisé de 1950 à 1967 par le laboratoire Houdé puis a été retiré du marché du fait des complications cardiaques qu'il est susceptible d'induire. Depuis 1989, l'ibogaïne fait partie des produits dopants interdits par diverses fédérations sportives dont le Comité international olympique. Certes, comme le *peyotl* au Mexique ou l'*ayahuasca* au Pérou, ce genre de stupéfiants est généralement moins dangereux à prendre quand il est consommé dans un contexte rituel traditionnel sérieux et contrôlé, mais, chez les personnes fragiles, il peut avoir des conséquences ravageuses.

2. Selon un rapport de la Mission interministérielle de vigilance et de lutte contre les dérives sectaires (Miviludes) de 2007.

Cependant, tant que Christine ne parviendra pas à auto-induire ses transes, à les provoquer « à la demande » chaque fois qu'elle sentira venir un épisode dissociatif, nous ne pourrons pas tirer de conclusions au sujet de cette intuition de la nécessité de transformer les dissociations en transe.

Conclusion

Les états modifiés de conscience sont thérapeutiques

Les récits de rêves, de traumatismes, de transe et de dissociations ont inondé toute notre Histoire. Nombreux sont les personnages célèbres, souvent mystiques, qui se sont révélés à la suite d'un traumatisme. Ils ont « vu » ou « ressenti » des choses et ont tiré des leçons de ces enseignements. Je pense :

– à l'épisode de la Pentecôte et des onze apôtres survivants (Judas est absent, et pour cause…) : les apôtres sont sévèrement traumatisés par la mort de leur chef charismatique. Ils sont par ailleurs traqués par la police secrète romaine. Effondrés, apeurés, stressés, déprimés, ils se réunissent en secret cinquante jours après la crucifixion et c'est alors que des *langues* de feu se posent sur chacun d'entre eux, formalisant la venue de l'Esprit. Il s'agit ici d'un épisode de communication inspirée qui permet aux disciples de s'exprimer dans d'autres langues que le galiléen. Ce phénomène est typique d'une transe collective[1] ;

1. En 1967, quelques professeurs de l'université de Pittsburgh en Pennsylvanie ont ainsi participé à une rencontre avec des

– à Thomas d'Aquin qui, à partir du 6 décembre 1273, date à laquelle il dit avoir connu un bouleversement spirituel pendant la messe, a cessé d'écrire. Selon ses dires, en comparaison de ce qu'il a compris à ce moment du mystère de Dieu, tout ce qu'il a auparavant rédigé lui paraît « comme de la paille » et sans importance ;

– à Blaise Pascal qui, un jour, en traversant le pont de Neuilly, assure avoir « vu la mort de près » lors d'un accident avec son carrosse. Était-ce une expérience de mort imminente ? Rien n'est moins sûr et, en tout cas, l'histoire ne le dit pas. Toujours est-il que le lendemain il arrête définitivement les mathématiques et devient l'immense philosophe mystique que l'on connaît.

Parfois, c'est simplement la certitude d'être sur le point de mourir qui produit des effets mystiques. En 2000, l'écrivain Éric-Emmanuel Schmitt raconte dans son roman *L'Évangile selon Pilate*[1] comment Jésus-Christ, au bout de quarante jours de jeûne dans le désert, est entré en transe avant de devenir le Messie. En 2015, Éric-Emmanuel Schmitt se met lui-même en scène dans *La Nuit de feu*[2] : perdu dans le désert, il est sur le point de mourir de soif, de sombrer dans le néant

---

pentecôtistes. Ils voulaient vivre le fameux baptême en expérimentant l'effusion de l'Esprit saint qui donne aux fidèles le don des langues, la capacité de prier à haute voix dans un langage inconnu. La nouvelle s'est répandue comme une traînée de poudre chez les étudiants catholiques américains, qui à leur tour ont voulu vivre cette expérience qualifiée de charismatique.

1. Éric-Emmanuel Schmitt, *L'Évangile selon Pilate*, Paris, Albin Michel, 2000.

2. Éric-Emmanuel Schmitt, *La Nuit de feu*, Paris, Albin Michel, 2015.

et… expérimente une transe, avant de trouver la foi. Apparemment, Dieu se niche quelque part dans notre hémisphère droit et se révèle (parfois) à nous, quand nous sommes suffisamment en danger pour entrer en transe…

On pourrait multiplier à l'infini les exemples de changements de cap de vie, souvent en direction d'un engagement mystique ou religieux, consécutifs à un traumatisme sévère. Seul un grand écrivain a été capable de décrire ce phénomène, Gustave Flaubert, en écrivant : « Chacun de nous a dans le cœur une chambre royale ; je l'ai murée, mais elle n'est pas détruite[1]. »

Toujours est-il que chacun d'entre nous recèle, au tréfonds de son âme, des informations tellement enfouies qu'elles sont devenues inaccessibles. Ces informations, ces données pourraient rester en sommeil toute notre vie s'il n'existait pas quelques fissures dans les murs de la « chambre royale ». Fissures d'où s'échappent des vapeurs subtiles qui vont se préciser sous forme de rêves, de lapsus, d'actes manqués, d'intuitions, ou par des épisodes de dissociation quand le traumatisme est trop fort.

Dame Nature semble avoir trouvé une parade, avec les états modifiés de conscience, pour accéder à un certain nombre d'informations, voire de solutions pour éteindre l'incendie qui couve au fond de certains d'entre nous.

1. Gustave Flaubert, *Correspondance*, Paris, Louis Conard, 1929.

Mettre les états modifiés de conscience au cœur de nos médecines

Curieusement, alors que les médecines orientales et les médecines traditionnelles utilisent les états modifiés de conscience comme des techniques de soin presque banales – en tout cas validées par le groupe social –, la médecine occidentale, avec son obsession de se démarquer des « charlatans » et autres tradithérapeutes, a tendance à tout confondre et à négliger – pour ne pas dire mépriser – ces moments de lâcher-prise.

Freud a identifié une partie de notre être appelée « inconscient », qu'il a proposé d'explorer grâce à la psychanalyse. Alors pourquoi des praticiens formés et diplômés ne pourraient-ils pas développer une autre forme d'exploration, probablement beaucoup plus puissante ?

D'après une étude épidémiologique britannique, près de la moitié des Anglais (48 %) auraient subi ou recherché au moins une fois une expérience de conscience modifiée[1]. On est donc devant un phénomène courant, banal, pour ne pas dire normal. Je pense même que ce chiffre est largement sous-estimé car, chaque fois que l'on est « transporté » d'émotion devant un tableau ou une musique (syndrome de Stendhal[2]), à chaque orgasme, chaque fois

1. R. Pechey, P. Halligan, « Prevalence and correlates of anomalous experiences in a large non-clinical sample », in *Psychology and Psychotherapy: Theory, Research and Practice*, 85(2), 2012, p. 150-162.

2. Le syndrome de Stendhal se caractérise par une intense surcharge d'émotions chez les voyageurs découvrant un autre pays ou chez des personnes en admiration devant une œuvre d'art. Elle

que l'on a un peu trop bu et même chaque fois que l'on rêve, on vit un état modifié de conscience, un moment où l'on explore une zone de son cerveau habituellement silencieuse. Par conséquent, ce serait 100 % des gens qui subiraient ou rechercheraient ce genre d'état second.

Ce n'est donc pas une surprise si l'utilisation thérapeutique de la transe est si répandue à travers notre planète : à partir de l'étude de 488 sociétés, les anthropologues ont découvert que 90 % d'entre elles pratiquaient au moins une forme de transe institutionnalisée et que 57 % de ces pratiques étaient des transes de possession[1]. Cela se déroule souvent sous la forme de cérémonies d'initiation pour passer d'un état à un autre de sa vie.

Pourtant en Occident, à cause de son rationalisme exacerbé, la science médicale s'est évertuée à chasser toute référence au chamanisme, à la possession et à l'exorcisme, qui ont été relégués au rayon des films d'horreur. La médecine occidentale néglige, occulte, voire disqualifie les syndromes qui ne correspondent pas à ses critères de classification, oubliant que près de 60 % des consultations sont motivées par ce qu'il est convenu d'appeler les « troubles fonctionnels », autrement dit les souffrances impossibles à identifier avec précision et surtout à situer anatomiquement, comme

---

peut se traduire par un évanouissement, une chute, une pâmoison. En un mot, par une transe si c'est agréable, une dissociation si c'est pénible.

1. T. Oohashi, N. Kawai, M. Honda, S. Nakamura, M. Morimoto, E. Nishina, T. Maekawa, « Electroencephalographic measurement of possession trance in the field » in *Clinical Neurophysiology*, *113*(3), mars 2002, p. 435-445.

les maux de tête, les lombalgies, la fatigue chronique, l'insomnie, la fibromyalgie et le mal-être général. Elle ne propose pour ces patients que des médicaments qui sont inefficaces dans ces situations et induisent force effets secondaires.

Apprendre des chamanes

C'est à la suite d'une série de discussions avec Corine Sombrun que j'ai réussi à comprendre le processus chamanique. Dans l'un de ses livres, elle explique ainsi que « lorsqu'un éleveur mongol ressent un mal-être, des symptômes préoccupants et persistants, il s'en va trouver une ou un chamane et lui raconte ses malheurs. Celle-ci ou celui-ci entre alors en transe et s'en va demander aux esprits quelle est la bêtise qu'a bien pu faire l'éleveur. Et les esprits le lui disent : il a manqué de respect à sa femme ou à ses enfants, il a abattu cruellement une de ses bêtes, etc. Cette "bêtise" perturbe les esprits qui, en retour, tourmentent ledit éleveur. À son retour dans le monde visible, la ou le chamane explique le problème à son patient, qui doit alors faire amende honorable auprès de ceux à qui il a manqué de respect de manière à obtenir la guérison. Demander pardon à sa famille, à ses bêtes… et tout rentre – généralement – dans l'ordre[1] ».

En réalité, tout état modifié de conscience est une tentative de recherche d'informations ailleurs que dans le monde « normal ». Que l'on fasse appel aux esprits si l'on est mongol, à l'inconscient si l'on est occidental,

1. Corine Sombrun, *Journal d'une apprentie chamane*, *op. cit.*

c'est le même phénomène. Lorsqu'on voyage dans ces étranges régions de l'esprit humain, on a accès à un savoir occulte inconscient et refoulé.

Faire confiance à l'irrationnel

Notre bel Occident a tout fait pour nier ces phénomènes et c'est bien dommage. Pourtant, l'irrationnel a commencé à pointer le bout de son nez depuis le XIXe siècle. Le médecin allemand Samuel Hahnemann a le premier contesté les lois de la chimie, de la pharmacologie et de la physique atomique en défendant l'homéopathie. Celle-ci a fini par acquérir – par la petite porte certes – droit de cité dans l'enseignement universitaire.

Faut-il radier les médecins allopathes[1] … et les traduire en justice … comme charlatans[2] ?

Portée par cent vingt-quatre signataires, parmi lesquels des grands noms de la médecine, la tribune du 18 mars 2018 dans *Le Figaro* pose à mon sens deux problèmes du fait de son étonnante violence vis-à-vis des praticiens tenants des médecines dites naturelles ou alternatives, dont au premier plan l'homéopathie et l'acupuncture.

---

1. Par opposition à l'homéopathie, la médecine allopathique prescrit des médicaments.

2. À la suite de la parution de « L'appel de 124 professionnels de la santé contre les "médecines alternatives" » dans *Le Figaro* du 18 mars 2018, j'ai rédigé cette tribune, que je retranscris ici en partie. Je l'ai proposée au journal en question qui l'a refusée… allez savoir pourquoi.

D'une part, un questionnement déontologique, pour ne pas dire éthique : dans le cadre du serment d'Hippocrate, des médecins peuvent-ils insulter d'autres médecins en les traitant de charlatans, proposer leur radiation et même de les traduire devant la justice ? L'attitude embarrassée de l'ordre des médecins à ce sujet montre à l'évidence qu'un seuil a été franchi.
D'autre part, un questionnement scientifique. L'essentiel de l'argumentaire de ladite tribune est que les médecines alternatives sont fautives car elles ne reposent en aucun cas sur des études scientifiques valables et ne se conforment pas à la sacro-sainte médecine fondée sur la preuve, l'*evidence based medicine* des auteurs anglo-saxons. Et c'est tout à fait vrai ! Est-ce une raison suffisante pour les bannir ? N'y a-t-il vraiment de salut pour toute la médecine que dans cette voie étroite ?
Faut-il pour autant vouer aux gémonies ces médecines que je préfère appeler physiologiques ou écologiques en ce sens qu'elles cherchent à proposer un abord holistique, ne considérant pas l'individu comme un simple assemblage, une addition d'organes, mais comme un tout ? […]
Plutôt que de mépriser, voire vilipender leurs confrères homéopathes, les auteurs de la tribune devraient s'interroger sur les raisons du succès jamais démenti de l'homéopathie […]. Les homéopathes ont compris comment réunir tous les ingrédients utiles pour optimiser l'effet placebo, c'est-à-dire comment favoriser – et non pas s'opposer à – la fabrication par l'organisme des médicaments dits endogènes ; en effet, notre cerveau est une incroyable usine pharmaceutique capable de tout soigner ou presque et de s'opposer à la fièvre, la douleur, l'infection, de reconstruire les tissus lésés, d'éviter le cancer, etc. !
Si la médecine devait abandonner le terrain de la placebothérapie, elle précipiterait inéluctablement les patients dans les bras des guérisseurs, magnétiseurs, rebouteux, sorciers,

marabouts et autres charlatans [...] qui s'avèrent dangereux. En effet, sans diplômes ni formation officielle, ne disposant pas d'examens complémentaires, ils sont par nature incapables de poser un diagnostic correct [...].
Je rejette évidemment les homéopathes sectaires, une espèce nuisible qui a effectivement sévi et est heureusement en voie de disparition. Ils prétendaient tout soigner, en particulier les maladies organiques curables, cancer, diabète, infections, maladies cardiovasculaires, etc., à coups de dilutions infinitésimales ! [...]
Pour résumer ma pensée en essayant de ne pas être trop manichéen, la médecine conventionnelle est la seule efficace dans le domaine des maladies organiques, localisables. Prescrire autre chose que des « vrais » médicaments en cas d'infection, de cancer, de maladie cardiovasculaire, neurologique dégénérative, auto-immune... est en tout état de cause [...] condamnable. En revanche, cette même médecine est inefficace et toxique en cas de maladie fonctionnelle, lorsqu'il n'existe pas de cause palpable. Prescrire à l'heure actuelle un somnifère en cas d'insomnie, un tranquillisant en cas d'anxiété, de la cortisone prolongée en cas de douleur chronique est [...] blâmable. On le voit, ces deux médecines sont parfaitement complémentaires et devraient non seulement s'accepter réciproquement, mais même collaborer, à l'image de ce grand hôpital de Pékin où je travaille régulièrement, un hôpital de médecine dite occidentale où une équipe de médecine dite chinoise intervient systématiquement, à coups d'acupuncture, de moxas[1], de massages, de diététique, pour la satisfaction de tous.
Je rêve d'une structure intégrative en France où, main dans la main, collaboreraient des équipes conventionnelles,

1. Les moxas, souvent faits d'armoise, se présentent sous forme de boulettes, de cônes ou de bâtonnets qui sont appliqués sur le corps. La chaleur qui se dégage de leur combustion stimule les points d'acupuncture.

homéopathiques, micro-nutritionnelles, phytothérapiques et pourquoi pas, ayurvédiques, chinoises…

……………………………………………………………………

Plus tard, Freud a popularisé le concept d'inconscient. Malheureusement, ne parvenant pas à maîtriser l'hypnose enseignée par ses maîtres Charcot et Bernheim, le psychiatre viennois l'a jetée aux orties. Et c'est bien triste tant cette approche s'avère aujourd'hui féconde et efficace pour de nombreuses maladies. Heureusement, des esprits novateurs comme mon ami Christophe André mettent à l'honneur une autre forme de conscience modifiée, la méditation en pleine conscience.

Ne serait-il pas temps aujourd'hui de se pencher sur ces techniques traditionnelles, de les codifier et de les utiliser, étant donné que ces instruments semblent si puissants et sont utilisés dans de si nombreuses cultures ?

Je soutiens de manière inconditionnelle les approches naturelles que je préfère appeler physiologiques et je milite depuis de longues années pour l'abstinence pharmacologique… quand c'est possible. Je ne suis cependant pas un intégriste et, quand une maladie ne répond qu'à un médicament, je le prescris bien évidemment.

Dans le domaine de la psychiatrie, la plupart des insomnies, des états anxieux et des dépressions répondent parfaitement aux techniques psychothérapiques, associées ou non à la phytothérapie et aux compléments alimentaires, notamment à certains acides aminés. Dès lors, pourquoi commencer automatiquement les soins par des médicaments alors que ceux-ci, du fait de leur dangerosité, ne devraient être mis en place qu'après l'échec des techniques physiologiques faussement appelées « naturelles » ou « alternatives » ? C'est la médecine médicamenteuse qui devrait être qualifiée d'alternative et non le contraire !

Utiliser davantage les techniques de transe

La transe est sans doute le plus puissant de tous les états modifiés de conscience. Mais qui aujourd'hui pratique la transe en Occident – à part peut-être les Corses (voir page 216) ? Quand on parle de « transe », les gens pensent par exemple à la *rave party* : un son très répétitif, des mouvements de danse qui ne le sont pas moins, l'utilisation de drogues de type *ecstasy*, des milliers de jeunes gens manifestement « hors d'eux ». Cet état peut conduire à la mort par déshydratation, exactement sur le modèle de la transe vaudou telle qu'elle est pratiquée en Haïti, elle aussi potentiellement mortifère. Les autres images de transe qui viennent à l'esprit sont celles de sorciers aux yeux révulsés, agités de convulsions, l'écume à la bouche. Quand il n'est pas simulé pour étonner les touristes ou les journalistes trop naïfs, cet état peut être obtenu par des mouvements répétitifs, par des sons lancinants et graves généralement produits par des tambours, grâce à l'entraînement collectif, ou encore par des techniques plus spécifiques – comme les danses rotatives des derviches, l'hyperflexion ou l'hyperextension du cou, la pression sur les globes oculaires après fermeture des paupières, la manœuvre de Valsalva[1], l'échauffement collectif, le jeûne, la res-

1. « La manœuvre de Valsalva consiste à prendre une grande inspiration puis à expirer fortement en fermant la bouche et en

piration accélérée (hyperventilation, *rebirth*[1]), l'usage éventuel de substances psychoactives comme les plantes enthéogènes[2], etc. Certaines de ces méthodes sont potentiellement dangereuses : je ne saurais trop déconseiller de les pratiquer sans être accompagné par des personnes très expérimentées. Je veux le répéter, toutes les substances psychédéliques comportent des risques et nombreux sont les malheureux jeunes gens qui sous leur influence ont embarqué vers les sombres rivages de la schizophrénie pour une traversée sans retour.

Mais au-delà de ces images, la transe, c'est aussi ce qui nous sert pour l'hypnothérapie – le traitement fondé sur l'hypnose. En effet, de plus en plus d'interventions chirurgicales sont maintenant pratiquées sous hypnose. L'EMDR est également une forme de transe où l'on est possédé par la reviviscence de son traumatisme.

En d'autres termes, provoquer un état modifié de conscience est une technique de soin universellement pratiquée sur notre planète, que ce soit en tradithérapie

---

bouchant le nez pour empêcher l'air de sortir. Il se produit une augmentation de la pression aérienne dans le thorax et également dans l'oreille moyenne. » Définition du Larousse médical.

1. Cette technique très new age associe travail respiratoire, musique et travail corporel. La respiration permet aux mémoires acquises depuis l'enfance de remonter à la surface. On peut alors s'en libérer s'il s'agit de tensions ou de traumatismes, on peut les laisser s'épanouir s'il s'agit d'énergies créatrices.

2. Ce terme désigne les psychotropes capables d'induire un état modifié de conscience. Leur utilisation est en principe réservée à des fins religieuses, spirituelles ou chamaniques. Le peyotl, une cactée hallucinogène, est le plus connu mais il en existe bien d'autres.

ou en médecine occidentale plus orthodoxe. Il ne faut donc pas en avoir peur.

La faim : une sacrée manière ou plutôt … une manière sacrée de déclencher … des états modifiés de conscience

Le jeûne prolongé fait partie des moyens que les mystiques ont utilisés depuis l'Antiquité pour déclencher des extases peuplées de visions. Un des précurseurs de la technique est Jésus lui-même qui, au bout de quarante jours de privation de nourriture dans le désert, a été en proie à une série d'images de tentation qui, de manière étonnante, ressemblent à s'y méprendre à celles que Siddhartha Gautama (Bouddha) a vécues dans le même genre de circonstances. Leurs fidèles respectifs ont aussi expérimenté des images supposées divines (comme la tentation de saint Antoine) et/ou des extases comme celles de Catherine de Sienne, de sainte Thérèse d'Avila, de Jeanne d'Arc et de Marthe Robin, suite à un jeûne.
Dans le même registre, j'ai toujours été impressionné par l'énergie, la joie de vivre, le charisme des jeunes filles pourtant en proie à l'anorexie mentale. Au début de la maladie et ce souvent pendant des années, elles sont les meilleures, les leaders de la classe, fascinent les garçons. C'est sans doute pour cette raison (entre autres) qu'il est si difficile de leur faire abandonner leur funeste symptôme. Source de plaisir, qu'il soit mystique ou anorexique, la faim est ainsi à l'origine de sortes de transes, d'états dissociatifs et donc d'addiction.

Au-delà de la conscience

Si l'on est chamane, on pense que les informations se trouvent dans le monde des esprits, si l'on est psychanalyste, c'est dans l'inconscient que l'on mène sa quête et, si l'on est agnostique comme moi, on pense que l'information est… quelque part, ailleurs que dans notre conscience. Ce que j'appelle le « non-conscient ».

C'est de cette manière que l'on peut comprendre l'amnésie post-traumatique : le souvenir de l'agression sexuelle subie pendant l'enfance est à l'intérieur du sujet, bien cachée car intolérable, mais de temps en temps, un peu comme ces bulles qui crèvent la surface de l'étang, des symptômes d'angoisse se manifestent. Un jour, sous l'influence d'un déclencheur anodin, le cadavre enlisé ressurgit brutalement à la conscience, aussi frais, aussi présent que s'il avait été enfoui la veille.

Nous sommes faits de deux mondes

Au risque de me répéter, je suis persuadé qu'en chacun de nous coexistent deux mondes. L'un de ces deux mondes est représenté par l'univers d'Aristote, de René Descartes, d'Emmanuel Kant. C'est le siècle des Lumières, celui des Encyclopédistes, le royaume de la Raison triomphante, celui dans lequel Robespierre célèbre le culte de l'Être suprême, le dieu le plus rationnel, le plus rassurant et aussi le plus éphémère que l'être humain ait jamais conçu et adoré. Un monde de progrès mais qui risque de sombrer dans la dictature, car un monde qui ignore le doute est par nature prêt à la tyrannie. La certitude est sans nul doute l'un des plus grands tueurs qui aient jamais hanté notre belle planète.

Puis il y a l'autre monde, celui d'Archimède qui sort tout nu dans la rue en poussant des « *eurêka !* » de joie, de saint Dominique qui hurle ses prières, de Blaise Pascal et de ses angoisses métaphysiques, de Thérèse d'Avila, des sabbats, d'Amadeus Mozart, d'Albert Einstein, de Sigmund Freud, de Vincent Van Gogh, de Baudelaire ou de Rimbaud, et de tant d'autres génies illuminés. De tant de découvreurs, d'inventeurs en dehors des sentiers battus, de ceux qui osent s'aventurer en dehors de la raison raisonnante. On sait que l'irrationnel peut mener à de géniales découvertes mais aussi… à d'épouvantables horreurs.

De temps en temps, le deuxième monde envoie des ambassades, des caravanes qui soulèvent un minuscule pan du voile, dévoilent une infime partie des trésors cachés, des joyaux interdits. Il suffit d'un lapsus, d'une intuition, d'un acte manqué, d'une gaffe, d'un rêve, pour que, comme un éclair, l'autre univers se rappelle à notre conscience. Qu'il nous laisse entrevoir quelque chose de tout à fait inconnu et qui pourtant nous appartient.

C'est probablement au moment de notre agonie qu'une sorte de fusion s'opère entre les deux univers (le *nirvana*) : ceux qui en reviennent acquièrent la possibilité de passer d'un monde à l'autre.

Tous les états modifiés de conscience sont à penser ensemble

À force d'y réfléchir, il est devenu clair dans mon esprit que tous ces états modifiés de conscience sont à mettre dans le même panier. Du rêve à la transe en passant par les expériences de mort imminente, les ivresses, l'orgasme, la méditation et j'en passe, nous nous trouvons chaque fois devant l'émergence de notre autre monde, celui de l'émotion, du non-rationnel, un monde mal exploré et d'une richesse pourtant incommensurable. Pour celui qui arrive à naviguer d'un univers à l'autre, la capacité à fertiliser chacun des deux mondes permet un équilibre tout à fait étonnant.

Le diktat du cartésianisme imposé à l'Occident depuis des siècles est sans doute un facteur de progrès scientifique, mais il est sans nul doute une raison d'appauvrissement affectif. La dérive bien-pensante, l'émergence des idéologies extrémistes, la pseudo-religiosité qui sévissent en sont les conséquences logiques. Lorsqu'un sujet n'a plus accès à son autre monde, qu'il est littéralement amputé de toute une partie de son être, celle qui rêve, s'émeut, médite, divague, il ne peut plus que se rabougrir et se replier sur des réflexes de survie et d'intolérance.

Le « tout irrationnel » s'appelle schizophrénie ou extrémisme religieux, le « tout rationnel » s'appelle paranoïa. Entre les deux, il y a l'harmonie… ou l'humanité.

Les rêves et lapsus prouvent que la frontière entre les deux mondes n'est pas totalement étanche et qu'il existe des pores, des fuites le plus souvent minuscules, vite colmatées et oubliées. C'est sans doute pour cette raison que la plupart des souvenirs de rêves s'évaporent comme rosée au soleil si on ne prend pas la peine de les noter dès le réveil. En revanche, de temps en temps, les rêves se font cauchemars, les actes manqués se font suicides, l'irrationnel prend le dessus et lance une guerre sans merci au conscient, qu'il envahit et occupe. Cela s'appelle la folie.

Qu'est-ce qui fait que parfois de grosses brèches s'ouvrent dans la muraille qui sépare nos deux univers ? Pour ma part, je pense que certaines expériences de vie et certaines prédispositions (épi)génétiques et/ou culturelles rendent plus ou moins perméable la frontière qui sépare les deux mondes. C'est sans doute le cas des chamanes et de ceux qui ont vécu des expériences de mort imminente… qui sont peut-être à rapprocher, un phénomène pouvant entraîner l'autre.

Partir en voyage...

Je ne sais pas ce qu'il en est pour vous, mais pour moi ce livre n'est rien d'autre qu'un périple dans le plus beau des pays, celui des rêves et des états modifiés de conscience.

Explorer tous ces états, c'est se prendre pour Peter Pan et errer au pays de Neverland, c'est se balader comme Alice au pays des merveilles. C'est défier le temps, l'espace, la raison raisonnante, l'ennui, le sérieux de ceux qui se prennent au sérieux et qui du coup ne le sont pas. C'est le plus beau des actes de liberté, qu'aucune dictature ne pourra jamais éradiquer.

C'est sans doute Erik Orsenna qui a le mieux exprimé cette pensée lors du départ de Jean-Pierre Dick au Vendée Globe 2016 : « On peut faire le tour de la terre, jamais le tour d'un rêve. » C'est un voyage inattendu, magnifique, lumineux, surtout quand on visite des contrées aussi lointaines…

Je vous quitte avec certaines de mes citations préférées, pour méditer :

« Certes, un rêve de beignet, c'est un rêve,
pas un beignet. Mais un rêve de voyage,
c'est déjà un voyage », MAREK HALTER

« On croit que les rêves, c'est fait pour se réaliser.
C'est ça, le problème des rêves : c'est que c'est fait
pour être rêvé », COLUCHE

« On ne meurt jamais d'une overdose de rêve »,
CLAUDE LELOUCH

« Tout rêve non interprété est comme une lettre
non lue », TALMUD[1]

« Tout rêve n'a de signification
que le sens que le rêveur lui donne », TALMUD[2]

« Il est permis de rêver. Il est recommandé de rêver.
Sur les livres et les souvenirs.
Sur l'histoire et sur la vie », LOUIS ARAGON

« Qu'est notre vie, sinon un rêve ? »,
LEWIS CARROLL, *Alice au pays des merveilles*

« Le sommeil et la mort sont frères jumeaux »,
HOMÈRE, l'*Iliade*

---

1. Talmud de Babylone, traité Berakhot, 9.
2. Talmud de Babylone, traité Chabbat, 104.

« Je suis tellement fatigué qu'il m'arrive de m'endormir au milieu d'un rêve », VASSILIS ALEXAKIS

« Il est des rêves qui nous bordent et nous bercent, et d'autres qui nous froissent et nous blessent », TAHAR BEN JELLOUN

Bibliographie

Pour rédiger cet ouvrage, je me suis inspiré des divers travaux de l'éminent biologiste et grand explorateur du sommeil Michel Jouvet, qu'il s'agisse de ses conférences – notamment sa conférence intitulée « L'histoire naturelle du rêve » disponible sur le site Le sommeil, les rêves et l'éveil, de l'université Claude-Bernard Lyon-I –, d'articles, d'essais scientifiques ou de ses romans. J'ai également puisé une inspiration certaine dans les ouvrages de Marie-Josèphe Challamel, pédiatre et spécialiste du sommeil chez l'enfant.

Aristote, *Traité des rêves*, traduit du grec par Jules Barthélemy-Saint-Hilaire, Paris, Ladrange, 1866.

Artémidore d'Éphèse (ou de Daldis), *La Clef des songes* (Onirocriticon), traduit et annoté par André-Jean Festugière, membre de l'Institut, ouvrage publié avec le concours du Centre national de la recherche scientifique, Paris, Librairie philosophique J. Vrin, 1975.

Aubin, Nicolas, *Histoire des diables de Loudun. De la possession des religieuses ursulines*, Amsterdam, Abraham Wolfgang, 1694.

Barbery, Muriel, *L'Élégance du hérisson*, Paris, Gallimard, 2006.

Billiard, Michel, et Dauvilliers, Yves, *Les Troubles du sommeil*, Paris, Masson, 2011.

Challamel, Marie-Josèphe, « La maturation du cerveau », *Autrement*, 1991.

—, « Rêves, mimiques et apprentissage », *Autrement*, 1991.

Challamel, Marie-Josèphe, et Thirion, Marie, *Le Sommeil, le rêve et l'enfant*, Paris, Albin Michel, 2011.

Clottes, Jean et Lewis-Williams, David, *Les Chamanes de la préhistoire. Transe et magie dans les grottes ornées*, Paris, Seuil, 1996.

Cyrulnik, Boris, *La Naissance du sens*, Paris, Hachette, 1991.

—, *Les Nourritures affectives*, Paris, Odile Jacob, 1993.

Devereux Georges, « L'envoûtement chez les Indiens Mohave », *Journal de la société des américanistes*, vol. 29, n° 2, 1937.

Dupotet, Jules, *Journal du magnétisme*, 1817.

Emeth, Raphaël, *Ce sera notre secret*, Paris, Max Milo, 2018.

Flament, Flavie, *La Consolation*, Paris, JC Lattès, 2016.

Flaubert, Gustave, *Correspondance*, Paris, Louis Conard, 1929.

Fournier, Claude-Alexandre, *S'engager dans la vie religieuse : étude psychologique de 16 vocations*, Genève, Labor et Fides, 2010.

Freud, Sigmund, *L'Interprétation du rêve*, Vienne, Franz Deuticke, 1899.

Granier-Deferre, Carolyn, « Sensibilité visuelle prénatale », *Spirale*, n° 59, 3/2011.

Jones, Ernest, *Le Cauchemar*, traduit de l'anglais par Annette Stronck-Robert, Paris, Payot, 1973.

Jouvet, Michel, « Le sommeil paradoxal : est-il le gardien de l'individuation psychologique ? », in *Revue canadienne de psychologie*, 1991, p. 146-168.

—, *Le Sommeil et le Rêve*, Paris, Odile Jacob, 1992.

—, *Le Château des songes,* Paris, Odile Jacob, 2006.

Jouvet, Michel, Mouret, Jacques et Jeannerod, Marc, « L'activité électrique du système visuel au cours de la phase paradoxale du sommeil chez le chat », *Journal de physiologie*, 1963.

Kahn, Laurence, *Sigmund Freud,* II. *1897-1904*, Paris, Presses universitaires de France, 2000.

LaBerge, Stephen, *Le Rêve lucide. Le pouvoir de l'éveil et de la conscience dans vos rêves*, Neuffontaines, Oniros, 1999.

Le Van Quyen, Michel, *Améliorer son cerveau*, Paris, Flammarion, 2017.

Libert, Louise-Marie, *Les Plus Terribles Affaires de sorcellerie*, La Boîte à Pandore, Paris-Waterloo, 2017.

Maury, Alfred, *Le Sommeil et les Rêves*, 1861.

Mirmiran, M., Van de Poll, N.E., Corner, M.A., Van Oyen, H.G. et Bour, H.L., « Suppression of active sleep by chronic treatment with chlorimipramine during early postnatal development: effects upon adult brain and behavior in the rat », in *Brain Research*, 204, 1981.

Nathan, Tobie, « Le rêve est une énigme à décoder », *L'Express*, 4 octobre 2016.

Neuve-Église, Amélie, in *La Revue de Téhéran*, n° 71, octobre 2011.

Nystrom, M., « Neonatal facial-postural patterning during sleep », *Psychological Research Bulletin*, University of Lund, I, II, III, IV, 1974, 1975, 1977.

Oohashi T., Kawai N., Honda M., Nakamura S., Morimoto M., Nishina E., et Maekawa, T., « Electroencephalographic measurement of possession trance in the field », in *Clinical Neurophysiology*, mars 2002.

Paris, Matthieu, *Vie d'Édouard le Confesseur*, édité par Kathryn Young Wallace, Londres, Anglo-Norman Text Society, 1983.

Pastor, Fabrice, « Nouvelle théorie sur le rêve », sur le site Psychoweb, 15 avril 2008.

Pechey, R., et Halligan, P., « Prevalence and correlates of anomalous experiences in a large non-clinical sample », *Psychology and Psychotherapy: Theory, Research and Practice*, 85(2), 2012.

Perroud, N., Paoloni-Giacobino, A., et Prada, P., « Increased methylation of glucocorticoid receptor gene (NR3C1) in adults with a history of childhood maltreatment : a link with the severity and type of trauma », *Translational Psychiatry*, 1, e59, 2011.

Perroud, Nader, « Maltraitance infantile et mécanismes épigénétiques », *L'Information psychiatrique*, vol. 90, n° 9, 2014.

Pierre, Bruno, « Un rêve profane : Aristote », in Bruno, Pierre, (dir.), *Qu'est-ce que rêver ?*, Toulouse, Érès, coll. « Point hors ligne », 2017.

Riffard, Pierre, *Nouveau Dictionnaire de l'ésotérisme*, Paris, Payot, 2008.

Roffwarg, Howard, Muzio, Joseph, et Dement, William, « Ontogenetic development of the human sleep-dream cycle », *Science,* 29 avril 1966, vol. 152, n° 3722.

Ruby, P., « Experimental research on dreaming: state of the art and neuropsychoanalytic perspectives », *Frontiers in Psychology*, 18 novembre 2011.

Saint-Victor, Paul de, *Les Deux Masques,* I. *Les antiques*, Paris, Calmann-Lévy, 1880.

Salmona, Muriel, « La mémoire traumatique », *L'Aide-Mémoire de psychotraumatologie*, Paris, Dunod, 2008.

Schmitt, Éric-Emmanuel, *L'Évangile selon Pilate*, Paris, Albin Michel, 2000.

—, *La Nuit de feu*, Paris, Albin Michel, 2015.

Sebillotte-Cuchet, Violaine, *100 fiches d'histoire grecque*, Paris, Bréal, 2007.

Siegel, J. *et al.*, « Continuous activity in cetaceans after birth », *Nature* 435, 30 juin 2005.

Sombrun, Corine, *Journal d'une apprentie chamane*, Paris, Albin Michel, 2002.

Taffin, André, « Comment on rêvait dans les temples d'Esculape », *Bulletin de l'association Guillaume Budé*, vol. 1, n° 3, octobre 1960.

Tafti, Mehdi, « Animales rêveries », *Science et Avenir*, hors-série « Le rêve », 1996.

Vicaire, Paul, « Platon et la divination », *Revue des Études grecques*, 1970.

Weaver, I.C., « Epigenetic programming by maternal behavior and pharmacological intervention. Nature versus nurture: let's call the whole thing off », *Epigenetics*, 2007.

Weisberger, Mindy, « Are "flatliners" really conscious after death ? », Live Science, 4 octobre 2017.

Crédits des illustrations

Page 33 et 56 : conception Edicarto
Page 121 : *Cauchemar* de Louis Janmot, XIXe siècle, Musée des beaux-arts de Lyon © De Agostini Picture Library/G. Dagli Orti/Bridgeman Images
Page 122 : *Le Cauchemar*, 1781 de Johann Heinrich Füssli © Goethe Museum, Francfort, Allemagne, Peter Willi/Bridgeman Images

Table

II

LES ÉTATS MODIFIÉS DE CONSCIENCE… AUTRES QUE LE RÊVE

1

VOYAGE AU PAYS DE LA TRANSE

2

LES EXPÉRIENCES DE DISSOCIATION

Composition et mise en pages
Nord Compo à Villeneuve-d'Ascq

Imprimé en France par CPI
en janvier 2020
N° d'impression : 3036618

S30050/01